时代的中坚

——我国现阶段的知识分子问题研究

张荣华 等著

人民出版社

前　　言

　　知识分子问题虽然是关系着我国社会主义现代化建设事业成败、国家盛衰和民族兴亡的关键性战略性问题，但一直未能成为理论界研究的热点和重点问题，而且即使在一小部分坚持研究知识分子问题的学者中，也大多是从社会学、文化学的角度，偏重于对人文知识分子的研究；从政治学、政策学的角度，对整个知识分子队伍进行宏观、全面的把握，尤其是依据"党管人才"的原则，研究党的知识分子工作问题的则相对较少。针对这种状况，我们坚持以马克思、恩格斯、列宁、斯大林、毛泽东、邓小平、江泽民、胡锦涛的知识分子思想为指导，坚持四项基本原则，坚持"双百"方针，紧密联系新世纪、新形势和改革开放与现代化建设的实际，选择了我国现阶段知识分子的主要特点及其发展趋势，政治多极化、经济全球化、文化多元化、现代科技与知识分子之间的关系，党在新世纪的知识分子工作等问题进行了深入的探讨，以期弥补学术界对相关问题研究不足的缺陷，同时也使我们的研究成果具有了创新的意义。

　　本书是国家社会科学基金项目"我国现阶段的知识分子问题研究"的最终成果，其突出特色和主要建树体现在：第一，根据我国知识分子队伍发展的现状，坚持知识分子概念的与时俱进，明确提出了当前我国知识分子的含义为"具有大专以上学历或具有中级以上专业技术职务,主要从事科学文化知识的创造、传播、应用与管理的脑力劳动者,他们中的绝大多数属于工人阶级,是先进生产力的开拓者"。这一界定的特点在于:明确了知识分子的阶级属性;突出了知识分子的学历或职务标准;体现了知识分子的本质特征;强调了知识分子在生产力发展中的地位。第二,在评价我国现阶段知识分子的历史地位时,不仅充分肯定知识分子是先进生产力的开拓者、先进文化的创造者、实现人民利益的促进者、"四有"公民的培育者,而且首次提出"知识分子是执政者的生力军"的判断。第三,全面、系统地分析了我国现阶段知识分子的主要特点及其发展趋势,将知识分子的主要特点概括为:科技知识分子的主体化;知识分子批判精神的淡弱化;知识分子劳动方式的社会化、协作化、信息化及多样化;知识分子规模的扩大化与知识分子队伍结构的多元化。将知识分子的发展趋势概括为:知识分子的社会角色不断分化;知识分子的社会地位不断转换;知识分子的社会流动不断加快;知识分子的整体素质不断优化;知识分子的构成主体不断融合。第四,分别探讨了政治多极化、经济全球化、文化多元化、现代科技发展给知识分子带来的机遇、挑战以及提出的新要求,分析了在这样背景下知识分子的历史使命。第五,全面、系统地总结了80多年来党的知识分子工作的基本经验,即:方针上旗帜鲜明;政治上充分信任;工作上创造条件;生活上关心照顾;思想上积极引导;政策上平稳有序。第六,针对当前知识分子工作中存在的主要问题,提出了牢固树立"人才资源是第一资源"的工作理念、坚持党管人才的根本原则、树立科学的人才观、坚持系统性开发原则的指导思想,从切实加强知识分子的思想政治工作、不断创新党管人才的具体方式和方法、充分发挥市场机制在人才资源配置中的基础性作用、继续加强知识分子工作的法制化和规范化、构建和完善以物质利益为主的收入分配和人才激励机制、有效进行对知识分子的分类管理、全面探索知识分子工作的新方式和新方法等七个方面，提出了全面改进和加强知识分子工作的对策性建议，这也是我们研究现阶段知识分子问题的主要目的。

本书由张荣华、夏从亚、赵金鹏、纪光欣、王学栋、王军、吕前昌合著，具体分工为：张荣华，第二章；夏从亚，第七章；赵金鹏，第八章一；纪光欣，第六、九章；王学栋，第一、四章；王军，第五章、第八章二；吕前昌，第三章。全书由张荣华统稿、定稿。

本书在编著过程中，汲取了理论界的有关研究成果，得到了全国哲学社会科学规划办公室、山东省社会科学规划管理办公室、中国石油大学（华东）科技处、中国石油大学（华东）研究生院、中国石油大学（华东）人文社会科学学院、中国石油大学（华东）马克思主义中国化研究所和人民出版社等单位的热情关怀和大力支持，中国石油大学（华东）学科建设基金资助了本书的出版，在此一并表示谢意。

由于本书是系统研究我国现阶段知识分子问题的探索性著作，又由于书中各章是由项目组成员分别撰写，虽然我们注意了全书的整体性和统一性，但在分析历史背景、提出对策建议时，还是未能避免部分内容上的有所重复，且在语言风格上也不尽一致；加之我们水平有限，书中难免有不当之处，恳请专家、学者和广大读者批评指正。

著　者
2007 年 10 月

目　录

第一章　当代社会发展的中坚力量

——知识分子的概念及其变化

　　在当代中国社会,"知识分子"的概念问题,是制定与实施党的知识分子政策必须首先考虑与解决的问题。在学术界,关于"知识分子"概念的含义,一直为学者们所争论,至今没有一致的意见。不过,多数学者认为,"知识分子"概念是一个历史的文化的范畴,它在人类发展的一定历史阶段和一定的文化条件下产生,并随着时代的变迁而不断变化其内涵和外延。也就是说,"知识分子"这个概念受到时间、地域、文化传统和政治制度等诸多因素的影响,在不同的历史时期和不同的国度里,社会赋予它的意义和人们对于它的理解不完全相同。要探讨"知识分子"的当代含义,则应首先从其历史来源说起。

一、从"士"到"知识分子"的跨越

——知识分子的词源考察

　　多数中国学者认为,"知识分子"这个概念是西文的译语,是个舶来品。虽然中国传统的"士"、"士大夫"、"读书人"等字眼与西方知识分子的概念很接近,但是由于东西方历史背景、文化传统及社会结构的不同,知识分子的含义与特征又不尽相同。

(一)知识分子在西方的词源考察

在西方,知识分子最早起源于欧洲。欧洲关于"知识分子"的概念主要有两个:一个是 intelligentsia;另一个是 intellectual。这两个词分属东欧与西欧,具有不同的历史含义。

一般认为,Intelligentsia 来自俄国,由作家波波里金(Boborykin)于 1860 年首先提出并应用于日常生活中。当时这个词是指有教养的、受过专门教育的人,首先指从欧洲留学回来的文化人。这些人受西欧社会思想与生活方式的影响,对国家的落后状况、沙皇的专制独裁产生不满,对社会问题持批判的态度,或者满怀乌托邦的理想高谈阔论并模仿西欧上流社会的生活方式,他们当中后来产生出不同的思想群体,如民粹主义、自由主义、马克思主义、新康德主义等。①

但也有学者认为,Intelligentsia 这个词源于波兰,由李贝尔特(Karol Libelt)于 1844 年开始使用。当时的波兰有一个文化上同质性很高的社会阶层,他们的心理特征、生活方式、社会地位、价值体系都独具特色。这个阶层是拥有土地的城市贵族,与正在兴起的中产阶级有别,为了维持其独具特色的生活方式,设立了一套自己的教育体系。在此体系中,注重向学生灌输各方面的社会知识,突出培养强烈的领导意识与社会责任。社会对于有资格接受这种教育并获得毕业证书的人给予了很高的荣誉。后来这种贵族式的精神为波兰受高等教育的人所继承,他们勇于批判社会,以国家大

---

① 参见李小宁:《知识中国》,知识产权出版社 2001 年版,第 2 页。

事为己任。当波兰被列强分割时，这批人成为救国、反抗外来势力和统治的重要社会力量。

尽管俄国与波兰对知识分子的界定有着不同的传统，但却反映出知识分子一个共同的历史意义，即知识分子是指一群受过专门教育、对现状持批判态度与反抗精神的人，他们在社会中拥有特殊地位，有自己的生活方式和心理特征，往往形成一个独特的阶层。当然，这个阶层及其传统特性在十月革命后已经逐步土崩瓦解。苏联以及在十月革命影响下先后发生无产阶级革命的社会主义国家，都把知识分子定义为从事脑力劳动的专业人才，不再指具有强烈社会意识及批判态度的社会阶层。

Intellectual 一词据认为来自西欧的法国。当时法文中的 intellectuals 专指一群在科学或学术上成就杰出的作家、教授及艺术家，他们批评政治，成为当时社会意识的中心。这种传统渊源于法国大革命后的一批受过教育的人们。他们反抗当时社会既有的标准及措施，谈论、鼓吹实证哲学，具有相当浓厚的革命气息。他们大都不在学术界中，而是长年逗留在咖啡店中高谈阔论，带有波西米亚圣徒式（Messianic Bohemianms）的精神，以天下为己任。就此传统来看，intellectual 没有社会阶层的含义，而侧重于关心国事和社稷之心态。① 这一点与东欧 intelligentsia 的含义不同。

但是，西方传统所界定的知识分子也有其共同的地方，即他们往往不满足社会现状，具有强烈的社会责任意识，对社会具有强烈反叛意识，对政治采取批判的态度。这种特征成为当时知识分子的基本风范。对于这一特征，以色列的康菲诺（Michael Confino）概括为以下几点：对于公共利益的一切问题——包括社会、经济、

---

① 参见汤学智、杨匡汉编：《台港暨海外学界论中国知识分子》，河南人民出版社 1994 年版，第 60—61 页。

文化、政治各方面的问题——都抱有深切的关怀;这个阶层常自觉有一种罪恶感,认为国家之事以及上述各种问题的解决,都是他们的个人责任;倾向于把一切政治、社会服务通常看做是道德问题;无论在思想上或生活上,这个阶层的人都觉得有义务对一切问题找出最后的逻辑的解答;他们深信社会现状不合理,应当予以改变。①

(二)知识分子在中国的词源考察

在中国古代,与近代西方知识分子含义相近的概念是"士"或"士大夫"。② 孔子是中国举办私学的先驱,他创立了知识分子"批量生产"的教育模式。所谓"弟子三千,七十二贤"就是明证。"士"在中国历史上作为一个独立的阶层,始于春秋时期。在殷商和西周时代,有一定知识的人是巫、吏,巫、吏都属于贵族。到春秋时期,出现了具有一定知识而失去贵族身份的"士"。孟子曾说,"无恒产而有恒心者,惟士为能。""士"就是指没有恒产而有一定理想的知识分子,依靠知识以谋生。在中国传统社会结构中,"士"占据着中心位置,位居士、农、工、商"四民之首",发挥着重要的政治与社会文化功能。在中国历史上,"士"既承担着维持政治秩序与文化秩序的任务,也承担着政治批评与社会批评的任务,从而表现出知识分子对社会政治的关怀与对社会的责任感。从曾参的"仁以为己任"到范仲淹的"以天下为己任",再到顾宪成的"家事、国事、天下事、事事关心",都说明中国知识分子对道德、政治、

---

① 参见余英时:《中国知识分子论》,河南人民出版社1997年版,第120—121页。

② 参见李小宁:《知识中国》,知识产权出版社2001年版,第2页。

社会各方面的问题具有深刻的责任感,以至于许多知识分子往往由"不治而议"走向"治而不议"的官宦道路。①　因此,在责任感与关心世事方面,西方知识分子与我国知识分子的传统是基本相符的,只不过中国的"士"在对时局有所不满时,缺乏主动、正面的表现,往往使用含蓄、间接的方式来疏解不满的情绪。

当然,中国古代的"士"与近代西方知识分子的差别是存在的:一是中国的"士"不像西方知识分子那样追求知识,而是以儒家思想为核心,注重伦理道德,追求以内化的道德力量来约束自己,塑造自己的人格,通过"修身、齐家、治国、平天下"的"内圣外王"之道,"为天地立心,为生民立命","为王者师",以儒学教化天下。二是中国古代的"士"制度性地依附于、服务于现存体制,他们既是现存体制的产物又造就并维护了现存体制,"学而优则仕"正是这种依附性的典型表征;而西方近代知识分子是资本主义的产物,他们以所谓的"市民社会"或类似的环境为其生存环境,依靠自己的知识与技能立足民间,独立谋生,与现存占统治地位的体制及统治阶级没有多少内在的必然联系。②

二、什么人可以称其为知识分子
——知识分子的基本内涵

在国内外,由于国家性质、历史时期、文化背景及研究视角的不同,人们对知识分子的理解与界说存在较大差异,可谓见仁

---

①　参见张岱年等:《中国知识分子的人文精神》,河南人民出版社1994年版,第38页。

②　参见黄平:《当代中国知识分子的非知识分子化》,《二十一世纪》1995年第4期。

见智。

（一）国内外关于知识分子的界定

1. 在国外,对知识分子的界定主要是从文化社会学的角度,以精神气质为标准

比较有代表性的观点有:①叔本华认为,真正的知识分子是把知识当做目的而不是当做手段的人。②拉波鲍特认为,知识分子勤于思考,分析思想的起因与内容,会对思想作出评论与比较,并且以此为专业。③曼海姆认为,知识分子在求知过程中了解相互冲突的观点,所以能够超然地观察社会,掌握整个情况。④希尔斯认为,知识分子是一些对神圣事物具有特殊敏感、对他们所处环境的本质和引导他们的社会规律具有不同寻常反思能力的人,他们常常超越日常生活及时空去冥思苦想一些象征性的事物。⑤班达认为,知识分子是一小群才智出众、道德高超的哲学家——国王,他们构成人类的良心,真正的知识分子的本色是在受到形而上学的热情以及正义、真理的超然无私的原则感召时,叱责腐败、保卫弱者、反抗不完美的或压迫的权威。⑥萨义德认为,知识分子是社会中具有特定公共角色的个人,不能只化约为面孔模糊的专业人士,只是从事他(她)那一行的能干成员;而应是具有能力"向"公众以及"为"公众来代表、具现、表明信息、观点、态度、哲学或意见的人,是以代表艺术为业的个人。⑦科赛尔认为,知识分子总是对现存的一切永远不满,他们总是用更高、更博大的真理对当前的真理提出疑问,不是一切学术研究者或专业人才都是知识分子。

上述以精神气质为标准界定知识分子,突出知识分子作为"社会的良心"和"道义良知"功能的主观要件,这是现代西方文化已经走向对理性文化和工业文明的自我反思的一种结果,带有某

种浪漫主义的反资本主义的色彩。按照上述解释,知识分子首先必须是以某种知识技能为专业的人,但是如果他的全部兴趣始终限于职业范围之内,那么他仍然没有具备知识分子的充分条件。一个人要想成为知识分子,除了献身专业工作以外,同时还必须深切地关怀着国家、社会乃至世界上一切有关公共利害之事,而且这种关怀又必须是超越个人的私利之上的。这样,"知识分子"这一概念就与我国过去经常使用的"社会贤达"、"革命知识分子",以及时下流行的"社会精英"、"文化精英"等概念相似,这一称呼本身即意味着在文化上与道义上的某种地位与荣誉。因此,这种解释实际上确立了一种较高的标准,提倡和鼓励有学识之士去担当起监督、引导社会发展的责任。而它的明显缺陷也恰恰在于,这是一种过于主观化与道义化的界定方式,把一个需要加以科学界定与描述的概念,变成一个主要是价值评价的观念;同时,它可能会对知识分子本身产生一种误导效果,使一些人把自己当做独立于社会现实和实践主流之外、之上的单纯观察者、评论者,从而在"知识分子"这个名义下鼓励脱离大众、脱离实践,使"社会良心"先验化,让"文化精英"变成"精神贵族"。①

2. 在国内,对知识分子的界定主要是从政治社会学的角度,以教育程度、工作性质等为标准

比较有代表性的观点有:①《辞海》的界定是:知识分子是具有一定的文化科学知识的脑力劳动者,如科技工作者、文艺工作者、教师、医生、编辑、记者等。在社会出现剩余产品和阶级划分的基础上产生……知识分子不是一个独立的阶级,而分属不同的阶级。②《现代汉语词典》的界定是:知识分子是具有较高文化水平、从事脑力劳动的人,如科学工作者、教师、医生、记者、工程师

---

① 参见李德顺、高岩:《"知识分子"新概念》,《人文杂志》1997 年第 1 期。

等。③中共中央统战部网站关于知识分子的界定是:具有中专以上的文化水平,从事科研、教育、文化传播、技术应用、企业管理等专业技术工作的脑力劳动者。④有学者认为,知识分子应是文化程度比同时代社会劳动者一般水平高出许多的,主要以创造、传播、应用、管理科学文化知识为谋生手段的脑力劳动者。⑤有学者认为,在中国,广义的知识分子是指拥有较高知识水平的社会劳动者,具体为历年来由高等院校毕业的具有大专、大学本科及以上学历的社会群体,他们广泛分布于社会各行各业中。狭义的知识分子是指大专以上学历,专门从事知识的研究、生产、传播等工作的各种专业技术人员。⑥还有学者认为,知识分子通常是指受过一定程度的专门教育、具有专业知识、从事专业技术工作并具有相应职称的脑力劳动者。⑦有学者认为,知识分子是指具有较高学历(大专以上或相当于大专以上),进行文化的创造、传播,在科学、教育、文化、艺术领域范围内工作的脑力劳动者。

上述关于知识分子的界定,都是从教育程度、工作性质等方面来解释知识分子的含义,侧重于创造知识、传播知识、应用知识的方面,强调的是客观方面的要件,因而便于理解与把握,并适合我国作为发展中国家的实际。但是上述界定也存在一定问题,如有些界定过于笼统,不具有可操作性;有些界定造成知识分子内涵与外延的冲突;有些界定知识分子的外延过于狭窄;有些界定忽视了知识分子的阶级属性与本质特征等。因此,需要对知识分子作出重新的审视与界定。

(二)知识分子的基本内涵

尽管国内外对知识分子界定的角度与侧重点不同,但对知识分子基本含义的认识是一致的,即知识分子是具有一定科学文化

知识的脑力劳动者。知识分子作为具有一定科学文化知识的脑力劳动者,主要由以下几个要素构成:

首先,知识分子是具有理性知识的人。知识分子的本质在于知识,知识分子只是作为知识的主要承载者,才有其特殊的存在基础。知识作为人类在实践中积累的关于自然和社会的认识与经验的总和,分为感性知识与理性知识两部分。感性知识是通过感觉器官,对客观事物之片面的、表面的、局部的认识所获取的知识;理性认识则是在感性知识基础上,将所获得的感性知识,经过思考、推理、分析等过程,实现去粗取精、去伪存真、由此及彼、由表及里的整理和改造,从而形成的概念,并具备判断、推理等特点。理性知识是人们由实践概括出来的、对客观世界全面和系统的认识。作为知识主要承载者的知识分子,必须是具有理性知识的人,理性知识是知识分子存在的前提与基础,是知识分子的首要构成要素。离开理性知识或仅有感性知识,都没有知识分子可言。如果以感性知识作为知识分子的标准,那么生活在社会中的任何人都由于具有一定的感性知识而可以被称之为"知识分子",这样知识分子这一概念的存在便没有任何意义。因为知识分子本身是指称一个特殊的群体,其区别于其他群体的一个重要标志,就是拥有较为系统的理性文化知识。

其次,知识分子是受过良好学校教育的人。知识分子获得理性知识的途径是多种多样的,如通过家庭、单位或社会实践等,其中,接受良好的学校教育是知识分子获得理性知识的最系统、最正规的途径。传统上,人们习惯于把知识分子称为"读书人",应当说,这种说法有其合理性,但又过于笼统,容易产生相当的混淆。在传统社会,那时文字不普遍,能读书识字之人,属于极少数,那些"读书人"很容易构成一种独立的结构。但是在现代社会,随着经济的发展和社会的进步,文字和教育越来越普遍化,大多数国家都实行强制性的义务教育,越来越多的人成为读书人,在此种情况下,我们绝不会把小学或幼儿园的学生作为知识分子,否则满大街都是知识分子。因此,我们不能把所有的"读书人"都称为知识分子。① 不同国家、不同时期,对知识分子接受学校教育的要求不同,因而划分知识分子的标准也有差别。在新中国建立初期,高级小学毕业就算是知识分子,而在知识经济初见端倪和高等教育大众化的今天,知识分子一般应是受过高等教育的人。

最后,知识分子是从事脑力劳动的人。知识分子是人类社会发展到一定历史阶段的产物,是体力劳动与脑力劳动相分离而逐步形成的一个脑力劳动者阶层。恩格斯指出:"当人的劳动生产率还非常低,除了必需的生活资料只能提供微少的剩余的时候,生产力的提高、交换的扩大、国家和法律的发展、艺术和科学的创立,都只有通过更大的分工才有可能,这种分工的基础是,从事单纯体力劳动的群众同管理劳动、经营商业和掌管国事以及后来从事艺术和科学的少数特权分子之间的大分工。"②脑力劳动是人类重要的劳动方式,它与体力劳动一样,体现着人类认识世界、改造世界的现实性和能动性。但与体力劳动相比,脑力劳动具有创造性、复杂性、连续性的特点。所谓创造性,是指脑力劳动,特别是科学研究总是要提出新问题、发表新见解、创造新成果,从而不断地推动人类文明的发展和社会生活的进步;所谓复杂性,是说脑力劳动一般表现为复杂劳动,它除了与体力劳动一样要付出体力以外,还要付出大量的脑力,是需要大量的知识积累和专门的培养训练才能从事的劳动;所谓连续性,是说脑力劳动往往需要较长时间的连续工作,付出较多的代价才能取得成果,不能随意中断,甚至不允许

---

① 参见郑也夫:《知识分子的定义》,《北京社会科学》1997 年第 3 期。

② 恩格斯:《反杜林论》,人民出版社 1999 年版,第 189 页。

任何干扰。因此,仅仅能够掌握知识并不是知识分子的特殊标志,知识分子必须是脑力劳动者,知识分子是以知识为劳动对象,以知识为生产工具,并以知识为生的人。

此外,知识分子作为受过良好学校教育的人,对一些普遍性、抽象性的问题较为关注,更容易考虑一些全局性、政治性、社会性、公益性的重大问题,在社会生活中扮演着较为积极的角色,往往被誉为"社会的眼睛与良心",具有较强的社会责任感。

三、先进生产力的开拓者
——当前我国对知识分子的界定

在我国现阶段,知识分子的概念如何界定? 哪些人应划入知识分子行列? 我们认为,对当前我国知识分子的界定,既要考虑到知识分子的传统意义,又要借鉴国内外知识分子研究的积极成果,更要在马克思主义关于知识分子的基本思想的指导下,紧密结合我国当前社会发展的现实情况,坚持知识分子概念的与时俱进。同时,还要认识到,知识分子是一个政治范畴,知识分子概念的界定是与执政党的政策导向密切相关的,即知识分子概念的界定必须服务于执政党的知识分子政策的制定,体现执政党的知识分子政策导向。

基于上述考虑,现阶段我们可以把知识分子界定为:具有大专以上学历或具有中级以上专业技术职务,主要从事科学文化知识的创造、传播、应用与管理的脑力劳动者,他们中的绝大多数属于工人阶级,是先进生产力的开拓者。这一界定具有如下特点:

（一）明确了知识分子的阶级属性

即知识分子是工人阶级的重要组成部分，而不是一个独立的阶级。知识分子的阶级属性问题，是正确认识与判断知识分子的地位与作用，正确制定党的知识分子政策的重要理论依据，直接关系着党的知识分子工作的方向。

按照马克思主义的基本观点，在阶级社会中，知识分子既不是一个独立的阶级，也不是一个统一的阶层，而是由脑力劳动者所构成的分属于不同阶级的特殊阶层。如列宁同志认为，知识分子就是"包括一切受过教育的人"、"与体力劳动者不同的脑力劳动者"。[①] 他还指出，知识分子"不是经济上独立的阶级"，"因而不代表任何独立的政治力量"。斯大林同志指出："知识分子从来不是一个阶级，而且也不能是一个阶级——它过去是、而且现在还是由社会各阶级出身的人组成的一个阶层。"[②]新中国建立以来，我国关于知识分子阶级属性的认识出现过反复，在以阶级斗争为纲的年代里，知识分子曾被认为是工人阶级的异己力量。但是，中共三代领导集体对知识分子的阶级属性均给予了明确一致的回答，即知识分子是工人阶级的一部分。新中国建立初期，周恩来同志就指出，知识分子中的"绝大部分已经成为国家工作人员，已经为社会主义服务，已经是工人阶级的一部分"。[③] 改革开放前夕，邓小平同志指出，知识分子的"绝大多数已经是工人阶级和劳动人民自己的知识分子，因此，也可以说，已经是工人阶级自己的一部

---

① 《列宁全集》第八卷，人民出版社1986年版，第322页。
② 《斯大林选集》下卷，人民出版社1979年版，第411页。
③ 《周恩来选集》下卷，人民出版社1984年版，第162页。

分"，"是我们党的一支依靠的力量"。① 在新的历史条件下，江泽民同志也多次指出，"知识分子是工人阶级的一部分"，"是工人阶级中掌握科学文化知识较多的一部分"。② 知识分子是工人阶级的一部分，主要是由知识分子与产业工人的共同性所决定的。无论是从取得生活来源来看，还是从服务对象来看，知识分子同其他产业工人一样，都属于劳动者，都是为人民服务，为社会主义服务的。正如邓小平同志所言，知识分子"与体力劳动者的区别，只是社会分工的不同。从事体力劳动的，从事脑力劳动的，都是社会主义社会的劳动者"。③

当然，在认识到知识分子是工人阶级一部分的同时，一方面必须看到知识分子的工人阶级特性并不如产业工人那么突出，知识分子是一种以知识为业的特殊的劳动者；另一方面还要认识到，知识分子具有自己的特殊品格，不同于工人阶级的普通成员，他们是工人阶级队伍中最先进的一部分，属于工人阶级的先进阶层。

"知识分子是工人阶级的一部分"，既表明了党对知识分子的高度信任和殷切希望，也向广大知识分子提出了坚持工人阶级立场、自觉担负工人阶级历史使命和历史责任的要求。知识分子作为工人阶级的一部分，应当对国家和民族具有主人翁的责任感，应当具有坚定的社会主义信念，应当自觉接受党的领导，应当努力学习马列主义、毛泽东思想、邓小平理论和"三个代表"重要思想，在改造客观世界的同时努力改造主观世界。

当然，必须指出的是，并不是所有的知识分子都已经解决好坚持工人阶级立场的问题，都能够坚定不移地拥护党的领导和社会

---

① 《邓小平文选》第二卷，人民出版社1994年版，第89—93页。
② 《江泽民文选》第一卷，人民出版社2006年版，第233页。
③ 《邓小平文选》第二卷，人民出版社1994年版，第89页。

主义，捍卫最广大人民群众的根本利益。少数知识分子以所谓"精英"自居，把自己看做高踞于工人群众之上的精神贵族，与党和人民群众离心离德，他们并不认为自己属于工人阶级。其中，有极少数人接受西方资产阶级意识形态和价值观，不断鼓吹全盘西化、私有化，甚至与国内外敌对势力相勾结，破坏中国特色社会主义建设事业，这类极少数知识分子不是工人阶级的组成部分，对此应保持警惕。

（二）突出了知识分子的学历或职务标准

学历或职务是判定知识分子的一个重要标准。与西方发达国家从主观方面界定知识分子不同，从教育程度等客观方面界定知识分子既是我国界定知识分子的传统，也符合我国作为发展中国家的实际。当前，把我国知识分子确定为大专以上学历或中级以上专业技术职务，这是基本符合我国目前经济社会发展的实际要求的。

知识分子是一个历史范畴，具有鲜明的时代性，它随着一个国家教育、文化发展水平的不断提高而变化。在 20 世纪 50 年代，中共中央组织部为界定知识分子曾提出过三条标准：一是具有中专以上学历的国家干部；二是具有技术职务者；三是中小学公办教师。到了 80 年代，在落实党的知识分子政策，解决历史遗留问题时，中共中央组织部又重申了这三条标准，并沿用至今。[①] 与历史相比较，这种标准已显得太宽泛、太笼统，不适应当前我国经济社会发展的实际需求。第一，新中国建立以来，我国受过中专教育以

---

① 参见顾坤华：《"知识分子"科学定位的再思考》，《江苏经贸职业技术学院学报》1998 年第 1 期。

上的人数已超过亿人,如果再把具有中专学历或没有中专学历而具有初级职务的脑力劳动者归入知识分子范畴,知识分子队伍将显得过于庞大,不利于知识分子政策的制定与落实。第二,随着我国高等教育体制改革的深入,高等学校扩招已成为我国高等教育大众化的必然选择。与高等学校扩招相对应,普通中等专业学校的招生受到一定的限制,并不断减少。而高等教育的最低起点是大专学历教育,因此,随着高等教育的大众化,人们对知识分子的学历提出更高的要求是经济发展与社会改革的必然要求。第三,大专学历除了掌握基础知识外,还掌握了某些专业知识,为以后从事本专业领域的脑力劳动打下基础。而中专以下学历掌握的只是部分基础知识和少部分专业知识,其中大部分不足以从事某专业领域的脑力劳动。第四,为了避免仅以学历为标准而排除具有知识分子特征的低学历者,对于不具有大专学历的脑力劳动者,如果其具有中级以上专业技术职称,也应纳入知识分子范畴。

（三）体现了知识分子的本质特征

即知识分子是主要从事科学文化知识的创造、传播、应用与管理的脑力劳动者。知识分子的本质就在于"知识",知识是知识分子存在的基础,知识分子是知识的主要承载者。离开了知识,就不可能真正了解知识分子的本来面目,至多只能进行现象描述。因此,知识分子的界定,必须以知识为核心。但是,仅仅掌握知识并不是知识分子的特殊标志,致力于知识的创造、传播、应用与管理,才是知识分子的本质。知识创造是指通过科学研究获得新基础科学知识和技术科学知识的过程,其目的在于追求新发现、探索新规律、积累新知识。知识传播是指知识信息通过跨越时空的扩散,使不同个体间实现信息共享的过程,包括专业交流中的知识传播、科技教育中的知识传播、科技普及中的知识传播。知识应用是科学文化知识物化的过程,经由这一过程,科学文化知识由一种潜在的生产力变为现实的生产力。① 知识管理是指采取各种措施,为知识的创造、传播、应用提供良好的社会环境与政策环境。在知识创造、传播、应用与管理中,最容易产生歧义的是知识应用,在此,必须明确的是,并不是所有应用知识的人都是知识分子,只有应用知识的脑力劳动者才有可能成为知识分子。

把知识分子界定为主要从事科学文化知识的创造、传播、应用与管理的脑力劳动者,使知识分子的外延比较广泛,适应了我国现阶段知识分子队伍不断扩大的基本要求。

(四)强调了知识分子在生产力发展中的地位

即知识分子是先进生产力的开拓者。知识经济的主要特征是在资源配置上以智力资源、无形资产为第一要素。因此,在知识经济中对智力资源——人才和知识的占有,就比工业经济中对稀缺自然资源——土地和矿产资源的占有更为重要。知识经济时代无疑是知识分子的时代,与工业经济的利益驱动相比,知识经济以知识为驱动,大批人通过专业学习或自学跨入知识分子行列。在知识经济时代,经济社会发展的新特点决定了知识成了生产力发展的第一要素,那么知识分子在工人阶级中占据什么样的地位呢?马克思主义经典作家曾经十分明确地论述了从生产工具的演变来判定不同时代社会发展主导力量的观点。马克思指出,生产工具是劳动资料系统的主干,"劳动资料不仅是人类劳动力发展的测

---

① 参见饶定轲:《试论我国知识分子的历史定位》,《社会主义研究》2002 年第 3 期。

量器,而且是劳动借以进行的社会关系的指示器"。"手推磨产生的是封建主为首的社会,蒸汽机产生的是工业资本家为首的社会。"①我国改革开放的总设计师邓小平同志也明确提出"科学技术是第一生产力"的观点。由此,我们可以得出结论,无论在何种时代,谁掌握着先进的生产工具,谁就是先进生产力的代表,这是历史唯物主义所昭示的基本原理。在工业经济时代,产业工人掌握着先进的生产工具——机器,直接作用于劳动对象从事物质生产,因此产业工人是先进生产力的代表;在知识经济时代,知识分子掌握着先进的生产工具计算机,劳动者操纵它从事信息符号的处理与应用,间接作用于劳动对象从事物质生产,因而知识分子成为先进生产力的开拓者。基于此,江泽民同志在党的第十四次代表大会的政治报告中指出:知识分子是工人阶级中掌握科学文化知识较多的一部分,是先进生产力的开拓者,在改革开放和现代化建设中有着特殊重要的作用。知识分子是先进生产力的开拓者,不仅体现了"科学技术是第一生产力"的思想,同时也显示了我国知识经济端倪初现的时代特征。"知识分子是先进生产力的开拓者",这是新中国建立以来继确认"知识分子是工人阶级的一部分"之后,党对知识分子社会地位认识的又一次飞跃,是对知识分子在我国现代化建设中的特殊重要作用的科学的、高度的理论概括。

在明确了我国现阶段知识分子的含义之后,我们还应搞清楚知识分子与人才的关系。必须明确的是,虽然这两个概念有时交叉混同使用,并且外延都是动态的、相对的,但是这两个概念并不是完全相同的。首先,概念属性不同。知识分子是一个政治色彩较浓的概念,强调其阶级属性,而人才一般不具有政治色彩。其

---

① 《马克思恩格斯选集》第 1 卷,人民出版社 1995 年版,第 108 页。

次,两个概念的侧重点不同。知识分子侧重于学历或职称,而人才更侧重于业绩或能力。一般说来,只要是知识分子,都应算做人才,而人才,不一定都是知识分子。但是,无论从知识分子的数量,还是从知识分子的社会作用来看,知识分子在我国都已经成为人才资源的主要部分。最后,使用范围不同。知识分子概念一般在组织部门使用,而人才更多的在人事部门使用。

四、知识分子包括了哪些人
——国内外关于知识分子的分类

对事物进行类型分析,是人类认识的一个重要特征。对知识分子进行分类分析,是人们全面认识与把握知识分子概念的一个重要方面。由于对知识分子的界定与分类采取的标准不同,国内外关于知识分子的分类也不同。

(一)国外关于知识分子的分类

美国社会学家默顿是最早对知识分子进行类型划分的学者之一,他将知识分子分成两类:官僚知识分子和自由知识分子。[1]"官僚知识分子"是指在官僚组织中行使顾问或技术功能的知识分子。"自由知识分子"则是指那些不依附任何官僚组织的知识分子。他认为前者要屈从于组织机器,听命于上级指令,这类知识分子自由选择的范围十分狭小,而不捆绑在官僚组织上的知识分子

---

[1] R. Merton: *Social Theory and Social Structure*, Glencoe, 1957, pp. 165—167.

的自由度则大得多。值得注意的是,在默顿的划分中,政策制定者既不属于官僚知识分子,也不属于自由知识分子。

利普塞对知识分子的类型作了另一方式的划分。利普塞认为,广义地说,知识分子是创造、散布、应用文化的人。这一定义太宽,需区分为若干类型。一是"创造型知识分子",包括学者、科学家、哲学家、艺术家、作家等;二是"散布型知识分子",如教师、编辑、演员、临床医生、律师、工程师;三是"批判型知识分子",这是从属于创造型,而数量更少的一批知识分子,他们不仅掌握某种符号系统,而且怀有一种批判态度和对更为普遍的价值的责任感。①

意大利的葛兰西将知识分子分为两类:第一类是传统的知识分子,他们是那些在历史上产生的而现今赖以存在的生产方式已经消灭,但仍然保留的世代相传的知识分子。例如教师、教士、行政官吏,这类人代代从事相同的工作。第二类是有机的知识分子,他们是现代生产方式的产物,与自己所在的组织和所代表的阶级有着紧密的关系,明确地表达他们的阶级在政治、社会和经济领域的集体意识。工业技术人员、政治经济学家、新文化和新法律等的组织者,是资产阶级的有机知识分子。②

(二)国内关于知识分子的分类

王岳川以"价值取向"为标准,将中国当代知识分子划分为四种类型:权力话语知识分子、技术知识分子、经济型文化人和人文

①　S. M. Lipsel & R. B. Dobson, "The Intellectuals as Critic and Rebel", in Daedalus, Vol . p. 101;参见郑也夫:《知识分子的定义》,《北京社会科学》1997年第3期。

②　参见陶文钊:《葛兰西的知识分子理论及意义》,《马克思主义研究》1998年第4期。

知识分子。① "权力话语知识分子"主要为统治者的利益服务,以权力话语作为思考与写作的出发点,不问人生意义问题,只关心国家政治斗争热点,渴望成为政府首脑智囊团的一员,为现实政治服务。"技术知识分子"主要为发展科技和获取利润服务,以工具理性作为看待世间万物的尺度,关注实业与科技进步,不问人生意义,只问知识本身的实用性。"经济型文化人"是市场经济中转型最快的一类,面对经济大潮很快完成了由取"道"向取"利"的转化,在价值取向上不再以启蒙、真理和人生意义为关注中心,而是以商业活动的效益原则、金钱至上原则、交换竞争原则、市场操纵原则为价值标准,从而完成了从"文人"向"商人"的成功转化。"人文知识分子"体现着人类的自我意识和社会批判意识,关注生命意义、意义重估等价值判断问题,其职责是追求真理和担当社会良心。人文知识分子又可分为传授型知识分子、思想型知识分子、判断型知识分子、文学型知识分子。

王申贺则以"知识活动的层次"为标准,将知识分子划分为四种类型:管理组织型、传授应用型、创造型和人文思想型。② "管理组织型知识分子"主要指各类社会组织中的各层官僚、专业管理者,他们受过高等教育,其工作不是文化知识活动,而是应用领导科学、管理艺术等知识。"传授应用型知识分子"直接从事于某种知识活动,但他们基本上不进行创造,而是传播与应用现有的知识。"创造型知识分子"是少数,包括科学家、学者、艺术家、作家等,他们是对新知识、新思想作出一定贡献的人。"人文思想型知识分子"源于创造型知识分子,是知识分子的内核,同时也是知识分子的旗手。

---

① 参见王岳川:《思想·语言·大道》,《东方》1994 年第 3 期。
② 参见李小宁:《知识中国》,知识产权出版社 2001 年版,第 102—103 页。

　　李小宁根据知识分子与市场经济体制的关系,将知识分子分为两大类:一类是没有进入市场或基本无法进入市场的知识分子,即在各级党政机关、事业单位和国有企业中工作的知识分子,这类知识分子对政府的依附性比较大,不易自由流动;另一类是能够并且已经进入市场的知识分子,包括"下海"的科技人员和自谋职业的文化人,这类知识分子对政府的依附性较小,流动性大。① 其中没有进入市场的知识分子,根据不同的职业与利益关系,又可分为三类:公务型知识分子、事业型知识分子(事业型知识分子又分为智囊型、科技型、人文型三类)和企业型知识分子;其中能够并且已经进入市场的知识分子,依据他们在民间为自己选择的岗位又可分为两类:经济型知识分子与文化型知识分子。

　　郑也夫根据知识活动的层次,将知识分子划分为四种类型。一是非文化型知识分子,他们具有大学学历,但不从事文化(包括科技)工作,而在机关部门从事管理和事务性工作。二是传授与应用型知识分子,这类知识分子包括教师、工程师、临床医生等。他们直接从事某种知识活动,但基本上不是创造,而是传播和应用现有的知识。三是创造型知识分子,包括学者、科学家、作家、艺术家等。四是批判型知识分子。② 这种划分并不表示知识多少。一个官僚知识分子完全有可能具有不低于教师的知识;一位博学的教师的知识未见得少于发明家。这种划分着重表示,不同的人、不同的职业角色在不同的层次上,以不同的方式同知识文化发生关系。

　　此外,还有的学者将知识分子划分为人文知识分子、舆论知识分子和科技知识分子。上述关于知识分子的分类,是建立在对知识分子的界定与分类标准确定的基础之上的,对知识分子的界定与

---

① 参见李小宁:《知识中国》,知识产权出版社 2001 年版,第 103—106 页。

② 参见郑也夫:《知识分子的定义》,《北京社会科学》1997 年第 3 期。

分类标准的确定不同,对知识分子的分类也必然不同。因此,上述分类都具有其合理性。当然,上述分类并不是截然对立的,而是存在相通之处。如不同分类中的管理组织型知识分子、公务型知识分子、管理型知识分子、干部阶层等基本上是指同一类知识分子。

我们认为,根据知识分子的社会职能与工作性质,可以把知识分子分为党政管理型知识分子、企业经营型知识分子和专业技术型知识分子三类。其中党政管理型知识分子是指在党政机关和社会团体中应用领导科学、管理科学以及其他专业技术知识从事管理工作的知识分子。企业经营型知识分子是指在各类企业中,应用企业经营管理知识从事企业经营与企业管理的知识分子。专业技术型知识分子是指在各级各类组织中,从事教学、科研、医疗、文艺、宣传等专业工作的专业技术人员。将知识分子划分为党政管理型、企业经营型和专业技术型三类,使我国知识分子的分类与我国关于人才的分类协调、一致起来,有利于我国知识分子与人才政策的统一制定与实施,也有利于各职能部门对知识分子与各类人才的统一管理。

此外,在我国独特的政治语境中,知识分子还有党内知识分子和党外知识分子之分。把知识分子区分为党内知识分子和党外知识分子,是统一战线领域开展知识分子工作的特殊需要。

五、与时俱进中的全新认识
——当前我国知识分子的概念正在发生变化

知识分子是一个历史范畴,具有鲜明的时代性,它随着一个国家政治、经济、文化、教育发展水平的不断提高而变化。当前,我国知识分子的概念正在发生变化。

（一）工人阶级队伍知识化进程明显加快

当今世界，科学技术日新月异，知识经济初见端倪，人类社会的知识化进程已明显加快。在我国，知识分子作为工人阶级的一部分，大大增强了工人阶级的科学文化素质；高等教育的发展，科学技术的进步，工业化水平的提高，产业结构的升级，尤其是江泽民同志倡导的创建"学习型社会"活动的广泛开展，使得脑力劳动者的比例日趋上升，极大地推动了工人阶级知识化的进程，工人阶级队伍中的脑力劳动者与体力劳动者出现了相互融合的趋势。据统计，1998年全国12337万城镇职工中，从事科、教、文、卫以及交通、邮电、金融和社会服务等科学文化素质要求较高的行业工作的达5970万人，约占城镇职工总数的一半。1978年国有企业的科学技术人员，约占职工总数的5.8%。到1999年，这一比例已上升为26%。正如邓小平同志所指出的那样，"随着现代科学技术的发展"，"体力劳动会不断减少，脑力劳动会不断增加"，到"将来，脑力劳动和体力劳动更分不开来。发达资本主义国家有许多工人的工作就是按电钮，一站好几个小时，这既是紧张的、聚精会神的脑力劳动，也是辛苦的体力劳动。"[①]显然，邓小平同志是要用生产力发展、科技水平提高来不断扩大知识分子队伍，使劳动者都提高为知识分子，达到消灭脑体劳动差别的目的。

（二）知识分子队伍急剧壮大

改革开放以前，受经济发展水平和教育程度的影响，我国知识

---

① 《邓小平文选》第二卷，人民出版社1994年版，第41页。

分子数量少、规模小,其社会地位与功能并不显著。改革开放以来,随着"科教兴国"战略、"人才强国"战略的实施,以及工人阶级知识化进程的加快,传统意义上的工人阶级队伍发生分化,蓝领工人逐渐减少,白领工人逐渐增多,许多人经过知识和技能的结构更新,成为知识化的新型工人,进而成为知识分子,知识分子队伍急剧壮大,数量迅猛增加,已广泛分布于社会生活的各个领域,从而使现代意义上的工人阶级队伍也不断发展壮大,强化了工人阶级作为领导阶级的整体优势。江泽民同志在中国共产党第十六次全国代表大会政治报告中指出:"随着改革开放的深入和经济文化的发展,我国工人阶级队伍不断壮大,素质不断提高。包括知识分子在内的工人阶级,广大农民,始终是推动我国先进生产力发展和社会全面进步的根本力量。在社会变革中出现的民营科技企业的创业人员和技术人员、受聘于外资企业的管理技术人员、个体户、私营企业主、中介组织的从业人员、自由职业人员等社会阶层,都是中国特色社会主义事业的建设者。"① 江泽民同志归纳的几个社会阶层中,如民营科技企业的创业人员和技术人员、中介组织的从业人员、在非国有企业中的管理技术人员、自由职业者等,都需要具备专业知识或技能。因此,这些阶层中的主要组成人员是知识分子。这些阶层和职业人员的出现,不仅是中国社会变革的结果,使原来的社会结构发生了重大的变动,而且这些阶层具有进一步扩大的趋势。据统计,1949 年以前,我国知识分子的总数只有 200 余万人。根据 2000 年第五次全国人口普查主要数据公报,祖国大陆 31 个省、自治区、直辖市和现役军人的人口中,接受大专以上教育的为 4751 万人。同 1990 年第四次全国人口普查相比,每 10 万人中拥有大学程度的人数由 1442 人上升为 3611 人。

---

① 《江泽民文选》第三卷,人民出版社 2006 年版,第 539 页。

（三）知识分子正在成为社会新的阶层

长期以来，知识分子作为社会生活中的一个劳动阶层，一直被视为工人阶级的附属阶层，处于"皮之不存，毛将焉附"的被动地位。这是由传统经济学理论中，知识不是独立的生产要素，需要依附于劳动力、资本、工具而存在的观点决定的。在当代中国社会，知识分子作为工人阶级的组成部分，既不是工人阶级的附属部分，也不是独立于工人阶级之外的一个独立阶级，而是正在成为统一的工人阶级队伍中体现生产力发展趋势、相对独立的、占主导地位的新阶层——知识阶层。这些新的社会阶层中的广大人员同样也是中国特色社会主义事业的建设者，他们与工农群众之间没有根本的利害冲突。知识分子成为新的社会阶层，既是由知识和知识分子的特殊地位和作用决定的，也是由知识分子不同于传统产业工人的经济地位、价值观念、行为方式决定的。一方面，从知识的地位和作用来看，随着社会经济形态的改变，知识正在摆脱附属地位而成为一种独立的生产要素，成为装备和改造其他生产要素的创新力量，科学技术已成为第一生产力，作为知识主要载体的知识分子已经成为促进社会发展和经济进步的一股独立力量；另一方面，从知识分子的地位与作用来说，与产业工人相比，知识分子不仅是先进生产力的开拓者，而且也是先进文化的发展者、实现人民利益的促进者、"四有"公民的培育者和优秀精神产品的创造者；再一方面，知识分子作为具有科学文化知识的脑力劳动者，具有不同于产业工人的经济地位、价值观念与行为方式。改革开放以来，知识分子的经济地位逐步提高，收入待遇已与其受教育程度成正比，并且是否具有科学文化知识已成为能否成为这一新的知识阶层成员的首要前提。知识分子作为一个特殊的新的知识阶层，除了分布在教育、工业、卫生、农业、科研等行业的传统意义的知识分子群体外,当前还应包括民营科技企业的创业人员和技术人员、受聘于外资企业的管理技术人员、中介组织的从业人员等。

（四）知识分子的多元化倾向

政治多极化、经济全球化、文化多元化、信息网络化必然带来知识分子的多元化倾向,这可以通过知识分子的身份隶属、择业取向、思想状况和政治倾向等方面表现出来。

在身份隶属方面,知识分子已遍布于各种所有制形式的企业之中,而不再局限于国有或集体企业。在社会主义市场经济条件下,我国实行了以社会主义公有制为主、多种所有制并存的经济制度,以及以按劳分配为主、多种分配形式并存的分配制度。社会上存在着全民所有制企业、集体所有制企业、个体企业、私营企业、外资企业和合资企业等多种所有制的企业,实行按劳分配、按资分配、按技术分配等多种分配形式。随着社会主义市场经济的发展、所有制结构和分配方式的调整、人才市场的充分发育和人才流动机制的进一步完善,广大的知识分子也就不再像计划经济时期那样,只能隶属于全民所有制企业或集体所有制企业,只有单一的利益追求,而是分别进入各种所有制的单位或企业中工作,按照不同的分配制度获取自己的物质利益。由于这些不同所有制的单位或企业的利益不同,就使得身在其中的那部分知识分子也就有了各自的利益和追求。从20世纪90年代开始,社会上出现了一股"下海潮",一批知识分子放弃"铁饭碗",投向"三资"企业,其中不少人凭着自己的能力逐渐成为这些企业的高级管理人员;还有一些知识分子自己兴办企业,成为民营企业家,也就是人们常说的"儒商";此外,在大中型国有企业改革过程中,也逐渐形成了一批精于现代管理的企业家。据统计,2001 年接受大学(大专以上)教育的有 4571 万人,在国有企事业单位中共有各类专业技术人员 2887 万人,也就是约有 36.84％受过高等教育的人群在非国有单位中工作。

在职业选择上,知识分子已从传统的教育、工业、卫生、农业、科研等行业,分布到社会的各行各业,其中经营管理、社会中介、高新技术等行业正成为许多知识分子的新选择。随着中国经济、社会变革的进一步深入,法律、会计等中介社会组织将会更发达,作用更重要,高科技民营企业也会在生产力的发展中发挥越来越大的作用。在这些领域中的知识分子,作为一个重要的社会阶层,正成为在众多方面具有示范意义的社会群体,从某种角度而言,正在成为中国先进生产力、先进文化的一个重要社会载体。

在政治倾向上,知识分子在坚持共产党领导的前提下,积极参加民主党派或无党派活动,知识分子已成为民主党派或无党派的主体。党外知识分子既包括作为 8 个民主党派成员的知识分子,也包括未加入民主党派的知识分子。随着社会主义市场经济的建立和完善,党外知识分子在知识分子总体中所占的比例越来越大。根据中共中央统战部的有关文件,目前我国知识分子的总数将近 5000 万人,其中党外知识分子占总数的一半以上。

在思想状况上,在坚持主流思想的前提下,知识分子队伍内部思想统一的局面已被打破,出现多元化的倾向,多数知识分子已摆脱乌托邦式的思维方式,变得更为宽容,更为现实,知识分子作为整体与社会的紧张关系已经逐步消解,大部分已成为社会主义事业的建设者。美国学者萨伊德认为,20 世纪 90 年代的知识分子,在知识体制的挤压下越来越局部化、专业化、学院化了,同社会的关系日趋淡薄,越来越分离,知识分子的"公共性"开始丧失。不管这种认识是否成立,至少"知识分子"概念和社会定位发生了改变,这已经充分显示出,在现代社会中(包括在中国),知识分子作为社会正义和理想的代言人这样的地位正在逐步和部分地消失,而其中的相当一部分已经成为以知识谋生的职业群体,而且他们所拥有的知识技能成为影响经济、政治、文化和社会生活的重要方面。

最后,必须指出的是,知识分子是一个历史范畴,它随着阶级的出现和体力劳动与脑力劳动的分离而产生,也将随着阶级的消灭以及体力劳动与脑力劳动差别的消灭而消灭。如果一个国家的教育非常普及,人人都具有很高的学历,人人都拥有先进的现代科学文化知识,并且不是专门依靠自己的"知识"作为谋生的手段,那么,拥有"知识"的人将不再成为总人口中的"知识分子",更不会形成为"阶层"。因此,随着社会的不断发展和进步,人们文化水平的大幅度提高,以及社会职业的多样化,知识分子的概念将失去它现在的实际意义,直至在语言中逐步消失,仅作为一种历史语言现象而保留。但是,人类社会发展到今天并未最后消灭体力劳动与脑力劳动的差别,在一些不发达的国家和发展中国家里,这种差别还相当悬殊,于是在总人口的构成上便出现了"知识分子"的概念。因此,知识分子作为一个重要的社会阶层,在我国短期内不会消失,而将要在相当长的时期内继续存在。因此,任何淡化或忽视知识分子的观点都是不正确的。

第二章　启蒙思想解放,
　　　　引领历史变革

—— 我国现当代知识分子的地位和作用

一、推动社会进步的主导力量

—— 知识分子在中国革命和建设中的作用

　　知识分子是中国社会进步的主导力量,一个半世纪的中国近现代史已充分证明了这一点。1840 年以后,中国的知识分子无论是进行改良、革命还是改革,都对中国社会进步起到了巨大的推动作用。从康梁维新派的改制浪潮,到孙中山革命派领导的辛亥革命;从五四运动的爆发,到新民主主义革命的胜利;从新中国建立初期的"向科学进军",到十一届三中全会以后的改革开放,其领导者(本身具有多重身份)都是中国不同历史阶段的优秀知识分子群体。从这个意义上可以当之无愧地说,不同历史时期的优秀知识分子群体,是中国近现代社会持续进步的主导力量。

　　鸦片战争以后,中国逐步沦为半殖民地半封建社会,追求民族的独立和富强成为中国近现代历史发展的主题。追求进步的优秀知识分子是中国民主革命运动中首先觉悟的一部分,特别是在新民主主义革命、社会主义革命和建设的历史进程中,知识分子起到了比以往任何时代都更伟大的作用。

(一)知识分子是五四运动的发起者

五四运动是中国新民主主义革命的伟大开端,而知识分子是这一伟大运动的发起者。在整个五四运动时期,知识分子都起了先锋作用,他们是新文化的倡导者,新思想的传播者,高举"民主"与"科学"大旗的旗手,他们在五四运动中打了头阵,始终站在反帝反封建斗争的前沿。

1. 吹响反帝反封建的号角

五四运动以前,中国人民曾多次进行反对帝国主义的斗争,但对帝国主义的本质缺乏科学的、深刻的认识,有的人甚至还对英、美等帝国主义国家抱有幻想。

在五四运动时期,以陈独秀、李大钊为代表的先进的革命知识分子,从巴黎和会和帝国主义瓜分中国的争夺中得出一个科学的结论:帝国主义世界是一个强盗世界,帝国主义的本性就是掠夺弱小民族,这个世界中一切强盗团体、一切强盗行为都是我们的仇敌;并认识到,中国不能向帝国主义乞求独立、自由,只有依靠自己才能决定自己的命运。由此提出了"把这强盗世界推翻"、"改造强盗世界"的彻底的反帝口号。革命知识分子对帝国主义本质的揭露,使中国人民认清了帝国主义的强盗面目,促进了中国人民的新觉醒。五四运动之所以能够具有一种为辛亥革命所不曾有的彻底的不妥协的姿态,这便是其中一个很重要的原因。

五四运动还是一场在中国近现代史上影响极为深远的思想革命运动。"打倒孔家店"这个口号成为这场反对封建主义运动的大旗。高举这面大旗向封建主义去投枪的,正是具有初步共产主义思想的知识分子和革命民主主义知识分子。

陈独秀在 1915 年创办的《青年杂志》(1916 年改为《新青年》),首先点燃了反封建的战火。在杂志创刊号中,陈独秀明确提出,中国需要改弦更张,宁可使过去的"国粹"灭亡,而不愿使现在和将来的中华民族落后于世界历史的潮流。根据这个中心思想,以陈独秀、李大钊、鲁迅等为干将,以《新青年》为核心的新文化阵营,向封建专制主义及其理论基础孔孟之道发动了猛烈的进攻,无情地揭露了封建礼教的"吃人"本质。

五四运动时期,追求进步的优秀知识分子适应当时政治斗争的需要,抨击军阀政府,揭露帝国主义的侵略面目,在当时起了巨大的鼓动作用和先锋作用,为反动势力的统治敲响了丧钟,为中国共产党的建立吹响了嘹亮的号角!

2. 传播民主和科学的思想

民主和科学是五四运动时期中国知识分子反帝反封建的思想武器。新文化运动的倡导者们提倡民主、反对专制,提倡科学、反对迷信,认为民主和科学是推动中国社会前进的两个车轮。民主和科学的提出,反映了中国政治经济发展的要求和人民的迫切需要,成为五四时期文化思想战线上两面光辉的旗帜。

当然,新文化运动中提出的民主指的是资产阶级的民主,有其历史局限性,但是,民主与科学的传播,沉重地打击了统治中国两千多年的封建思想,破除了封建教条对人们的束缚,极大地启发了人们的民主主义觉悟,推动了现代科学在中国的发展,在思想界特别是青年知识分子中,掀起了寻求科学真理、追求解放的热情,为中国迅速接受俄国十月革命的影响,为马克思主义在中国的传播准备了条件,为五四爱国运动的发动和深入发展作了思想动员。

3. 传播马克思主义

一个伟大的革命运动,必然有一个正确思想为指导。五四运动是在当时世界革命的号召下,以俄国十月革命为榜样,以马克思主义为指导的。以马克思主义指导中国革命,并非一般人能做到,而只能是"中国的先进分子",其主体则是由激进的民主主义者向共产主义者转变的知识分子和已经具有初步共产主义思想的知识分子。事实上,马列主义在中国的传播,就是由先进的革命知识分子开始的。

十月革命以前,虽然一些资产阶级、小资产阶级知识分子曾经零星地、片断地把马克思恩格斯的学说译介到中国来,但是流传的范围和影响都非常有限。直到十月革命一声炮响,给我们送来了马克思主义以后,马克思主义在中国才逐步广泛传播开来。在传播马克思主义的过程中,新型的革命知识分子发挥了巨大的作用。

早在1918年11月,李大钊就发表了欢呼十月革命的文章《庶民的胜利》和《布尔什维主义的胜利》。1919年,恽代英在广州译出了考茨基的《阶级斗争》;1920年,上海出版了陈望道翻译的《共产党宣言》的第一个中文全译本。1919年5月,李大钊在他主编的《新青年》马克思研究专号上发表了《我的马克思主义观》,系统地介绍了马克思主义学说。同时,李大钊还在他主持的《晨报副刊》上开辟了马克思研究专栏,成为革命知识分子传播马克思主义的重要阵地。

随着马克思主义的传播,全国各地出现了许多进步的社团组织。例如,先是在北京成立,后来扩展到全国的"少年中国学会";北京大学的"马克思学说研究会";天津的"觉悟社";湖南的"新民学会";武汉的"互助社"、"利群书社";广州的"新学生社";等等。在这些社团组织中,汇集了中国第一代共产主义思想的知识分子。先进的革命知识分子经常讨论中国社会的革命问题和各种新的文化、思想问题,促进了马克思主义的进一步传播。

当然,马克思主义的传播并不是一帆风顺的。随着马克思主义的广泛传播和革命斗争的进一步深入，知识分子队伍开始出现分化。马克思主义在中国的传播，受到一些资产阶级知识分子的抵制和攻击。以李大钊为杰出代表的革命知识分子为了捍卫马克思主义，进行了"问题与主义"之争，批判了胡适的实用主义。同时，马克思主义者还同梁启超等进行了关于社会主义的论战，批判了资产阶级改良主义；同以黄凌霜为代表的无政府主义者进行论战，批驳了无政府主义。经过这些斗争，马克思主义终于成为中国思想界和进步知识分子中的一个巨大洪流，并且日益和中国工人运动相结合，为中国共产党的成立准备了条件。

4. 实际领导五四爱国运动

五四爱国运动的第一个阶段，即从 1919 年 5 月 4 日到 6 月 3 日，运动以北京为中心，以青年学生为主力。由于具有初步共产主义思想的革命知识分子的崇高威望和巨大影响力，他们成为运动的实际领导力量。

北京"六三"大逮捕以后，五四爱国运动发展成为以工人阶级为主力的广泛的群众爱国运动。1919 年 6 月 11 日，陈独秀和李大钊散发了他们亲自参与制定的《北京市民宣言》传单，提出了运动的新的斗争目标，为全国人民指明了斗争方向，保证了五四爱国运动毫不妥协地向前推进，并取得最终的胜利。

（二）知识分子是中国共产党的创建者

中国共产党的诞生，是中国历史上开天辟地的大事件。在这个伟大的事件中，革命知识分子发挥了特殊的作用，作出了杰出的贡献。

1. 促进了马克思列宁主义同中国工人运动的结合

一个无产阶级政党的成立，首先，必须具备两个条件：一个是思想条件——马克思主义;一个是阶级条件——工人阶级队伍的壮大和工人运动的发展。其次,必须使上述两个条件紧密结合在一起,才能产生一个有战斗力的无产阶级政党。中国共产党就是马克思列宁主义同中国工人运动相结合的产物;而在马克思列宁主义同中国工人运动相结合的过程中,革命知识分子起了先锋和桥梁作用,促进了二者的结合。

在五四运动后期,先进的革命知识分子看到了工人阶级的伟大力量,在五四运动的伟大实践中受到极大的教育和鼓舞,于是他们开始深入到工人群众中去宣传马克思列宁主义,组织讲演团,开展平民教育;到工厂进行社会调查,了解工人阶级的劳动和生活状况;组织节日纪念活动,从而促进了马克思列宁主义和中国工人运动的结合。

随着马克思列宁主义同中国工人运动的日益结合,革命知识分子在各地建立了共产主义小组,并以此为依托,有计划、有组织地从事工人运动,出版通俗刊物,向工人灌输马克思列宁主义真理;开办工人夜校、识字班;把工人群众组织起来,建立工会,自觉地把马克思列宁主义和中国工人运动结合起来。

正是通过革命知识分子的先锋和桥梁作用,促使马克思列宁主义同中国工人运动进一步结合起来,使建立中国共产党的时机和条件日趋成熟。

2. 探讨了建立无产阶级政党的问题

在中国共产党酝酿成立的过程中,一些先进知识分子着重宣传了无产阶级政党的知识,介绍了列宁的建党思想,并积极展开了建党问题的讨论。参加建党问题讨论的绝大部分都是接受马克思列宁主义的革命知识分子,这些革命知识分子承认无产阶级的历史使命并且努力和工人群众相结合,他们的立场已经转到无产阶级方面来。

在关于建党方针问题的讨论中,毛泽东同志等先进知识分子对党的性质、指导思想、组织原则等一系列问题提出了正确的主张。1920 年夏,毛泽东同志与蔡和森通过通信的方式就建党问题进行了讨论,并达成了共识,认为建党必须以马克思主义为理论指导,明确提出"唯物史观是吾党哲学的根据"。同时,先进知识分子在讨论中还提出,这个党必须采取彻底革命的方法,反对一切改良主义;必须密切联系群众;必须是高度集中的组织,党组织应有铁的纪律。另外,他们还谈到,党的最高机关为中央委员会,党中央应设宣传部、组织部、劳动部,并且有强有力的出版物,宣传党的主张和革命思想。

这些正确的建党思想,坚持了列宁的建党原则,为中国共产党的建立确立了正确的指导思想和基本原则,回答了在中国建立一个什么样的党的问题。

3. 为中国共产党的成立准备了干部条件

建立无产阶级政党,不但要有先进的思想作指导,更重要的是要有具备共产主义觉悟的无产阶级先进分子,并在其中产生一批被称为领袖的人物组成建党的核心。在传播马克思主义的过程中,在马克思主义同工人运动相结合的过程中,革命知识分子进一步学习马克思列宁主义,在政治思想上发生了很大的变化,从而形成了一批早期的马克思主义者,并由他们组建了各地的共产主义小组,而且产生了像陈独秀、李大钊、毛泽东等建党的领袖人物。这批早期马克思主义者的出现,为中国共产党的成立准备了干部条件。同时,他们还培养了一大批其他知识分子和工人群众中的先进分子,使他们成为无产阶级革命者,进一步充实了党的干部队伍。正因为如此,出席党的一大的代表全部是知识分子,一大代表所代表的 50 余名党员也几乎都是知识分子。

4. 进行了一系列有步骤的建党活动

经过积极的酝酿准备,1920 年 8 月,陈独秀、俞秀松、李达、李汉俊等,首先在上海建立了中国第一个共产主义小组,成为创建全国统一的无产阶级政党的活动中心,担负起发起、筹备和组织全国性政党的重任,起了组织和联络各地共产主义小组的重要纽带作用。同年11月,上海共产主义小组出版了《共产党》月刊,第一次在中国树起了共产党的旗帜,宣传有关共产党和共产主义的知识,介绍俄国布尔什维克建立的经验和列宁的建党理论,报道各国工人运动的情况,对统一建党思想,加强各地共产主义者的联系,推动中国共产党的建立,起了重要的作用。

1920年10月,李大钊领导成立了北京共产主义小组。1920年秋到1921年春,在武汉、长沙、济南、广州等地也先后建立了共产主义小组。与此同时,张申府、赵世炎、施存统等也分别建立起旅法共产主义小组和旅日共产主义小组。各地共产主义小组的建立,进一步促进了马克思列宁主义同中国工人运动的结合。在这个过程中,革命知识分子转变为具有共产主义觉悟的无产阶级先锋战士;同时,工人群众接受了马克思主义,提高了阶级觉悟,并从中涌现出一批有共产主义理想的先进分子。这说明,正式成立中国共产党的条件基本具备了。1921年,中国共产党第一次全国代表大会在上海举行,正式宣告了中国共产党的成立。

中国共产党的建立,是一代革命知识分子集体努力的结晶,特别是陈独秀、李大钊、毛泽东等,在建党的思想、组织准备方面作出了特殊的贡献。如果没有这些革命知识分子充分地发挥作用,马克思主义不可能在中国迅速传播开来,也不可能同中国工人运动进一步结合起来,那么,中国共产党也就不可能在1921年应运而生。中国共产党的创始人基本上是高级知识分子,大革命初期的党员也大都是知识分子。由此可以说,革命知识分子是中国共产党的创建者。

（三）知识分子是新民主主义革命胜利的贡献者

在长期的革命战争中，在建立新中国的伟大斗争中，知识分子也是不可或缺的重要力量。尤其是在抗日战争和解放战争中，党的知识分子政策的贯彻落实，极大地焕发了广大知识分子的革命热情。

1. 爱国知识分子为抗日战争的胜利作出了伟大贡献

在各个抗日民主根据地，广大知识分子发动和组织群众开展抗日救亡运动；推动科学技术的发展，促进抗日根据地的经济建设；推动教育事业的发展，提高广大干部和人民群众的文化素质；促进文学艺术的繁荣，起到了教育人民、打击敌人的巨大作用，为抗日战争的胜利作出了不可磨灭的贡献。在大后方的知识分子，强烈反对国民党反动派的投降政策，组织了抗日救亡运动，反对国民党的一党专政，强烈要求民主政治，掀起了声势浩大的民主宪政运动，为发展和壮大抗日民族统一战线起了重要作用。

2. 爱国知识分子为新民主主义革命的最终胜利作出了重要贡献

抗日战争胜利以后，广大知识分子以极大的政治热情和爱国责任感，发动或参加了反内战、争民主的斗争；反美反蒋运动，则是内战爆发后，以学生和知识分子为主体的国统区人民组建的第二条战线，打乱了国民党反动派的统治秩序，有力地配合了解放战场的斗争，为解放战争的胜利作出了历史性贡献；随着解放战争的节节胜利和解放区的不断扩大，广大知识分子所从事的文化教育事业也在蓬勃发展，有力地配合和支持了人民解放战争。总之，广大爱国知识分子，为新民主主义革命的胜利作出了极大的贡献，正如毛泽东同志所说："没有知识分子的参加，革命的胜利是不可能的。"①"革命力量的组织和革命事业的建设,离开革命的知识分子的参加,是不可能成功的。"②

(四)知识分子是社会主义革命和建设的推进者

新中国成立以后,广大知识分子包括从旧社会过来的大批知识分子和从海外归来的爱国知识分子,在中国共产党的领导下,积极投身社会主义改造和建设事业,为国民经济的恢复,为科技教育事业的发展,起到了关键的作用。

知识分子是社会主义建设事业中一支伟大的力量,在社会主义物质文明建设、精神文明建设、政治文明建设中起了伟大的推进作用。

1. 知识分子是社会主义物质文明建设的推进者

知识分子为建立和完善社会主义市场经济体制,作出了重要的理论贡献。知识分子的科技成果转化为生产力,促进了生产力的发展。知识分子积极参与社会经济的经营管理,在现代化生产中起着主导作用。

2. 知识分子是社会主义精神文明建设的推进者

知识分子作为中华民族的脊梁,继承并发扬了中华优秀传统文化,批判地吸收了人类优秀文化成果,弘扬了中国特色社会主义的先进文化。知识分子是我国教育事业的基石,也是我国教育事业发展的主体和动力,为我国经济发展,为民族的伟大复兴奠定了坚实的人才基础。知识分子是科技发展的栋梁,在高科技领域和基础研究领域都取得了重大成就,为我国的可持续发展提供了强

---

① 《毛泽东选集》第二卷,人民出版社 1991 年版,第 618 页。
② 《毛泽东选集》第二卷,人民出版社 1991 年版,第 641 页。

大的科技动力。知识分子是文艺创作的主体,他们顺应时代的要求,创作了大批反映中国特色社会主义现代化建设的优秀作品,反映了人民群众的心声,激发了人们建设中国特色社会主义的热情。

3. 知识分子是社会主义政治文明的推进者

知识分子是社会主义政治文明建设的一支可靠力量。关心和参与政治,致力于中国的强盛,是我国知识分子的优良传统。知识分子参政议政,大大加快了各级领导决策的科学化、民主化进程,推进了国家的民主制度建设和法制建设,促进了人民民主觉悟和政治素质的提高。

4. 知识分子是国防现代化建设的推进者

国防现代化是我国社会主义现代化事业的重要组成部分,国防实力是国家综合国力的重要组成部分,国防的强弱关系国家和民族的安危存亡。知识分子为维护祖国的尊严和安全作出了杰出的贡献。

新中国刚刚建立,就处在帝国主义的封锁和孤立当中,国防受到严重的威胁。以钱三强、钱学森等为代表的优秀知识分子积极贯彻"两弹一星"战略,发扬自力更生、艰苦奋斗、一不怕苦、二不怕死、不计名利、无私奉献的精神,在不到 6 年的时间里作出了让世界震惊的事业——1964 年 10 月 16 日,中国第一颗原子弹爆炸成功。它是我国国防建设和科学技术方面取得的一项重大成就,标志着我国国防现代化进入了一个新的阶段。仅仅两年之后,即1966 年 10 月 27 日,我国第一颗装有核弹头的地地导弹飞行爆炸成功。1967 年 6 月 17 日,我国成功地爆炸了第一颗氢弹。1969年 9 月 23 日,中国成功地进行了首次地下核试验。这两次试验是中国继第一颗原子弹爆炸成功后,在核武器发展方面的又一次飞跃,标志着中国核武器的发展进入了一个更高的阶段。1970 年 4月 27 日,我国第一颗人造地球卫星——"东方红 1 号"发射成功。

1984 年 4 月,我国成功地发射了一颗试验通信卫星。1986 年 2 月,我国用"长征 3 号"运载火箭把一颗实用通信广播卫星送入太空。我国还是当今世界上少数几个掌握卫星回收技术和"一箭多星"技术的国家之一。

总之,广大知识分子在党的领导下,在攀登现代科技高峰的征途中,接连创造出人间奇迹,保卫了祖国的安全,捍卫了祖国的尊严,让世界重新认识了中国,让所有炎黄子孙扬眉吐气。

正如江泽民同志所说,在工业、农业、商业、教育、科技、文化、卫生、国防、外交等各条战线和各级党政机关,在城市、农村特别是生活和工作条件艰苦的边疆、山区、沙漠、海洋,在发展社会主义经济、政治、文化事业方面,在管理国家和社会事务方面,在维护祖国尊严和人民安全方面,知识分子都作出了不可磨灭的贡献。知识分子在社会主义现代化建设中发挥着不可替代的作用,承担着重大的社会责任,是社会主义建设事业的积极推进者。可以说,没有知识分子的参加,建设和改革的胜利是不可能的。

二、实现民族复兴不可或缺的创新者
——我国现阶段知识分子的历史地位

知识分子的历史地位是由知识分子的历史作用决定的。在当今时代,知识分子的历史作用体现在人们社会生活领域的方方面面,他们不仅可以直接影响人们的物质生活,而且可以直接影响人们的政治生活和精神生活。人们的社会生活能够广泛地体现他们存在的意义,他们对人类社会的存在及其发展的影响力是极为深远的。在政治多极化、经济全球化、文化多元化、信息网络化、高科技迅猛发展、知识经济出现端倪的新世纪,知识分子在推进中华民族伟大复兴、促进中国社会全面进步方面的主导作用更显突出。从这个意义上讲,知识分子在现阶段社会发展中依然占据着主导地位。

(一)知识分子是先进生产力的开拓者

早在1988年,邓小平同志就明确提出了"科学技术是第一生产力"的科学命题,肯定了科学技术在现代社会经济发展中的先导性和决定性作用,揭示了知识分子在我国现代化建设中的重要地位和重大作用。后来,江泽民同志在党的第十四次全国代表大会的政治报告中进一步提出知识分子是"先进生产力的开拓者",高度评价了知识分子在当前现代化建设中和未来知识经济中具有的地位和作用。

生产力是社会发展的决定力量。先进生产力是由科技进步和人才资源推动的生产力,是以高科技为核心的现代生产力,也是以知识和智力为中心的知识经济生产力。知识在先进生产力大系统中的决定性作用,也就决定了知识的载体——知识分子的开拓者地位。

1. 知识分子是知识的创新者,知识创新是生产力发展的原动力

"开拓"就是创新,知识经济的灵魂就是创新。一个国家知识经济的发展,所依靠的就是以知识创新为核心,包括理论创新、管理创新、制度创新等构成的国家创新体系。没有创新,就没有知识经济,就没有先进生产力的发展。知识分子在创新中起着决定性作用,占据着主导地位。

知识创新的目的是追求新发现、探索新规律、创立新学说、创造新方法、发现新技术、积累新知识。科学知识的创新主要回答"是什么",解决认识世界的问题,它是新技术和新发明的理论基

础和源泉,也是知识经济的基础和源泉。技术创新主要回答"怎么办",解决改造世界的问题,是生产力发展的直接动力,也是知识经济的核心。在现代社会,一个国家的整体发展潜力将不再主要取决于拥有的自然资源和资金的多少,而更多地取决于知识资源的多少,更多地依赖于企业或国家范围内求知活动和创新活动的活跃程度,依赖于企业或国家科学技术和经济参与者(主要是各类知识分子)求知能力和创新能力的大小。作为知识经济开始形成之标志的美国微软公司的发展,强有力地证明了这一点。

知识经济以知识创新为基础,但知识创新绝不仅是指自然科学,人文社会科学在知识经济中也起着不可忽视的作用。知识经济是一种新型经济,它必然要求社会管理方式、企业组织形式、产品流通方式、利益分配方式、法律体系、伦理道德体系等与之相适应。制度创新、管理创新以及思想观念和思想方法的创新,都需要人文社会科学的贡献。在这其中,管理创新对经济的发展起着直接的推动作用。科学技术创造了新材料、新工具、新方法,管理者使这些新材料、新工具、新方法实现最优化配置,充分实现科技的价值。管理是一种文化、一种艺术,更是一种技术、一种科学。管理的兴起是与科技进步中的大生产的崛起相一致的。生产规模的扩大,组织结构复杂化,劳动分工进一步深化,使得管理日益重要。为了进行生产,就必须对劳动者的活动进行协调,对生产要素进行合理的配置。

科技和管理在现代生产中的巨大作用,奠定了知识分子在生产中的地位。科技和管理的发明和发现者——知识分子,以科技和管理把握着现代生产力发展的中枢。

知识创新、管理创新在我国现代化的进程中尤其重要。我们要学习国外的先进科学知识,引进国外的先进技术,但更重要的是,我们必须有自己在基础研究方面的优势和高新技术方面的突破,才能在日益激烈的世界竞争中站稳脚跟,为我国的现代化建设奠定坚实的基础。我们应该清醒地认识到,在世界科技竞争中,我国明显地处于劣势。为了赶上世界先进水平,从 20 世纪 80 年代以来,我国陆续施行了"863"计划、"火炬计划"、"攀登计划"、"973"计划等等。中国科学院还负责实施国家"知识创新工程"。这些项目推动了我国基础科学和高新技术的发展,增强了我国知识创新的能力。与此同时,我们还必须创造出适合我国国情的管理制度,既根植于我国的传统文化,又必须面向现代化大生产,以有效地实现资源的优化配置。

作为知识创新者的知识分子,是我国社会主义建设事业的领航员,承担着繁重而光荣的任务。

2. 知识分子是知识的应用者,使创新知识转化为现实的生产力

知识创新是知识经济的基础,但是,科学技术知识作为一种观念形态,只是一种潜在的生产力,只有物化在生产过程当中,实现科学技术的产业化,才能成为现实的生产力。科学技术的产业化过程,也就是知识的应用过程,同时也是生产力开拓的一个复杂的创新过程。

在经济全球化条件下,竞争十分激烈。为了提高竞争力,世界发达国家非常重视科技成果的转化和高新技术的产业化,它们的科技成果转化率已达到 50% 左右,而我国只有 6% —8% ,与发达国家还有相当大的差距。

科学技术成果的转化和高科技的产业化是我国现代化建设的关键,已经引起了党和政府的高度重视。1998 年,江泽民同志在《国家科技领导小组第三次会议纪要》上的重要批示中明确指出,我们必须改革科技体制,从政策上支持和鼓励企业从事科研、开发和技术改造,加强应用技术的开发和推广,促进科技成果更快更好

地向现实生产力转化,不断解决经济建设中的重大和关键技术问题,推动经济体制和经济增长方式的根本性转变。科技成果的转化是科技成果市场化、效益化的复杂的系统工程,包括产品创新、原材料创新、市场创新、管理创新、组织创新和社会支持创新等等,涉及大量的人员,包括大量的生产技术工人和营销人员,更需要科技专家、企业家、经济师、会计师、统计师等知识分子的参与,并发挥主导作用。

3. 知识分子是知识的传播者,为生产力的持续发展奠定了基础

知识的传播就是指知识信息通过跨越时空的扩散,是不同个体间实现知识共享的过程。知识的力量不仅取决于其自身价值的大小,更取决于它是否被传播以及传播的广度和深度。在知识经济时代,知识的传播对于科学技术的发展和社会的进步具有十分重要的作用。

知识传播一般分为三种类型:专业交流中的知识传播,即科学家之间进行的专业知识的传播和交流,是科学家获取最新科技信息,并启动知识创新过程的前提条件,也是科学家之间建立有效的科技协作关系,组成科学共同体,攻克重大科技难关的先决条件;科技教育中的知识传播,是知识扩散和培养科技人才的基本途径;科技普及中的知识传播,是提高人民群众科学文化水平的重要手段。

其中,知识传播最重要、影响最深远的方式是教育。通过教育,可以使人类的文明成果有效地代代相传并发扬光大,而且能够更大范围地提高劳动者的素质,大批地培养和造就各类高素质的人才。教育突破了知识传播的范围,贯穿在知识经济的各个环节当中,在人才培养、知识创新、知识传播、知识应用等方面都起着基础性作用。一个具有世界最大规模、基本适应我国社会主义现代

化建设需要的教育体系已初步建立，为我国社会主义现代化建设提供了强有力的人才支持和智力保证，并作出了卓越的贡献。当然，我们也应该看到，我国的教育事业水平还比较低，还不能更好地适应市场经济的发展。知识分子在科教兴国的征程中任重而道远。

人是生产力中最具有决定性的力量，包括知识分子在内的工人阶级，是我国先进生产力发展的基本力量。知识分子作为创新的主体，是知识的创造者、开发者和传播者，并使科学技术知识转化为现实的生产力，创立新的管理组织形式，为现代化事业开辟道路、拓宽领域，是先进生产力当之无愧的代表和开拓者。随着知识经济时代的来临，知识分子在知识经济生产力中的这种开拓者作用将会越来越突出。积极实施"科教兴国"战略和"人才强国"战略，充分发挥知识分子的作用，将会推动我国经济社会的持续发展。

（二）知识分子是先进文化的创造者

文化是一个国家、民族根之所系、脉之所维。文化是一个国家综合国力的重要体现。先进文化符合人类社会发展的方向，体现社会生产力发展的要求，代表社会成员的最根本利益，反映时代发展的潮流，是人类文明进步的结晶，是推动社会前进的动力。一个追求经济协调持续发展和人的全面发展的社会，必须拥有和发展先进文化；一个代表先进生产力和广大人民根本利益的党，必须始终代表先进文化的前进方向。在当代中国，先进文化就是中国特色的社会主义文化，是以马克思主义为指导的、民族的科学的大众的文化。

创立科学理论，传播先进文化，捍卫真理，是中国知识分子的优良传统,也是当代中国知识分子义不容辞的责任。社会发展的实践也证明,中国的优秀知识分子没有辜负党和人民的重托。

1. 知识分子是传播和发展先进文化的重要力量

广大知识分子运用新闻、出版、广播、教学等途径宣传马克思主义、毛泽东思想、邓小平理论、"三个代表"重要思想和科学发展观,坚持、维护和巩固了马克思主义、毛泽东思想、邓小平理论、"三个代表"重要思想和科学发展观在意识形态领域的指导地位,坚持了为人民服务、为社会主义服务的方向,不断开辟和巩固了社会主义文化的阵地,唱响了时代的主旋律,弘扬了时代精神,丰富了人们的精神世界,增强了人们的精神力量。

从事思想宣传工作的广大知识分子,在新形势的要求下,在继承优良传统的基础上,积极探索新时期宣传工作的新机制、新办法,充分利用各种大众媒体和文化设施,以群众喜闻乐见的形式,努力把马克思主义理论、中国特色社会主义理论与社会不同群体的特点及要求的多样性统一起来;努力把理想信念和思想道德的宣传教育与人民群众的日常生活的实践性统一起来,有力地回答了实践提出的重大理论问题,在广大群众的工作和生活中发挥了精神支柱的巨大作用。

在新的形势下,广大知识分子有了大展身手的广阔空间,同时又担负着重大责任。广大知识分子坚持在文化产业领域贯彻先进文化的要求,始终把社会效益放在首位。他们积极抓住发展的机遇,紧跟文化发展的世界性潮流,在科技进步和全球化趋势中汲取新的力量,发展先进文化,繁荣社会主义文化,满足人民群众的精神文化需求。同时,他们坚持马克思主义、毛泽东思想、邓小平理论、"三个代表"重要思想和科学发展观在文化产业领域的指导地位,有效地维护了我国的文化安全,扩大了我国民族文化在世界上的积极影响。

2. 知识分子是创造优秀精神产品的主体力量

优秀的精神产品是社会主义文化的重要成果，在社会主义精神文明建设中有着不可替代的作用。优秀的精神产品能够促进人民群众生活水平的提高，充分调动人们的积极性、主动性和创造性，最大限度地发挥人们的潜能，是人类社会发展的巨大推动力。而优秀精神产品的生产和创造主要依靠知识分子。

精神产品的生产是一种复杂的艰苦的脑力劳动，要求其产品能适应社会生活和时代发展的日益多样化的形势，满足人民群众随着物质生活水平的提高而对精神产品高层次、多样化的需求，不断提供新产品、新成果；要求每一件精神产品，无论是一种科学理论，还是一件文艺作品，都要有首创性或独创性。因此，精神产品的生产是一种创造性、求新性、探索性的劳动。这种创造性劳动需要对社会现象和社会发展的本质性、规律性的深刻认识和理解，需要对优秀精神产品的内涵和所能产生的社会价值、社会影响的深层次的思考，还需要对采用怎样的大众媒体或表现形式推向社会有准确的把握。这一切都表明，优秀精神产品的生产者需要有较高的知识水平、思维能力和创新精神。而这些素质并不是一般人都能具有的。

知识分子有着丰厚的知识底蕴。知识分子的才能学识使他们对生活有着敏锐的观察力，借此获得丰富多彩的生活素材，这是生产优秀精神产品的重要前提。他们的思维具有高度的概括性，能够从现实生活中提炼出典型的艺术形象。他们能够对传统进行反思，并超越传统。这就决定了知识分子是优秀精神产品的主要创造者。

知识分子是优秀精神产品的创造者，并不是否定非知识分子的创造性。在人类历史上，非知识分子也曾经创造过许多优秀的精神产品，像我国的《诗经》等，但这在整个人类精神宝库中毕竟只占很少的一部分。尤其是到了现代,人类已经积累了几千年的科学文化知识,精神产品生产的规模不断扩大,难度不断加强,这就更需要一支专门的知识分子队伍来从事精神产品的生产。

我国广大的知识分子以高度的历史责任感和社会责任感,把人民群众的鲜活经验系统化、理论化,承担着以科学的理论武装人、以正确的舆论引导人、以高尚的精神塑造人、以优秀的作品鼓舞人的历史重任,始终是优秀精神产品的创造者。

3. 知识分子是弘扬和培育民族精神的依靠力量

民族精神是一个民族赖以生存和发展的精神支柱,是民族文化的核心和灵魂。一个民族,没有振奋的精神和高尚的品格,不可能自立于世界民族之林。在五千多年的发展中,中华民族形成了以爱国主义为核心的团结统一、爱好和平、勤劳勇敢、自强不息的伟大民族精神。在长期的革命和建设的实践中,党领导人民结合时代和社会发展的要求,不断丰富着民族精神。

伟大的事业产生伟大的精神。伟大的抗美援朝精神、“两弹一星”精神、抗洪精神等,都是中华民族不懈奋斗精神的具体体现。广大知识分子积极弘扬这种伟大的民族精神,他们面对新世纪、新形势、新任务,宣传和弘扬解放思想、实事求是的精神;紧跟时代、勇于创新的精神;知难而进、一往无前的精神;艰苦奋斗、务实求效的精神;淡泊名利、无私奉献的精神。他们的辛勤工作为实现民族的伟大复兴提供了巨大的精神动力。

面对世界范围内各种思想文化的相互激荡,必须弘扬和培育我们的民族精神。这个任务历史地落在我国广大知识分子肩上。他们坚持先进文化的要求,深入到群众中间,不断发掘民族文化的精髓,振奋和弘扬民族精神,有效地抵制了西方反动思想和文化的渗透,增强了中华儿女的民族凝聚力,为中华民族的进步作出了不可磨灭的贡献。

可以说,我国广大知识分子结合新的实践和时代要求,结合人民群众精神文化生活的需要,用科学发展观统领社会主义文化建设,积极进行文化创新,努力繁荣先进文化,大力弘扬和培育民族精神,推动着中国特色社会主义文化的发展。

(三)知识分子是实现人民利益的促进者

列宁曾经指出,知识分子之所以叫知识分子,就是因为他们最自觉地、最彻底地、最准确地反映表现了整个社会的阶级利益的发展。知识分子作为一个特殊的社会群体,它的社会历史作用是多方面、多领域的,不仅体现在生产力发展领域、文化发展领域,而且体现在人民群众的政治利益、经济利益与文化利益的代表与发展领域。

1. 知识分子是实现人民经济利益的促进者

人民的经济利益是人民根本利益的基础。人民的经济利益,就是确保人民作为生产资料的主人的地位,在不断发展社会主义生产力的基础上,使人民群众的经济收入不断提高,社会福利和物质生活条件不断改善,逐步实现共同富裕。

知识分子是先进生产力的开拓者,他们不断地进行知识创新、科技创新以及管理创新,将科技成果转化为现实的生产力,为社会经济发展提供了直接动力,促进了我国经济持续、快速、健康的发展,创造出越来越多的社会财富,促进了人民生活水平的不断提高。

农民占我国人口的绝大多数,要实现人民的利益,首先应体现在实现农民的利益上。社会发展的实践证明,要促进我国农业的发展,维护和实现广大农民的经济利益,最根本的是靠科技,靠新的农业科技革命。广大知识分子是实施科教兴农、推进农业科技革命、实现农民经济利益的主要力量。广大知识分子积极参与国有企业改革及其技术改造,引进、吸收、消化国外的先进技术,同时积极进行科技创新,并将其转化为现实的生产力。广大知识分子还充分利用自身的知识资源,积极投身市场,干事创业,成为国民经济的一支有生力量。他们在第三产业中大显身手,既实现了自身知识的产业化,又不断地为人民群众开辟广阔的就业前景,为人民群众改善生活和发展生产提供了不可或缺的优质服务。

可以说,不管从哪一方面讲,广大知识分子都在实现和维护人民群众的经济利益,是人民经济利益的促进者。

2. 知识分子是实现人民政治利益的促进者

政治利益是人民根本利益的核心。人民的政治利益,就是在坚持四项基本原则的前提下,确保人民群众充分享有宪法赋予的各项民主权利,真正成为国家和社会的主人。我国的政治体制改革的根本目的,就是为了维护人民当家做主的权利,实现人民的根本政治利益。在实现和维护人民的根本政治利益的过程中,知识分子功不可没。

广大知识分子以人民的根本利益为出发点和归宿,积极宣传马克思主义、毛泽东思想、邓小平理论、"三个代表"重要思想和科学发展观以及党的路线、方针、政策,维护了人民群众思想的统一,维护了政治局面的稳定,为政治体制改革创造了良好的社会环境。同时,广大知识分子围绕着如何实现人民当家做主的权利,积极总结以前的改革成果,对改革中出现的新问题进行积极的理论探讨,极大地解放了人民群众的思想,推进了政治体制改革的进程。

广大知识分子积极参政议政,推进了决策的科学化、民主化。与此同时,广大知识分子以主人翁的姿态,本着对社会高度负责的精神,敢于面对现实,关注人民群众的实际困难,维护社会的公平与正义,维护人民群众的根本利益,对各个阶段或某个方面的工作提出自己的批评意见和工作建议。这种具有高度的社会责任心和社会良知的充满时代气息的政治意识,已经成为我国知识分子政治素质的主导方面,是我国社会主义政治文明建设的积极推动力量。

广大知识分子通过宣传教育,提高了人民群众的政治素质。人民的政治素质状况,关系到社会主义政治文明建设的进程,更关系到人民政治利益的实现与维护。但是,由于历史的原因和现实的制约,我国国民的整体政治素质较低,状况令人堪忧。社会主义民主意识不可能自发地产生,人民的政治素质也不会自然而然地提高,必须在人民群众中间进行广泛的社会主义民主政治教育。这个重担,历史地落在广大具有社会主义民主觉悟的知识分子身上。知识分子具有较高的文化素质和思想政治觉悟,其民主精神、民主意识、民主行为往往会对一般的民众产生强烈的感召力和影响力。知识分子对于提高全体民众的政治素质和民主觉悟具有强大的智能优势,积极发挥这种优势,有利于提高人民的政治素质和民主觉悟。

3. 知识分子是实现人民文化利益的促进者

文化利益是人民根本利益的灵魂。人民的文化利益,就是在坚持马克思主义为指导的前提下,大力发展先进文化,使人民群众的思想道德素质、科学文化水平、精神生活质量不断提高。

广大知识分子按照先进文化的基本要求,坚持以先进的理论武装人、以正确的舆论引导人、以高尚的精神塑造人、以优秀的作品鼓舞人,对公民进行社会公德、职业道德、家庭美德和个人品德教育,弘扬了时代的主旋律。通过教育、新闻等各种形式普及科学文化知识和社会知识,提高了人民的科学文化水平。

广大知识分子关注人民生活和生产实践,深入到人民群众中间,创造出许多人民群众喜闻乐见的影视、歌曲、小说、诗歌等精神作品,不断丰富人民的精神世界,提高人民精神生活的质量。

可以说,我国知识分子在促进人民根本利益的各个方面都发挥了它的巨大作用。我国广大的知识分子具有强烈的爱国意识和社会责任意识,始终自觉地以主人翁的姿态投身于社会主义现代化建设之中。他们坚持走与工农群众相结合的道路,牢固树立全心全意为人民服务的思想观念,积极参政议政,推进民主政治建设,以自己的聪明才智和劳动成果影响人民群众的精神生活和物质生活,是人民群众根本利益的忠实维护者和实际促进者。

（四）知识分子是"四有"公民的培育者

21世纪是一个充满机遇和挑战的世纪,经济全球化正深入发展,科技进步日新月异,综合国力竞争日益激烈。我国正在实施第三步战略目标,进入了全面建设小康社会和实现中华民族伟大复兴的历史性阶段。现代化建设的目标实现与否,在很大程度上取决于国民素质的提高和人力资源的开发。培养同现代化要求相适应的数以亿计的高素质的劳动者和数以千万计的专门人才,发挥我国巨大的人力资源优势,关系到社会主义事业的全局。

"四有"是对社会主义现代化建设者素质的全面概括。"四有"公民是指有理想、有道德、有文化、有纪律的社会主义公民。培育"四有"公民,归根到底就是为了提高全民族的素质。这个历史重任责无旁贷地落在了知识分子肩上,其中,教师负有特别重要的责任。

教育部门作为培养"四有"公民的主要部门,对经济和社会发展具有向导性、全局性的作用。教师作为教育的主导,作为人类文明的传承者,肩负着培育"四有"公民的主要历史责任。

1. 教师是科学文化知识的传承者

"学高为师",广大教师有较高的科学文化素养,同时有丰富的教学经验,通过多种形式的教育,给受教育者传授基本的科学文化知识和技术技能,为把受教育者造就成懂得先进技术,勇于进取,敢于创新的新型劳动者奠定了坚实的基础。事实上,在现代社会,劳动者所必需的科学文化知识和技术技能,大部分都是从学校中获得的,这些都离不开教师的辛勤培育。

2. 教师是思想道德的引领者

"身正为范",广大人民教师言传身教,率先垂范,担负起人类灵魂工程师的职责,帮助学生逐步树立正确的政治观、世界观、人生观、道德观:

(1)帮助学生树立马克思主义的政治观。政治观是思想的统帅。广大人民教师坚持对学生进行"四项基本原则"教育,进行中国特色社会主义教育,使他们牢固树立起马克思主义的政治观,并以此为指导,积极参与政治生活,维护祖国的统一和稳定,坚定建设中国特色社会主义的信念。

(2)帮助学生树立马克思主义的世界观。世界观是思想的核心。广大人民教师坚持用马克思主义的世界观教育学生,对他们进行唯物史观教育,使他们牢固树立实事求是的观点、辩证分析的观点、联系的观点、发展的观点,让他们认识到人民群众是历史发展的主体,树立牢固的群众意识。

(3)帮助学生树立科学的人生观。人生观是人生的航标。广大人民教师坚持用马克思主义的科学人生观教育学生,让他们认识到人生的价值是自我价值与社会价值的统一,人生价值的实现在于对社会的贡献,人生的目的在于全心全意为人民服务,人生的幸福在于艰苦奋斗,人生的理想在于实现共产主义。

(4)帮助学生树立正确的道德观。广大人民教师坚持用爱国主义、集体主义思想教育学生,使他们牢固树立遵纪守法、热爱劳动的观念。

广大人民教师,具有很强的政治责任心,他们通过各种形式,引导受教育者树立正确的政治观、世界观、人生观、道德观,培养有理想、有道德、有文化、有纪律的社会主义公民,从而为社会主义政治文明和精神文明建设提供了可靠的保证。

3. 教师是健全人格的主要塑造者

现代社会的发展迫切需要具有综合素质的复合型人才。然而,只要观察一下眼前的社会状况并反省现存的教育体系及教育方法,我们就深刻地意识到,培养学生健全的人格已成为一件刻不容缓的大事。在一些社会不良因素的影响下,受教育者的人格出现许多问题,如独立性差、责任心差、劳动观念差、心胸狭隘自私、缺乏勇气、自信,集体意识及社会意识不强等等,这样的学生是人格不健全的学生,是不能适应21世纪挑战的。因此,重视对学生的人格教育,也是当今学校教育的主要内容。人格教育的内容相当广泛,它包括知、情、意、行等方面,有的属于德育范畴,有的属于智育范畴,有的属于体育、美育范畴。而德育又渗透于各个教育,因此,德育中的人格教育是主要内容之一,人格培养又是德育教育的延伸和拓展。

学生的人格教育是一个社会系统工程,其中,教师由于其特殊的职业和素质,对学生健全人格的塑造起着主要作用。新时期的广大人民教师,继承并发扬了我国知识分子的优良传统,他们具有高尚的政治道德形象;作为新时代的人类灵魂的工程师,他们具有坚定的政治方向,具有良好的道德品质,处处身体力行,真正为人师表,让学生尊重;他们具有渊博的知识,精湛的业务,善于学习和创新,对学生循循善诱,让学生信服;他们具有高雅的美感形象。总之,广大人民教师不仅注重仪表美、语言美,而且注重心灵美,全心全意热爱每一个学生,让学生愿意亲近。

除教师以外,其他各类知识分子,如科学家、文学家、哲学家、社会学家、工程师、医生、律师、记者等，也在通过著书立说、开办学校、开设讲座、舆论宣传等形式，为培育"四有"公民、提高全民族的思想道德素质和科学文化素质贡献力量。

（五）知识分子是执政者的生力军

列宁曾经精辟地指出："在任何一个政治运动或社会运动中，在任何一个国家里，阶级群众或人民群众同该阶级或人民的少数知识分子代表之间的关系，只能是这样的：无论什么时候什么地方，某个阶级的领袖永远是该阶级最有知识的先进代表人物。"①作为领袖，需要有很强的领导才能和组织才能，必要的知识是构成这些才能的内在因素。尤其是当代，具备较高的知识水平无疑是领导人的必要条件，而领导人的知识分子化已经成为历史发展的必然。

中华人民共和国的成立，确立了中国工人阶级作为国家的领导阶级和中国共产党作为国家执政党的地位。各级党政领导干部行使对国家和政府的管理权力，是党的执政地位的重要体现。时代赋予我们党领导全国人民实现社会主义现代化的历史使命，这就必然要求广大共产党员具有较高的科学文化素质，必然要求实现党政干部队伍首先是各级领导班子的革命化、年轻化、知识化和专业化。如果我们的党政领导干部队伍中党性强、有知识、懂专业、会管理的同志越来越多，就越能增强党的生命力和战斗力，党就能更好地带领人民群众进行社会主义建设，从而实现党所肩负的历史使命。

----

① 中共中央组织部研究室编：《论知识和知识分子》，中共中央党校出版社1983年版，第39页。

我们党的领导人深刻分析当今世界的发展趋势,科学判断知识分子的阶级属性、地位和作用,在政治上给予知识分子充分的信任,提出了在知识分子中选拔和培养接班人的思想。在党的历史上,邓小平同志是第一个明确提出这一思想的主要领导人。

邓小平同志明确提出,选拔和培养领导干部的标准是革命化、年轻化、知识化、专业化。其中关于"知识化、专业化"的要求,实质上是要在知识分子中选拔和培养成千上万的中国特色社会主义事业的接班人。1981 年 7 月 2 日,邓小平同志更加具体地阐述了应该培养什么样的接班人的问题。他说:"有没有人? 我看找十万、二十万都有。问题是我们下不下这个决心,大家是不是好好去做工作,去了解,去发现。有什么标准呢? 就是六十年代的(主要是六十年代的)大学毕业生。'文化大革命'以前,从一九六一年到一九六六年,一年十万,就是六十万人。如果加上中专,近二百万。这些人是比较有专业知识的。很多材料反映,六十年代,'文化大革命'以前几年大学毕业的,绝大部分是表现比较好的。这些人大体上年龄在四十岁左右。我到第二汽车制造厂发现的那个副厂长,是'文化大革命'前一两年毕业的,今年三十九岁。……他是不赞成'文化大革命'的,他在'文化大革命'开始以后是受打击的。'文化大革命'时受打击,这是一个政治标准。……像这样的人,只要我们注意,就很容易发现。……我说有人才,不只是五万,甚至是十五万。有专业知识的,我刚才只说了大学、中专毕业生,还有自学的,也是大量的。"①邓小平同志强调指出,要把优秀的知识分子作为选拔和培养干部的对象。

邓小平同志为了给知识分子进入各级领导班子创造一种良好的环境,尖锐地批评了干部问题上的过时观念和对知识分子带有

①《邓小平文选》第二卷,人民出版社 1994 年版,第 386—387 页。

偏见的看法，像"按资排辈"、"台阶论"等，扫除了党内外同志特别是一些老干部的思想障碍，形成了对知识分子的正确评价。

在新的历史条件下，以江泽民同志为核心的第三代领导集体继承并发扬了以邓小平同志为核心的第二代领导集体的这一思想。江泽民同志在2000年6月9日《加紧培养适应新世纪要求的中青年领导干部》的讲话中，阐述了造就高素质领导人才的重要性。"现在，我们党在一个有十二亿六千万人口的大国中执政，要在复杂的国内外形势下带领全国各族人民推进艰巨的现代化事业，没有一大批德才兼备的领导干部，肯定是不行的。……历史和现实都表明，一个政党，一个国家，能不能不断培养出优秀的领导人才，在很大程度上决定着这个政党、这个国家的兴衰存亡。中国的社会主义事业能不能巩固和发展下去，中国能不能在未来激烈的竞争中始终强盛不衰，关键就是要看我们党能不能不断造就培养一大批高素质的领导人才。如果这个问题解决不好，我们就难以在新世纪里经受各种风险的考验，难以实现党和国家既定的奋斗目标。"①同时，他还提出："我们从事的事业是空前广大的，需要的人才是多方面的。政治、经济、文化、科技、教育、军事、外交等各方面的工作，都需要大批的高素质的中青年领导干部。无论从事什么工作的干部，政治上必须合格。在这个前提下，还必须具备所从事工作的专长。……总之，党和人民的事业需要的人才是多方面的、全方位的。对不同领域人才的要求及其成长规律也是不同的。做好优秀中青年领导干部的培养选拔工作，要针对不同部门、不同工作的特点来进行。应努力形成各方面人才百舸争流、各显

---

① 《江泽民论有中国特色社会主义（专题摘编）》，中央文献出版社2002年版，第684页。

其能的局面。一批批优秀中青年干部茁壮成长,才能得到充分发挥,我们的事业才有不断成功的把握。"①

以江泽民同志为核心的第三代领导集体和以胡锦涛同志为总书记的新一代党中央领导集体,坚持"四化"标准和党管干部的原则,改进干部管理方法,加快干部人事制度改革,使之科学化、民主化、制度化,为知识分子更快的进入领导班子创造了一个公开、平等、竞争的机制。

在建设社会主义民主政治的伟大实践中,广大知识分子以"铁肩担道义"的高度社会责任感和历史责任感,积极参政议政。在实践中,知识分子也培养了优良的政治素质,树立了中国特色社会主义的政治观。他们坚持四项基本原则,正确理解和执行党的路线、方针、政策,坚持全心全意为人民服务。同时,在复杂的环境中,他们经受住了严峻的考验,能够把握形势,站稳立场,临难不退,临危不惧,勇往直前,讲政治,讲学习,讲正气,成为党的领导干部源源不断的人才库和吐故纳新的蓄水池。自 1980 年邓小平同志提出选拔使用干部的"四化"标准后,一大批知识分子走上了各级领导岗位,直接执政或参政议政,负责和管理社会工作,这对改善干部队伍结构,提高我们党的执政能力和执政水平,起到了不可估量的巨大作用。知识分子在党员中的比重不断增加,在党政领导干部中的比重更是越来越大。到 2000 年,大专以上文化程度的党员人数达到 1360.4 万,占全党党员 6451.7 万的 21.1%;各级党政领导干部中,具有大学以上学历的在 80% 以上,中高级干部中具有研究生学历的也已有相当比例;在出席中国共产党第十六次全国代表大会的 2120 名代表中,具有大专以上文化程度的占

---

① 《江泽民论有中国特色社会主义(专题摘编)》,中央文献出版社 2002 年版,第 689—690 页。

91.7%,各级党员领导干部占75.7%;在党的十六届中央委员会委员和候补委员中,具有大专以上文化程度的占98.6%。知识分子已经成为执政者的生力军。

第三章　社会转型期中的发展与变化

——我国现阶段知识分子的主要特点及其发展趋势

　　知识分子是一个历史的文化范畴,它是在人类发展的一定历史阶段和一定的文化条件下产生的。知识分子作为社会发展的产物,在不同历史时期和不同文化背景下,人们对知识分子的理解和界说是不同的,深深地打上时代发展的烙印,具有时代的特点和内涵。当前,现代科技革命尤其是迅猛发展的信息技术,不仅革新了实体性的生产力,而且革新了结构性的生产力,实现了整个社会生产体系的变革。在这种社会背景下,我国现阶段知识分子发生了历史性的变革与转型,表现出以下主要特点和发展趋势。

一、多元主体的扩增与内在精神的弱化

——我国现阶段知识分子的主要特点

(一) 科技知识分子的主体化

　　一个多世纪以来,特别是改革开放以来,我国知识分子的数量

增长迅速,但并不是知识分子的各个部分和类型平均、均衡增长,齐头并进,而是不同类型的知识分子增长的情况是不同的。由于现阶段知识分子数量增长的最根本的原因和动力在于新科技革命,因此,各个不同集团、类型的知识分子由于与新科技革命的联系紧密程度不同,因而其增长的数量和速度也不同。与新科技革命联系不密切的知识分子增幅就会低一些,甚至还有一些类型的知识分子由于失去了其存在、发展的社会历史条件数量开始下降,而与新科技革命联系密切的知识分子则获得了前所未有的历史性大发展,数量急剧增加,并且还创造了一些新的知识分子类型。由于这些变化的长期积累,我国现阶段知识分子出现了主体科技化的特点。科技知识分子占据主体的特点具体表现为,现阶段人文知识分子从原来的中心位置走向边缘化,而科技知识分子从原来的边缘化走向中心位置。

1. 我国知识分子主体科技化的历史进程

我国知识分子的主体科技化也符合整个世界历史的演进逻辑。现阶段,人文知识分子的社会主体地位被科技知识分子所取代,并不是孤立发生的,不是社会发展的偶然,它必然涉及社会结构、价值观念、政治权力的合法化机制、国家发展战略的调整以及知识分子与权力关系的变化等各个方面。在社会发展的任何阶段和时期,知识活动与知识分子的地位要想有其生存发展的土壤和社会根基,必须获得社会文化价值与大众生活理想的支撑。因此,人文知识与科技知识以及与之相对的两类知识分子的社会地位,往往取决于两类知识和知识分子与一个时代的文化价值观念及大众需求的适合与满足程度。在中国历史上,人文知识历来占据了整个知识体系的重心,人文知识分子主要活动在上层建筑领域,几乎垄断了知识分子精英的宝座,并且作为政治精英的后备军而贴近政治权力的中心。所以,传统知识分子主要是人文型,并占据知识分子的主体地位。如士大夫，其主要知识是儒家经典，他们擅长诗词文章，文学水平尤高。而科技知识则处于知识话语系统的边缘，科技知识分子大多作为工艺人而远离社会政治权力中心，更无望成为政治精英。从新中国建立到20世纪的80年代末发生的社会转型，我国的社会性质虽然已从新民主主义社会转变为社会主义社会的初级阶段，但政权的合法化基础没有发生变化，仍然是一种意识形态的承诺。知识分子的内部结构尤其是其与权力中心的关系也没有发生重大的调整和变革，具体表现为：对未来社会的理想蓝图仍然是以一种意识形态话语为标志的，而这正要靠人文知识分子来建构。所以，在当时的社会文化氛围中，人文知识比科技知识更接近我国政治文化中心与大众生活中心，人文知识与人文知识分子仍然扮演着比科技知识、科技知识分子更为重要的角色，满足着社会的需要，为社会转型大造舆论，哲学、美学、史学、文学一度成为显学，关于真理标准的讨论、关于人道主义与主体性的讨论、关于传统文化与现代化的讨论一时热闹非凡，人文学科一度出现十分繁荣的局面，这些都是人文知识与人文知识分子依然能保持中心地位的社会文化氛围。总之，这个时期的社会转型主要表现为社会思想观念的转型，而实现这种思想观念的转型以及对新意识形态话语的阐释和建构，仍然主要是由人文知识分子来完成，所以，人文知识与人文知识分子依然能保持其中心和主体地位。与从新中国建立到20世纪80年代末发生的社会思想转型、社会观念转型相比，发生于从20世纪80年代末到现在的中国转型，则是全方位的社会结构转型，使知识与社会的关系、知识与政治权力的关系、知识的内部组成、知识分子的结构都受到巨大的冲击，出现了一系列的相应转化。从整个社会环境来看，政治权力不再以意识形态的承诺为其合法化基础，不再将意识形态的争论与斗争作为其权力运作的主要途径与手段。整个社会的合法化基础是市场经济体制的建立、完善以及社会经济的发展。而经济发展与科技知识具有直接、紧密的关系,科技知识在推动社会经济快速发展方面与人文知识相比,更加直接和快速,对经济发展的推动作用十分突出,科技知识与政治权力中心的关系就取代了传统人文知识与政治权力的关系,科技知识分子大规模地步入从中央到地方的政府机构,大规模步入行政体系,科技知识分子一跃成为知识分子结构的中心,成为政治精英。这与传统中国社会包括解放后30年中政治精英与政府官员的来源恰好形成鲜明的对比。同时,由于社会经济体制的转型,市场经济体制取代了计划经济体制,整个社会呈现世俗化、实用化的趋势,以经济建设为中心成为全国各行各业实实在在的主要任务和行动目标,政治权力的合法化基础也不再是完全的意识形态承诺,而是可以计算、可以实实在在感受到的物质财富的创造和人民生活水平的提高。由于与经济关系的密切程度不同,所以,现代知识分子的增长点主要集中在应用性领域,知识的应用更加受到重视。比如对工程技术人员和高级技工的要求,主要不在于理论研究而在于知识的应用能力上。知识分子的功能不仅在于认识世界,而且在于改造世界。知识分子需要把知识转化为社会生产力,为社会发展特别是社会的经济发展服务。社会经济体制的转型,使整个社会思想统一到市场经济上来,整个社会在价值观上发生了巨大变化,社会普通大众的价值观念和生活理想发生变革,实用主义、消费主义、享乐主义等观念取代原来的理想主义、英雄主义价值观。经济增长与科技知识分子的关系日益直接和紧密,而与人文知识分子之间的关系则显得松散,当人们用实用主义观念来评价知识与知识分子的作用时,务虚的人文知识自然远远不如务实的科技知识,所以,出现了现阶段我国知识分子的科技化特点和发展趋势。据统计,在1995年的中国科研人员中,自然科学工作者13.9万人,其中科学家4.3万人;人文社会科学工作者 1.9 万人,其中科学家 1.4 万人。在数量上,自然科学工作者占有极为明显的优势。人文学科的这种变化,表明人文知识在知识总量中的地位下降,人文知识分子已从整体知识分子的中心位置走向边缘化,整个知识分子阶层不断地朝非人文化方向发展,表现出我国现阶段知识分子主体科技化的特点。

职业结构是知识分子结构的直接反映。我国现阶段知识分子主体科技化的特点,也可以从分工角度和职业结构分析来说明。随着社会的发展,社会分工的深化不仅表现为脑力劳动同体力劳动之间的进一步分工,也表现在脑力劳动本身的内部分工上。随着社会结构的转型、经济体制的转换以及知识分子外延的扩张,知识分子内部各个职业之间的比例在科技革命和社会变迁中相应发生着巨大的变化。工程师、技术人员的迅速增长,在于工业革命的大规模展开和工业企业的技术含量的提高。专业技术人员的职业结构变化,最终归结到科技发展及其所带动的整个社会经济的发展上。过去的知识分子很少深入到生产领域,现在科技知识分子却是生产领域的中坚,从微不足道的地位成长为知识分子的支柱。总之,我国现阶段知识分子在职业变化上,出现了直接为科技和经济发展服务的职业发展最快的现象。

对于现阶段我国知识分子内部人文知识分子和科技知识分子之间主体地位的转换的把握,有助于对当前我国知识分子心态变化的观照和理性分析。在市场经济条件下,纯粹的人文知识分子减少了,大多数人不得不面对市场竞争压力、经济价值衡量以及具体物质利益等社会标准;在市场经济冲击下,传统的斯文清高、重义轻利等思想观念逐渐被市场观念、竞争意识和物质利益意识所取代;而对于科技知识分子而言,他们与市场经济、经济发展的关系密切而直接,社会作用特别明显而突出,因此,与传统社会相比,科技知识分子有了更广阔的用武之地。所以,在市场经济社会中,知识分子的失落,主要表现为人文知识分子的失落,主要原因在于人文知识分子在市场经济制度面前显得不适应,有些人文知识分子甚至认为这个社会出现了精神危机,而不习惯于市场经济条件下新的社会运作方式。

2. 现阶段我国科技知识分子成为知识分子构成主体的学理支持

人文知识分子的主体地位慢慢被科技知识分子所取代的特点,表现为在社会进程中科技知识和人文知识两种文化的分裂和对立的加深。1957年,英国的物理学家和小说家斯诺在一篇题为《两种文化和科学革命》的文章中首次提出了知识分子群体中存在两种不同文化的观点。人文知识分子与科技知识分子文化表现上的不同,反映了两类知识分子一些内在的差异。首先,科技知识分子与人文知识分子对"知识"赋予了不同的内涵。作为知识分子,他们都拥有知识,但科学知识和人文知识很早就有分野。科学无疑是知识,但并非所有的知识都是科学。现代学者试图界定科学与其他知识的不同。人文知识在知识体系中与科学尤其是自然科学相对应。其次,科技知识分子与人文知识分子有不同的方法论。在科学的视野中,世界不依赖于人和人的主观意志而存在。人文视野中的世界是和人不可分割地联系在一起的,并且在这个世界中人处于突出的地位,是万物之灵。最后,科技知识分子与人文知识分子具有不同的传统。科学是继承传统的,科学知识在不断积累。科技知识的传统是积累的、组合的、集合的,这注定了它必然穿越时间而进步;而人文知识的传统是非积累的、非组合的,不能抛弃但也不能体现自己的过去。

两类知识分子在知识以及思维方法等方面的不同,是构成其精神上种种差别的直接原因。随着现代科学技术的发展以及社会经济体制的转换,科技知识分子与人文知识分子的文化差异得到了显化,由微小到巨大,由一般的区别发展到碰撞和对峙,表现在精神风貌上是乐观主义和悲观主义的对立。科技知识分子在现代有着乐观主义的精神面貌。当代科技革命的飞速发展与前进,给社会带来了翻天覆地的变化,整个社会在科技飞速发展的时期充满着欢乐的气氛。科技知识分子作为科技进步的直接代表,毫无疑问更是欣喜异常。科学家卢瑟福早就指出,这是科学的英雄主义时代。他们已成为整个知识界的代表、核心和主体。而在人文知识分子群体中弥漫着一种悲观情绪。就知识界内部来说,人文知识分子对自己相对地位的下降以及被逐出知识界的核心地位,怀有一种深深的失落感。人文知识分子在科技革命中受惠不多,处境艰难,影响到他们的情绪。人文知识分子独特的目光和思维方式使他们更看重科技进步中人的处境;当他们看到科技进步的负面影响,看到人在物质富裕的同时主体异化的加深,一种沉重的使命感涌上心头。人文知识分子总是在阐述着人文的重要性。面对人文的危机,利奥塔在名为《死掉的文科》一文中大声疾呼,文化是给那些没有发言权但寻求它的人以发言权。当头脑和生活分离的时候,知识分子是培育头脑的人,它在生活本身之外培育生活的意义。① 很明显,市场经济和商业化时代对人文精神带来的冲击,已经取代政治因素成为对学术活动的最大压力,知识分子不可能不受到它的影响。但我们也要看到问题的另外一方面,市场经济在给社会带来新的变化的同时,也为人文知识分子提供了更多施展才干和应用知识的机会。知识分子社会地位和角色的变化是社会发展的必然结果,对人文知识分子而言,社会发展的每一次大的转折都必须要有人文知识分子为之在理论和舆论上开路。在社

---

① 参见利奥塔:《后现代性与公正游戏》,上海人民出版社1997年版,第106页。

会问题的分析和解决上,人文知识分子的作用也十分突出,他们对社会现象的理性分析和解剖,正是社会问题解决的先行。在社会管理和经济秩序管理等方面,人文知识分子的作用也不可忽视。因此,尽管科技知识分子在市场经济条件下的作用凸显了,但是人文知识分子的作用也并没有削弱,对人文知识分子而言,最重要的是转变观念,适应新的挑战,适应新的社会变革。

(二)知识分子批判精神的淡弱化

在现代科技革命中,知识分子在"形"发生变化的同时,"神"也发生了微妙的变化。从总体上看,知识分子批判精神在淡化,表现出世俗化和无根化的倾向和趋势。现代化是一个功利世俗化与社会分层化的过程。更具体地说,现代化的过程是一个用世俗的功利标准取代信仰与教义标准的历史过程,同时也是一个不同的阶层集团在市场经济体制作用下不断分利化的过程,各个不同的社会阶层在这个过程中所获得的利益份额并不相同。这些社会因素对中国当代知识分子形成了前所未有的冲击。现代化所导致的世俗化、分利化与分层化,深刻影响着当代中国知识分子,这对中国知识分子的价值观、人生观与知识分子所承担的社会功能的认识,都会有着相当大的影响。中国知识分子在这种特定的历史条件下,他们的社会心态一定会发生某种程度的变化。在利益复杂纷争的当代社会,知识分子所扮演的社会良心的角色也面临着历史性的考验。

1. 知识分子与批判精神

批判精神是知识分子精神的最高境界,一直是知识界所期盼的理想性格。严肃的知识分子,总是以追求真理为己任,总是以社会良心为己责,总有一种神圣的使命感。每一个时代都有这样一批知识分子,他们总是关注自己身边的生活,并在自己所从事的学术研究与思考中,去寻求他所关注的社会问题的症结与起源,并力求运用自己的心智,为发现与解决这些时代性的问题而作出自己的思想探求与选择。他们深切地感受到自己所处的社会所面临的困境与问题,总觉得这些问题与困境需要他予以关注、思考与批判,不这样做他就会觉得于心不安。从某些方面看,知识分子就是那些对社会的困境与问题充满无法摆脱的内疚感的人们,而这也最能表现出知识分子群体所独有的社会责任感。苏格拉底在临死前的申辩中,把自己比做牛虻,而把自己的国家比做一匹硕大的骏马。他认为骏马由于太大,行动迂缓不灵,需要一个牛虻叮叮它,使它的精神焕发起来。苏格拉底认为,哲学家的使命便是监督批判社会,唤醒世人的迷梦,纠正世俗的谬误。正是在这个意义上,知识分子也被人们称为人类价值的守护者与社会的良心。

我国古代的知识分子素有"达则兼济天下,穷则独善其身"的德性化人格追求。士以载道,"士志于道",士当"先天下之忧而忧,后天下之乐而乐"。每逢风雨如晦,总闻鸡鸣不已。知识界的仁人志士,杀身成仁,舍生取义,为民请命,可歌可泣。知识分子在不同角色之间转换时,或为立德,或为立言,或为立功,其中尤其以立德为上。中国知识分子在区分道统与政统的基础之上,有着根深蒂固的道统。知识分子在"士"与"仕"的矛盾角色中,道统总是对政统起着制衡作用,依据道统对政统进行批判。西方学者也非常关注知识分子的批判精神。他们很多人将之视为知识分子的本质,以此作为判断知识分子与非知识分子的依据,对批判精神的强调达到了一个新的高度。被视为知识分子原型的耶稣,为赎众罪以身殉道;普罗米修斯则冒生命之危险窃天火至人间。阿隆写道:批判现存秩序的倾向,可以说是知识分子的一种职业病。熊彼特则说:知识分子对资本主义社会的基础吹毛求疵,并且不得不如此,因为他依靠批判为生。因而批判态度是知识分子区别于其人的标准之一。① 梅兹格认为，知识分子是不断批判社会和自我批判的人，无论他们的待遇好与坏，也不管社会的发达与退步，他们因对现实的不满而继续批评下去。前芝加哥大学校长指出，大学之所以为大学，只有一个理由，即它们自己必须是批判的中心。当代著名学者亨廷顿写道，知识分子的背离是革命的预兆。知识分子是天生的反对派，他们在社会舞台上的出现，本身就意味着潜在的革命作用，而不是由于他们效忠的对象改换了。②

　　知识分子之所以具有社会批判精神，成为社会的良心和人类价值的守护者，与其自身的特点有着密切的关系。第一，知识分子掌握较多的知识，他们能运用知识进行思考与比较，对身边的事物有着比别人更强烈的敏感性，能听到"草根在地底下发芽的声音"，更能敏锐地发现社会面临的困境与矛盾，并力求运用他们的知识，对所发现的问题与矛盾在学理层面上作出独立的判断与解释，并向世人提出他们所认为合理的解决与选择。只要一种知识涉及与人文有关的领域，它就会使知识分子自觉不自觉地在这种人文性概念的引导下，进入一种以关注人生为中心的思考领域中。第二，知识分子具有学理上的抽象概括能力。知识分子所拥有的学理与知识资源，使他们能在更为理性的层次上，对他们所发现的文化与社会问题，作出整体性的概括性的解释。当然，一般人士也会从自己切身的经验中，对社会问题作出自己的判断与评价。但这种判断与评价往往停留在较为具体的、就事论事的"感想式的议论"层面上。而知识分子则可以运用符号、理论与概念思维，把这种分析与认识上升到一个更为普遍的层次，从一个更为深刻、更

① 参见熊彼特：《资本主义、社会主义和民主主义》，商务印书馆1979年版，第191页。

② 参见塞缪尔·亨廷顿：《变化社会中的政治秩序》，三联书店1989年版，第265页。

为广泛的视角,从历史与文化的高度来把握问题。著名哲学家冯契认为,时代精神不是抽象的,它通过思想家个人的遭遇和切身感受而体现出来。一个思想家,如果他真切地感受到时代的脉搏,看到时代的问题,就会在他所从事的领域里,表现为某个或某些具体的问题。这具体的问题,使他感到苦恼、困惑,产生一种非把问题解决不可的心情。真正碰到了这样令人苦恼的问题,他就有一种切肤之痛,内心有一种时代的责任感,驱使他去做艰苦持久的探索。同时,知识分子更具有一种道德激情,更具体地说,知识分子具有一种超越感,他们总是追求一种更为完满的社会理想,这种理想在现实生活中也许并不能实现,但他们总是以这种理想境界为尺度,来衡量自己所处的社会现实。这就是说,知识分子往往有一种终极关怀,有一种基于所理解的美好的目标追求而采取的道德立场。基于这种道德激情,他们总觉得对社会有责任,社会上的问题与自己有关。因此,知识分子总是超越个体社会地位而关注社会普遍命运,总是超越自己的阶级利益与集团利益的视野,总是要超越自己的职业角色与地位,从人类福祉的视野来评价事物,并以此来判断事物的是非取舍,运用自己的知识和思想,为社会的问题与困境谋求解决之道。这种道德激情使他们判断事物时,总有一个价值尺度,体现了知识分子具有价值立场的独立性。这种批判精神使知识分子特立独行。知识分子的独立性与批判性,对于社会的发展和进步具有重要的意义。能否重视并充分发挥知识分子群体的批判精神,是判断一个社会是否健康的社会标准。

2. 世俗化与现阶段知识分子批判精神的淡化

现代化引发的世俗化过程,指的是人们的观念、思维方法、价值取向与行为选择,从传统的对"神圣性"和教义信仰的依附中摆脱出来的过程。人们是从经验与效果中,从利害关系中,从日常生活的功利考虑中,而不是从传统的神性的信仰中获得行为取舍的标准的。在传统社会里，人们的立身行事是根据宗教信仰、教义与宗教伦理原则作为判断取舍的根据。而世俗化就是人间化，人从对天国、神意的信仰迷信中摆脱出来，运用自己的心智，用最有利于达到实际效果的方式来谋求人间的幸福。世俗化是在一个民族现代化的过程中自然而然地出现的。为什么以市场经济为技术的现代化会引发一个民族精神与心态的世俗化？这是因为，市场经济本身以追求实效为根本目的，以功利与效果为其出发点和落脚点，正因为如此，现代化过程本身导致人的精神层面的世俗化。然而，世俗化可以说是一柄双刃剑。一方面，世俗化瓦解、分化了各种宗教信仰与迷信对人们心智的控制与束缚；另一方面，世俗化所追求的效果最大化的思维方式与价值取向，同样也会瓦解信仰的崇高感与道义感。其结果是使现阶段知识分子丧失激情与冲动，失去与不合理的社会现象进行抗争的精神支撑点。市场经济的发展对全体社会成员的精神冲击，主要表现在功利化的价值观取代了道德激情；而表现在现阶段的知识分子身上，最主要的是导致其批判意识的削弱，以及以天下为己任的社会使命感的淡化。同时，世俗化也会导致现阶段知识分子自身出现意义危机。知识分子的道德激情、社会使命感必须有一种超越世俗的精神支撑点。而世俗化过程则化解、削弱了这种精神支撑点。这种情况又进一步使知识分子与本土的民众相脱离，并消解、迷失了知识分子的问题意识，而这种问题意识是知识分子赖以生存并体现其人生价值的基础。

　　现代科技革命和市场经济体制所带来的世俗化，使知识分子在"形"上的变化不可避免地反映到"神"的方面，其具体表现为现阶段知识分子在整体上的批判精神的淡化。当今知识分子队伍的扩张，主体部分已经不是人文型，而是科技型的。所以，与过去的知识分子不同，现阶段知识分子有相当部分已经深入到生产和经济领域，如工程技术人员和企业管理人员，他们紧密联系于生产关系,更加关注自己的切身利益。曼海姆所言的超脱式知识分子,只是今日全体知识分子中的极少数。目前,知识分子已经是一个庞大的利益集团,在利益纷争的时代,他们作为一个整体,不是旁观者而是当事人。福柯指出:在当代社会,各种权力机制在知识专业和生活领域中起着操控和渗透作用,知识分子不再幻想成为社会的先知先觉者,担负领导社会的使命。从这个方面看,现阶段知识分子的超脱式的批判精神与气质已经逐渐衰落。如丹尼尔·贝尔所言:哲学代替了宗教,科学取代了哲学;然而科学本身卷入了对自然设计的抽象追求之中,不去理会人的目的。所以人类行为就没有规范可言。① 知识分子的世俗化、无根化的特点和趋势,一方面表现为现阶段知识分子所追求的知识逐步远离神圣。现代知识的惊人增长,不是各类知识均衡地增加,而是不同类别的知识发展各不相同,其中科技知识增长最快。知识增长的不均衡,使总体知识中各类知识所占比例和地位发生变化。在当今的知识中,绝大部分是实证性知识,形而上学的知识只是少数,纯宗教性的知识更少。另一方面,现阶段知识分子的结构也表现出世俗化的特点。现代知识分子以科技型、实用型为主体。就神圣感而言,科技型知识分子不及人文型知识分子,因为人文型更多地表现对人的终极目的的关怀。科技型知识分子主要是对器物的关心。实用型知识分子不如理论型知识分子。理论型知识分子长于思辨,较为远离日常生活,更多涉及一些形而上学的问题。实用型知识分子则就事论事,思考问题的广度和深度受到限制。由于科技型、实用型知识分子已经成为现阶段知识分子群体的主体,所以,知识分子整体队伍中思考普遍性社会问题、具有批判精神的人越来越少。同时,

---

① 参见丹尼尔·贝尔:《资本主义文化矛盾》,三联书店 1989 年版,第 216 页。

知识分子的求知目的也进一步世俗化。中国古代有"学而优则仕"的传统，古希腊的知识分子也建立在由商业蓄积的富裕生活的基础之上，他们不为谋生而学习知识。而在现代教育普及化的今天，很多人接受高等教育并不是出于求知的冲动，不是为知识而知识。现代知识分子对于学术的态度，更多的是一个吃饭的工具，是其谋生的手段和途径。这与西方学者的爱护真理，以及古代大儒的闻道精神大相径庭。对于绝大多数人来说，文凭只不过是职业的敲门砖，是更好谋生的手段。读书只为谋生，没什么神圣可言。还有，知识分子人数的众多，使知识分子的整体地位下降，呈平民化趋势。对于很多知识分子来说，本是普通民众，混迹于芸芸众生之中，不能体现自己的神圣。

　　知识分子所表现出来的世俗化与无根化，批判精神日益衰落，也与知识分子的日益专业化有重要的关系。知识的增长、职业分工的深化，使当今知识分子基本上是专业型人才。专家在极窄的领域内知识很多，在广泛的范围内知识相对极少。除了自己极窄的专业，在其他领域他们的知识与普通人无异。专业人是一种"有学问的无知者"。大多数科学家除了自己的领域之外，在其他领域均是一名新手。不仅如此，一位专家的研究领域越是狭窄，他在研究领域之外就是越容易接近偏执。知识分子要对社会作深刻而全面的批判，前提是要有广博而深刻的知识。然而，当今的个体知识分子知识面的狭窄，使他们无能面对广阔的社会问题。只有搞哲学或者文学的知识分子还残留着对整个人生和社会问题的批判、审视的传统。褊狭的学术分科，一方面促使知识朝专业化和日益分割的方向发展，另一方面也可能促使接受这些学科训练的人，日益以学科内部的严格训练为借口，设立不必要的界限，以谋求巩固学科的专业地位。这就造成这样一种情况，昔日知识界的大师们能雄鹰展翅，居高临下傲视这个世界，视野之中一览无余，批评之笔纵横驰骋；而今日的专业人士仿佛目光如豆，纵有心批评，很多是力不从心。因此，随着知识分子日益专业化，批判精神也在逐步淡化。贝尔认为，专业人士由四大阶层组成：科学阶层、技术阶层、行政阶层和文化阶层。科学阶层关注的是追求基础知识并使其不受政治的或外部的影响所妨碍；技术阶层，不论是工程师、经济学家或医生，在应用那些知识于社会或经济目的时，他们受到所服从组织的政策限制；行政阶层关心的是各种组织的管理，他们受到那些组织本身的自我利益的约束，并受到实施社会目标的约束；文化阶层更关心意义，可能越来越同技术阶层和行政阶层相敌对。① 显然，现代社会的专业化损害了知识分子的批判精神。

知识分子队伍的批判精神逐步淡化是一种历史趋势，但知识分子对社会的批判功能，对于一个健全的社会不可或缺。它的存在，是对现存权威的民间制衡。作为一种批判力量，它鞭策着现存权威或多或少地向价值理想靠近。它对权威的越轨是一种道义上的约束。在当今这样一个复杂、混乱和充满缺陷的世界中，更需要知识分子的苛刻而严谨、理智而激烈的批判。这有待于知识分子承担起道义上的责任。这寄希望于全体知识分子，首先寄希望于高级知识分子和人文知识分子。

（三）知识分子劳动方式的社会化、协作化、信息化及多样化

1. 社会化

知识分子劳动方式的社会化主要表现为两个方面，一是知识

---

① 参见丹尼尔·贝尔：《后工业社会的来临》，新华出版社1997年版，第408页。

分子适应社会需要,运用社会所提供的多种劳动条件,进行劳动创造;二是知识分子把劳动成果直接服务于社会,变革社会。与以往知识分子的劳动特点相比较,现阶段我国知识分子劳动方式更突出表现在,它服务于社会的方式更直接、更迅速、更有效。1988年9月,邓小平同志在一次谈话中第一次提出了"科学技术是第一生产力"的思想,1992年,在党的第十四次全国代表大会的报告中,江泽民同志明确地表述了"知识分子是先进生产力的开拓者"的思想;1997年,在党的第十五次全国代表大会上,江泽民同志基于我国发展社会主义市场经济的现实和世界经济全球化的时代特征,再次强调了"科教兴国"战略,并明确提出:"科技进步是经济发展的决定性因素,要把加速科技进步放在经济社会发展的关键地位,使经济建设真正转移到依靠科技进步和提高劳动者素质的轨道上来。"①无论是中央的大政方针,还是目前面临的现实状况,"科技是第一生产力"已成为我们工作的指导思想,经济建设必须依靠科学技术,科学技术促进经济发展的关键——知识分子在这场变革中处于最前沿,他们应面向市场、面向地方、面向社会需求,提供各种方式的科技服务和科技开发,为我国当前的产业结构调整、高新技术产业化和地方经济发展作出直接的贡献。从劳动方式的角度看,知识分子不仅仅单纯从事理论研究,还应积极承担起促进经济发展的责任,直接投身于经济建设主战场,把知识尽快转化为社会生产力。经济、科技、教育一体化的趋势越来越明显,教育、科技的成果越来越快捷地受到社会生产的检验,转换周期急剧缩短,服务方式更加直接。目前知识分子把高新技术转化成生产力、服务社会的方式和渠道有多种多样:绝大多数科研机构及科研人员以经济建设为主战场,进行专业结构调整,重点加强适应市场

---

① 《江泽民文选》第二卷,人民出版社2006年版,第25页。

经济需要的应用性、急需性专业建设;具备条件的科研机构可直接进入企业,成为企业的技术开发机构,一些为行业服务的科研机构可通过实行会员制、股份制等形式,成为行业的技术开发机构;大部分技术开发和技术服务型机构,创造条件实现企业化管理,以多种方式进入市场,在市场竞争中求发展;具有研究开发优势并已形成自我发展能力或具备产业开发实力的科研机构,可以兴办企业或直接转变成企业,这类企业可成为研究、开发、工程设计和生产销售一体化的公司;也可以通过兼并、承包其他企业及科研技术转变成企业集团,通过有偿转让技术成果,承接技术开发项目,为社会提供专项技术服务等途径,自主经营,自我发展;具有系统、配套工程开发能力的科研机构可同企业密切结合,转变成工程中心,也可自办工程中心;综合服务能力较强的科研机构可转变成生产力促进中心或技术创新推广中心等技术服务机构,实行企业化经营,面向社会开展技术服务;等等。

2. 协作化

现代科技既有高度专业化的特点,又具有高度一体化的倾向和发展趋势。随着科技的进步与各专业的发展,各学科分支间出现了纵横交错的相互渗透,边缘学科如雨后春笋般出现,综合性研究大大增强;同时,电脑和现代信息技术出现,则使人们的联系和合作出现新的特点,即全球化和网络化。研究人工智能的先驱学者艾伦·纽厄尔教授预言:电脑技术有可能把世界各个角落的智能行为结合在一起。信息社会使人们的思维方式发生变化。跟工业社会机械地观察事物和导致多学科严格分类的情况相反,在信息社会里,人们的思维是全面性的,科学是相互渗透的,它的理论包括目标论、结构论、协作论、共生论、动力论、进化合成论等。它的发展趋势是把自然、人文科学综合为一体,成为多学科、跨学科的形态。因此,它需要世界各国政府,整个社会的政治界、经济界、管理者、设计者各方面的结合,即信息技术的产生需要全球性合作。网络的出现使知识分子劳动方式从生产到管理到咨询服务出现了一场新的革命。其劳动的联系和协作也已变成全球化、综合性的了。因此,知识分子单纯依靠个人力量来完成劳动创造的比例越来越小,个人的许多发明创造都依赖于合作攻关。在现实生活中,知识分子通过劳动协作而进行科技发明的一个论据则是在科学史具有划时代意义的美国阿波罗登月计划。该计划历时 10年,动员 2 万家公司,120 所大学,42 万科技大军,耗资 250 亿美元,制作的零部件多达 300 万个。就是这一项科学技术史上的创举,竟没有一项是在新的科学理论指导下发明的新技术。"阿波罗的奥秘在于综合",总指挥韦伯一语道破,"综合就是创造"。由于知识分子劳动的个体性逐渐削弱,群体性逐渐增强,因此,在现阶段,我国也非常注重并加强了国内外之间、高校之间、省市之间、学科之间、高校与科研院所、企事业单位之间联合办学、学科共建、资源共享、产学研一体化。同时也加强国立科研机构与国际交流与合作,设立流动人员基金吸引国外大学、企业的科技人员到国立科研机构开展合作研究,鼓励科研人员到大学、私营企业兼职或流动到大学和企业。

3. 信息化

劳动方式的信息化是指,社会经济的发展从以物质与能量为经济结构的重心向以信息为经济结构重心转变的过程。在这个过程中,人们不断采用现代信息技术进行劳动生产,从而极大地提高了劳动生产率。19 世纪以来,世界各地先后使用电话、电报、电视、无线电等新的通信技术,而且电子计算机逐渐成为通信网络的转换装置,由此制造了"计算机通信"的新模式,使人类由工业社会过渡到信息社会。信息技术革命所造就的新兴信息资源和信息产业是推动现代市场经济发展的强大动力,信息在社会生产和生活中的作用越来越大,产品的信息含量越来越高。现代信息技术的广泛应用和网络的全球化,给人类的生产方式和生活方式都将带来巨大的影响。工厂自动化、办公自动化和家庭自动化的"3A"革命正在加速,人们逐步从大量烦琐的、沉重的劳动中解放出来,并通过周到而多样的电子服务方式,支持人们的创造性劳动。这不仅满足了人们的物质生活需要,而且极大地丰富了人们的精神生活。在"信息社会"中,知识分子成了社会成员中占多数的成员,他们责无旁贷地被推上了决定社会生产、社会实践的主导地位。"信息社会"中知识是巨大的资源,知识是发展经济的资本和核心资源,生产率的增长主要决定于新的知识和技术的发展与应用程度。"信息社会"中知识即是财富,知识分子自然是最宝贵的财富。按美国著名物理学家罗伯特·杰斯屈勒所说,与其他物质财富不同,知识和知识分子是"永远不会枯竭"的财富,所以有人把"信息社会"又称为"知识社会"。在信息社会中,知识分子接受知识和教授知识也发生很大变化,从单一的知识接受的学习方法变成对信息的选择、判断、整合的学习方式,从直接的利用知识变成通过多媒体和信息高速公路等技术来间接地利用知识,即劳动方式呈信息化的发展趋势。

4. 多样化

知识分子劳动方式的多样化主要表现在,知识分子劳动职能的多样化和劳动手段的多样化。在知识经济社会中,知识必然成为发展经济的核心资源,"社会知识化"和"知识社会化"同步进行。因此,知识分子作为先进的科学技术与文化知识的掌握者,必然要参与各行业的生产,用知识服务于各行业、各领域,从而推动整个社会生产力的飞速发展。在这种背景下,知识分子的劳动方式也必然呈现出多样化的特点和发展趋势。从整体上看,现阶段知识分子的构成越来越复杂,其分类也有多种标准与类型。以劳动方式为标准,可以将知识分子划分为三大类型:第一类为应用型知识分子。他们直接从事物质资料生产,以工业、农业和流通部门为主要活动领域,通称"科技知识分子";第二类为传播创造型知识分子。他们以传播、加工和创造知识为主,主要分布于文化教育、科学研究、文学艺术创作、医疗卫生、体育广播电视等部门,通称"文化知识分子";第三类为管理型知识分子,他们多就职于国家各级行政管理部门和企事业管理部门。现代社会知识分子所从事的职业五花八门,他们用知识服务社会的方式也是五花八门,而过去的知识分子主要从事精神生产,劳动方式相对单一、狭窄。现今知识的广泛推广与运用也导致了知识分子劳动方式的变革,从精神生产走向物质生产与精神生产相结合,从单一走向多样,从僵死走向灵活。从个体角度看,知识的边缘和交叉决定了知识分子必须一专多能,可同时承担多种社会角色,进行多种社会创造。现代科学技术文化既高度分化,又高度综合,相互交叉和渗透。这种变化决定了知识分子掌握单学科知识、单项技能还不够,必须具备多种知识和技术,成为一专多能的复合型人才。另外,社会职业也随着现代技术的交叉渗透而日益分化、融合,新的职业阶层不断出现,不同的职业阶层又不断融合,在人才不可随时产生的情况下,知识分子个体也身兼数职,进行多样化创造。如现代中国出现的"博士书记"、"教授厂长",他们既可以在实验室进行发明创造,也可以在讲台上教书育人,还可以从事政治、经济、咨询等多种工作,有的甚至深入生产第一线进行直接的物质生产。产学研一体化趋势在中国已成为不可阻挡的洪流,知识分子队伍日益呈现出多样化的社会职能和劳动方式的特点和发展趋势。同时,知识分子劳动方式多样化还表现在劳动手段多样化。在很长一段时间,知识分子无论从事科技发明还是教学、管理,手段都是单一、简单的。随着多媒体和信息高速公路的出现,劳动手段将变得更先进、更多样和更复杂。知识分子劳动方式也不断更新和多样化。①

（四）知识分子规模的扩大化与知识分子队伍结构的多元化

1. 知识分子的数量增长迅速

随着我国改革开放、社会主义现代化建设以及"科教兴国"战略、"人才强国"战略的实施，我国现阶段知识分子数量急剧增加，知识分子队伍迅速壮大。解放初期，我国仅有知识分子 200 余万人，在当时 5.4 亿多人口中仅占约 0.37%。到 1957 年，我国有知识分子近 500 万人。而随着我国社会主义市场经济体制的建立，社会经济的发展对知识、对人才提出了更大的需求，同时也提出了更高的人才要求与标准，从而推进了对知识、对人才的社会竞争。市场经济呼唤人才，改革开放需要人才，现代化建设离不开人才。与此同时，20 世纪 90 年代以来，随着教育改革的展开和深入，我国的教育事业进入了持续、稳定、协调发展的阶段，特别是高等教育发展很快，我国现阶段知识分子的数量急剧扩大。1990 年，具有中专学历以上的人数为 1728.37 万人，约占总人口的 2.92%。到 1999 年，我国大专以上文化程度的人口数量为 3651.361 万人。1999 年，党中央、国务院作出了扩大高等教育规模的决定，全国各类高等学校实际招生 280 万人，其中，普通高校招生约 160 万人，增长 47.4%，高考录取率达到 49%，比 1998 年提高了 13 个百分点。2000 年，普通高校招生比上年增长 25% 以上。2004 年，我国高等教育入学率已经达到 17%。预计到 2010 年，我国高等教育

---

① 参见梅萍：《新时期知识分子劳动方式的时代特征论纲》，《理论月刊》2001 年第 3 期。

入学率将接近 20%,更多的适龄青年会有接受各种形式高等教育的机会,这将不断地迅速壮大我国的知识分子队伍。工人、农民等其他阶层的一部分人也正在或将通过自学、进修等途径步入到知识分子队伍里。因此,我国知识分子的人数将还会逐步增多,在全国人口中所占的比例会越来越大。我们还没有看到问题的另外一个方面。虽然改革开放以来特别是 90 年代以来,我国知识分子在数量上有了很大的增长,但与经济发达国家相比,我国知识分子占总人口的比例还是相当低的,与他们相比还有相当大的距离。据资料显示,经济发达国家中,大学文化程度的人口在总人口中所占比例一般都在 10% 以上,最高的已接近 50% 。可以预测,随着社会的发展以及教育的普及,我国知识分子的数量会逐步增大,"有知识"会成为一个人参与社会建设和创造的必要条件。到那时,知识分子作为一个"社会阶层"会退出历史舞台,同时,我国所独有的"知识分子问题"、"知识分子政策"也会随之消失。

2. 知识分子的地域分布结构不均

我国国有企事业单位专业技术人员地域分布结构变化如下(单位:人):

地区	1990 年技术人员数(人)	2000 年技术人员数(人)	增加绝对数(人)	增幅(%)
北京	536800	495834	-40966	-7.6
天津	271675	387524	115849	42.6
河北	470342	1119103	648761	137.9
山西	323808	708520	384712	118.8
内蒙	242023	509470	267447	110.5
辽宁	718539	1217378	498839	69.4
吉林	339775	732349	392574	115.5
黑龙江	533957	978772	444815	83.3

续表

地区	1990年技术人员数(人)	2000年技术人员数(人)	增加绝对数(人)	增幅(%)
上海	451603	536901	85298	18.9
江苏	624647	1409744	785097	125.7
浙江	310742	784993	474251	152.6
安徽	329791	854651	524860	159.1
福建	226420	592765	366345	161.8
江西	278623	693530	414907	148.9
山东	616980	1820156	1203176	195.0
河南	486010	1336353	850343	175.0
湖北	561417	1155676	594259	105.8
湖南	450110	1060907	610797	135.7
广东	443725	1297804	854079	192.5
广西	287941	794621	506680	176.0
海南	45258	119839	74581	164.8
四川*	806881	1670506	863625	107.0
贵州	217510	530704	313194	144.0
云南	272831	719815	446984	163.8
西藏	14268	36587	22319	156.4
陕西	379016	637633	258617	68.2
甘肃	202276	404410	202134	99.9
青海	63907	107450	43543	68.1
宁夏	60173	141411	81238	135.0
新疆	241524	443310	201786	83.5
合计	1080.9万	2887.4万	1806.5万	167.1

资料来源:根据《中国科技统计年鉴》(1991)、(2001)数据整理(＊四川省数据含重庆市)。

从上表可以看出,除北京外,各地区国有企事业单位专业技术人员都有大量增加,表现为各地区知识分子平均增幅达167.1%,

显示出我国国民文化素质的普遍提高和改善。从我国的各个区域的差别来看,发达的东部地区增幅最大,然后是中部地区,其次是西部地区。总的特点是,沿海经济特区和经济开发地带人才急剧增加,边远地区的知识分子绝对数则偏少,而且增长缓慢。所以,虽然从知识分子的绝对数来看,知识分子的队伍不断壮大,但从地域比较来看,现阶段我国知识分子在地域分布上的不合理现象仍然存在,而且这种差距还有进一步扩大的趋势。因此,解决知识分子在地域上的不合理分布以及由此带来的人才资源的浪费与缺乏并存的现象,仍然是一个非常关键的问题,同时也是制约部分地域,特别是西部地区发展的关键性问题。

3. 知识分子的行业(职业)结构逐步转向第三产业的智力密集型产业

1990 年和 2000 年我国国有企事业单位专业技术人员行业分布及变化如下(单位:万人):

行业分类	1990 年 (万人)	排序	2000 年 (万人)	排序	增加数 (万人)	增加比例 (%)	排序
工业	290.6	1	298.8	2	8.2	2.8	9
教育文化艺术	231.0	2	1157.1	1	926.1	400.9	1
卫生体育福利	214.2	3	280.5	3	66.3	30.9	7
农业	77.2	4	111.6	4	34.4	44.6	6
科学研究	67.8	5	72.0	6	4.2	6.2	8
建筑业	50.4	6	34.9	9	−15.5	30.8	11
国家党政机关、 社会团体	47.8						
交通邮电通信	41.5	7	72.1	5	30.6	73.7	5
商业	23.2	8	18.6	10	−4.6	−19.8	10
地质	18.0	9	55.7	7	37.7	209.4	2

续表

行业分类	1990 年 （万人）	排序	2000 年 （万人）	排序	增加数 （万人）	增加比例 （%）	排序
房地产	12.5	10	36.9	8	24.4	195.2	3
金融	3.4	11	9.2	11	5.8	170.6	4
其他	3.3		17.7		14.4	436.4	
合计	1080.9		2165.1		1084.2	100.3	

资料来源:根据《中国科技统计年鉴》(1991)和《中国科技统计年鉴》(2000)数据整理。

从上表中可以看出,教育、工业、卫生、农业、科研构成了我国现阶段知识分子队伍最庞大的五个主要行业。与此相对应,教学人员、工程技术人员、卫生技术人员、农业技术人员、科学研究人员也成为我国现阶段知识分子最密集的五种主要职业。从两年的变化比较中可以得出:在第三产业中知识分子增幅最大,其中教育、房地产、金融、通信等行业表现最为明显,其次是第一产业(农业),再次是第二产业(工业),这一变化从根本上改变了我国知识分子的行业结构,使我国知识分子就业状况从以生产物质产品尤其是工业品为主导行业的行业结构,转变为以培养从事各行业技术劳动的人才、提高人的素质以及精神产品为主导行业的行业结构上来。所以,我国的产业结构正逐步由传统的劳动密集型工业向第三产业的智力密集型产业转向。另外,从整体来看,现阶段知识分子的整个就业面比以前有所拓展,但是,大多数知识分子仍然高度集中在七大行业之中,而其他行业知识分子数量较少,素质偏低,主要原因在于其他行业的知识分子文化程度较低。这种知识分子行业分布不均匀以及某些行业知识分子文化程度偏低的特点,在某种程度上会制约整个社会的发展进程和发展速度,大大地阻碍了我国经济社会的持续和协调发展。

4. 知识分子的学科结构呈现实用化、科技化

在这里,我们通过对全国高等学校在不同年份中各学科招生数的比较,分析这一特点和发展趋势。全国高等学校各学科招生数1994年和2000年增幅比较如下(单位:人):

学科	1994年(人)	2000年(人)	增加数(人)	增幅(%)
哲学	2043	1847	−196	−9.59
经济学	143882	363379	219497	152.6
法学	30526	114682	84156	275.7
教育学	40487	107259	66772	164.9
文学	125070	343418	218348	174.6
历史学	15513	22003	6490	41.8
理学	99239	202466	103227	104.0
工学	344105	832124	488019	141.8
农学	32876	68966	36090	109.8
医学	66105	149928	83823	126.8

资料来源:根据《中国科技统计年鉴》(2001)数据整理。

从上表可以看出,现阶段我国知识分子的增幅在各学科之间差距较大,其中,增幅最大的学科有法学、经济学,而哲学、历史学相比之下增幅最小。这主要是因为我国在大力进行"以法治国",健全法制的过程中需要大量的、高素质的法学人才,同时,我国经济体制改革及经济发展,带来了对经济专业人才需求的急剧增加。与一些学科的人才急剧增加相反,哲学、历史学等文科人才增幅不大,有的专业还表现出负增长趋势,这表明我国现阶段,在学科发展方面表现出实用化、科技化的特点和发展趋势,这与我们现阶段知识分子主体科技化的特点相符合。

5. 知识分子的专业技术职务结构为高职称、高学历、低年龄

我们以高校教师为例说明知识分子的这一特点。高校教师专

业技术职务与年龄对应关系的变化如下(单位:%):

比例 技术 职务	合计		35 岁以下		36—45 岁		46—55 岁		56 岁以上	
	1990年	1997年	1990年	1997年	1990年	1997年	1990年	1997年	1990年	1997年
总计	100	100	48.7	52.7	14.3	20.4	26.1	13.7	10.9	13.2
教授	100	100	0.1	2.7	1.0	10.0	18.7	20.3	80.2	67.0
副教授	100	100	0.5	12.7	4.0	32.3	65.6	32.0	29.9	23.0
讲师	100	100	34.8	66.6	31.8	24.3	29.5	7.2	3.9	1.9
助教	100	100	96.5	95.4	3.3	4.1	0.18	0.4	0.02	0.1
教员	100	100	81.5	97.0	9.2	2.2	7.4	0.5	1.9	0.3

资料来源:根据《中国教育事业统计年鉴》(1991)和《教育人事工作》(高教版)1998 年第 6 期数据整理。

高校教师专业技术职务与学历对应关系的变化如下(单位:%):

比例 技术 职务	合计		研究生		本科生		其他学历	
	1990 年	1997 年	1990 年	1997 年	1990 年	1997 年	1990 年	1997 年
总计	100	100	19.7	28.2	70.6	66.4	9.7	5.4
教授	100	100	24.5	28.8	71.7	68.6	3.8	2.6
副教授	100	100	10.0	28.4	83.2	65.2	6.8	6.4
讲师	100	100	21.4	34.0	63.3	60.0	15.3	6.0
助教	100	100	22.9	17.7	72.0	78.4	5.1	3.9
教员	100	100	25.8	22.1	57.6	72.5	16.6	5.4

资料来源:根据《中国教育事业统计年鉴》(1991)和《教育人事工作》(高教版)1998 年第 6 期数据整理。

随着知识分子队伍的不断发展壮大,现阶段我国知识分子队伍的整体素质也有所提高。从上表中可以看出,在现阶段我国知识分子的职称结构变化中,很明显地呈现出两个特点和发展趋势:一是高级职称知识分子日益年轻化,中级职称知识分子低龄化;二是高、中级职称知识分子日益表现出高学历化,高素质、高学历的知识分子在职称结构中占据明显的优势。可以预见,随着我国职称评聘制度的不断改进和完善,高级知识分子的年龄将趋于年轻化,逐步形成一种高职称、高学历、低年龄的人才成长模式。

6. 知识分子的年龄结构日益年轻化

1990—1995 年各年龄组知识分子比例对照情况如下(单位:%):

年龄	占知识分子总数的比例(%)	
	1990 年	1995 年
60 岁以上	4.0	1.5
55—59	3.5	3.5
50—54	6.4	7.6
45—49	12.7	9.5
40—44	17.6	10.8
35—39	12.9	13.7
30—34	9.4	15.1
25—29	12.5	20.9
20—24	10.9	15.0
15—19	10.0	2.5

资料来源:根据《中国人口统计年鉴》(1991)、(1996)数据整理。

从上表可以看出,现阶段我国知识分子年龄结构呈现中间大、两头小的特征,但是与 1990 年相比,1995 年我国知识分子的年龄重心已逐步下移,具体表现为 35 岁以下知识分子的比例逐步增加,50 岁以上知识分子比例缩小,这表明,现阶段我国知识分子队伍表现出日益年轻化的特征。

7. 知识分子的学历结构整体水平不断提高

研究生、大学本科和中专学历毕业生增幅比较如下:

学历层次	1985 年(万人)	2001 年(万人)	增加数(万人)	增幅(%)
中专	42.9	150.3	107.4	250.4
大学本专科	31.6	103.6	72	224.7
研究生	1.7	6.8	5.1	300

资料来源:根据《中国统计摘要》(2002)整理。

从上表可以看出,在 1985 年至 2001 年中,知识分子增幅最大的是研究生,本专科生与中专生基本持平,这表明我国知识分子队伍一方面数量在不断壮大,另一方面学历层次在不断提高,我国知识分子的整体水平和素质也在不断提升,知识分子的学历结构日益合理。

8. 知识分子的收入状况逐步趋于合理

改革开放初期,从总体情况来看,脑力劳动者的平均收入低于体力劳动者,出现一种"脑体倒挂"的社会现象,严重挫折了脑力劳动者的生产积极性。随着市场取向的经济体制改革的不断深入以及"科学技术是第一生产力"的体现,生产的知识含量不断扩大,为知识分子带来了可观的经济利益,到了 20 世纪 90 年代中期以后,整个社会出现了"脑体正挂",知识分子的收入增长明显。从"脑体倒挂"到"脑体正挂"的转变是我国市场化取向、社会分配机制转型的一个重大进步,标志着分配体制正朝着良性循环的方向转化。但我们也应该清醒地看到,知识的价值并没有真正回归到它应有的位置,知识分子的经济收入与他们的社会地位和作用还有一定的差距。

1998 年以知识分子为主的国有经济单位职工年平均工资如下:

排序	行业	职工平均工资(元)	排序	行业	职工平均工资(元)
1	科学研究业	10257	5	卫生	8692
2	体育	10210	6	社会福利保障业	8286
3	综合技术服务业	10036	7	广播电影电视业	7992
4	文化艺术业	9371	8	教育	7440

资料来源:摘自《中国统计年鉴》(1999),第 161—162 页。

另外,在科学研究领域内部,社会科学研究人员的年平均工资收入明显低于自然科学研究人员。这从一个侧面反映了人文社会科学知识分子在当代中国科学研究中的地位。同时,社会科学研究人员的科研经费也远远低于自然科学人员的研究经费,这在一定程度上反映出社会科学研究不如自然科学研究受重视。

1998 年国有经济单位科学研究业职工年平均工资如下:

项目	自然科学研究	社会科学研究	其他科学研究
职工平均工资(元)	10020	9517	11652

资料来源:摘自《中国统计年鉴》(1999),第 162 页。

二、地位素质的提升与角色分工的转换

——我国现阶段知识分子的发展趋势

(一)知识分子的社会角色不断分化

我国的社会主义现代化建设提高了知识分子的社会地位,同时,也为知识分子充分发挥自身的角色职能和社会作用开辟了广阔的前景和道路。社会主义市场经济体制的建立,多种经济成分的并存,以及国家人才流动政策的放开,为知识分子提供了自由流动的可能,知识分子可以不再非要当国家干部或职工不可,可以靠自己的专业知识和专业技能在社会上立足,发挥自身的特点和优势,开始逐渐具有了各种各样的社会功能。同时,在当代中国社会转型中,市场经济的影响力已经渗入到社会的核心层,世俗社会的功利主义、工具理性大规模侵入知识分子内部。知识分子个体面对社会现代化产生的个人发展途径的多元化,在价值选择中首先出现了大规模的分化。这种分化在社会结构中就是在与社会体制关系中的分化:或选择"下海"经商,或依旧留在社会体制内;或选择游离于社会主流体制和市场经济之外。这就打破了我国知识分子一度存在的职能单一的局面,出现社会角色分化和内部分流的发展趋势。具体表现为两个方面:一方面是知识分子内部分化出不同类型的群体,另一方面是一部分知识分子从传统的知识分子群体中分化出来,向其他社会群体流动。当然,这两个方面是不能绝对割裂开来的,两者相互影响,相互作用。

改革开放以前,由于传统体制下知识分子的"非知识分子化",造成了我国知识分子职能单一的局面,遮蔽了知识分子之间的类型差别,而由改革开放所引发的社会结构转型,则导致知识分子的内部构成发生明显分化,表现出现阶段知识分子内部分化的特点和发展趋势。正是由于现阶段我国知识分子出现内部分化的特点和趋势,才造成目前知识分子类型的多样化。随着社会的发展,知识分子这种内部分化日益表面化,从而引起不少学者的关注,并以各自不同的标准作出类型划分。王申贺以"知识活动的层次"为标准,由下至上、由外入内,将知识分子划分为四种类型:管理组织型、传授应用型、创造型和人文思想型。"管理组织型知识分子"主要指各类社会组织中的各层官僚、专业管理者。他们受过高等教育,其工作不是从事文化知识活动,而是应用领导科学、管理艺术等知识。"传授应用型知识分子"直接从事于某种知识活动,但他们基本上不进行创造,而是传播和应用现有的知识。"创造型知识分子"是少数,包括科学家、学者、艺术家、作家等对新知识、新思想的产生作出一定贡献的人。"人文思想型知识分子"源于创造型知识分子,是知识分子的内核,同时也是知识分子的旗手。他们不把眼光局限在某一专门学科上,对现今社会的重大问题、价值观念、社会精神以及关于自然、人生的一些终极问题予以关注;对现状持批判态度,具有强烈的反叛精神;这种关注的热忱和批判态度是建立在强烈的道德责任感之上的。北京大学的王岳川以"价值取向"作为划分当代中国知识分子类型的标准,把中国当代知识分子划分为四种类型:权力话语知识分子、技术知识分子、经济型文化人、人文知识分子。"权力话语知识分子"主要为统治者的利益服务,以权力话语作为思考和写作的出发点,不问人生意义问题,只关心国家政治斗争热点,渴望成为政府首脑智囊团的一员,其职能是作为政府的喉舌,为现实政府服务。"技术知识分子"主要为发展科技和获取利润服务,以工具理性作为看待世间万物的尺度,关注实业与科技推进,不问人生意义,只问知识本身的实用性。"经济型文化人"又可称为"边缘性知识分子",在价值取向上不再以启蒙真理和人生意义作为关注中心,而是以商业活动的效益原则、金钱至上原则、交换竞争原则、市场操纵原则作为价值标准。"人文知识分子"体现着人类的自我意识和社会批判意识,关注生命意义、意义重估等价值判断问题,并超越一切短期行为与短视模式,为人的总体发展立法和制定理想蓝图,以独立不倚、特立独行的人格精神去完成社会的批判,其职责是追求真理和担当社会良心。① 李小宁依据知识分子与市场经济体制的关系,把知识分子分为两大类:一类是没有进入市场或基本无法进入市场的知识分子,即在各级党政机关、事业单位和国有企业中工作的知识分子。另一类是能够并且已经进入市场的知识分子,包括"下海"的科技人员和自谋职业的文化人。这类知识分子不担任公职,而是在民间确立了自己的岗位,自主选择职业,凭借自己的专业特长获取比较丰厚的收入,对政府的依附性比较小,流动性大。这两类知识分子,就其对于政府的依附程度和流动性而论,前一类似乎可以称为"体制内"知识分子,后一类可以称为"体制外"知识分子。这也是所谓"分流"的内在含义。所谓"分流",正是相对原有体制而言,或者说是在原有体制下由国家"包下来"的知识分子,现在有一部分流出体制之外,在民间确立了自己的岗位。对于没有进入市场的知识分子,依据不同的职业和利益关系,又可以分为三类:一是公务型知识分子;二是事业型知识分子;三是企业型知识分子。我国现有的事业型知识分子,依据其不同的社会职能,还可以分为三类:一是智囊型知识分子;二是科技型知识分子;三是人文型知识分子。这三种类型的知识分子分别服务于政治、经济和文化建设,各司其职,各得其所,并无高低优劣之分。

---

① 参见王岳川:《思想、语言、大道》,《东方》1994 年第 3 期。

　　在传统体制下,知识分子基本上集中在文化、教育、卫生、科研部门,即我们通常所称的事业单位,另外还有少量的在国内企业从事技术工作,其内部的分化并不明显。但随着社会结构的变化和转型,知识分子内部出现了角色的分化和内部的分流。其中最明显的是知识分子分化为国家公务员群体、企业白领群体以及传统意义上的知识分子群体。国家公务员群体的出现,一是由于党政机关干部急剧膨胀。据《中国统计年鉴》(1999)提供的数据:改革开放开始的1978年,全国国家机关、政群机关和社会团体共有职工人数430万;到了1998年,则上升为1048万。二是由于干部"四化"方针的提出,促使干部的知识结构发生了明显变化。原有干部中不少人纷纷通过各种形式,提高自己的学历层次。据不完全统计,从1979年到1989年这十年间,获大专学历的有151.8万人,中专97万人。新加入干部队伍的,大都是学有专长的知识分子。据不完全统计,到1991年年底,干部中具有大专文化程度的已占到干部总数的71%。① 企业白领群体的出现,是与改革开放条件下,商品经济大发展和市场经济体制的建立过程密不可分的。从20世纪90年代开始,社会上出现了一股"下海潮",一批知识分子放弃"铁饭碗",投向"三资"企业,其中不少人凭着自己的能力逐渐成为这些企业的高级管理人员;还有一些知识分子自己兴办企业,成为民营企业家;此外,在大中型国有企业改革过程中,也逐渐形成了一批精于现代管理的企业家。知识分子中的所谓企业白领群体,主要就是由这三部分人构成。知识分子中的这些不同群体的根本利益和基本政治立场是一致的;但是,他们的经济地位、劳动方式、生活方式和价值观念等都有一些差别,某些方面甚至差别较大,因此,形成了知识分子中不同的利益群体,扮演着不

---

① 据新华社北京1993年5月9日电。

同的社会角色。

　　总之,社会主义市场经济体制下,知识分子社会角色的分化和内部流动是一个动态的变化过程,并且这个过程还在进行中。这个过程的总趋势是:知识分子在整体上从国家干部队伍中分离出来走向专业化的同时,逐步分化为不同的职业群体、功能群体和利益群体。

(二)知识分子的社会地位不断转换

　　现阶段我国知识分子在人数增长、结构转换的过程中,社会经济地位也经历了变迁,表现出中层化、边缘化的发展趋势。

　　以经济建设为中心,推进改革开放,建立社会主义市场经济体制,这场新的社会革命打破了以往对中国知识分子的双重束缚。一方面,多种经济成分的并存,民营经济实体的出现,就业渠道的拓宽,自由流动的可能,为知识分子开拓出一块在体制外依靠自己的力量独立生存和发展的空间。社会经济结构的变化要求更多的科技专业人才,以满足一个日益分化的社会需求。社会越来越重视并突出知识分子在经济建设中的作用。人数激增的知识分子群体正在形成,工业、服务行业的崛起以及多种经济成分的并存也扩大了知识分子的出路。据1994年有关资料显示,民营科技企业已发展到7.9万家,从业人员150.5万人,其中绝大多数是科技人员,即知识分子。从此,知识分子可以不再依靠国家,不再一定要做国家干部或职工,而可以依靠自己的专业知识和专业技能在社会上立足。原先只是作为国家干部的知识分子,正在占领各色各样的社会功能位置,转化为各类专业人员。另一方面,在经济时代,政治不再统治一切,意识形态逐渐淡化,价值观念趋向多元,传统的政治——意识形态话语的"霸权"地位不复存在,知识分子重新取得了自己相对独立的话语权力。因此,在市场经济条件下,无论体制内还是体制外的知识分子,都重新获得了自己的性格和品质,开始成为不同于其他阶层的社会群体。这种变化已经在人事管理制度的改革中反映出来,过去笼统的国家干部概念被明确划分为国家公务员和专业技术人员,两类人员实行分类管理,知识分子在人事管理上被单独列为一类有别于党政干部的特殊群体。所以,随着社会的发展与转型,知识分子逐步退出了社会主流地位而趋向社会中层。进入20世纪90年代,随着改革的全面推进,市场经济体制的建立,主流社会已进入技术官僚体制,知识分子不必也不可能拥有传统社会的士大夫政治权力;主流社会已进入社会意识形态淡化时期,知识分子不必也不可能再扮演革命家或社会精神领袖;主流社会已进入经济自动运转的体制,不需要知识分子做齿轮和螺丝钉,或歌颂物质生产。于是,中国知识分子不得不走向边缘,而把主流地位让给商、政、科技等"脑力劳动"阶层。① 进入20世纪,中国高等教育的日趋普及和脑力劳动的急剧扩张,动摇了知识分子的传统地位。教育性质转变,教育经济学提供了理论上的论证。在教育经济学中,教育是一个产业。同其他产业一样,这是一个有着投入、产出的新型产业。国家和个人考虑教育时,都要考虑到相应的收益。虽然教育产业有其特殊的性质,但总体上教育不再是上层建筑,而是一个产业。这个转变有深远的意义。它不仅使得高等教育在各种积极性的推动之下急剧扩张,还促使人们重新认识教育。中国作为发展中国家,20年改革开放使教育得到极大的发展,高等教育正处在历史转折的关头。除了正规的高等教育,其他形式的教育也是不可忽视的力量。例如,广播电视等远程教育,在发达国家和发展中国家占到相当重要的地位。在

---

① 参见赵衡毅:《走向边缘》,《读书》1994年第1期。

中国广播电视等系统接受教育的学员，几乎同正规的全日制高校人数相近。特别是正在兴起的互联网技术，为高等教育的全民化、普及化提供了最新的技术上的支持。在一个全民教育、终身教育的年代，每个人都有可能拥有脑力劳动所必备的知识。

与高等教育失去精英性质相一致，脑力劳动本身不再是地位高的象征。知识分子的主体已经不是履行统治职能的政府官员，这就削弱了脑力劳动与权力之间的关联。脑力劳动者的主要部分是科技工作者、管理工作者、教育工作者等。企业中科技和管理人员是产品的生产者，他们履行着总体工人的职能，从这个角度看，他们只是从前体力工人的继承者。教育在当代更重要的功能是培养劳动者，学校在某种意义上是制造劳动力的工厂，教师是这种工厂中的"工人"。即使是行政官员，在现代福利国家，大多数只是执行公务或从事一般的社会管理事务。在管理过程中，办公室正成为一种新的"车间"。与以前相比，如今的脑力劳动已经不再简单地作为权力和地位的象征，更多的是职业的标志。现今民众文化水平的普遍提高，使大多数人具备了从事一般的非体力劳动工作的能力。许多所谓的蓝领工人，完全具备了从事一般脑力工作的能力。脑力劳动职业与非脑力劳动职业之间存在着一定的相互流动性，人们在两种劳动职业之间流动更加容易，打通了从前存在的壁垒。在发达国家，脑力和半脑力劳动者已经占到总劳工人数的一半。在如此巨大的比例面前，只凭脑力劳动这一点，的确没有以前的那种优越性可言。

知识分子地位虽然下降，但也不是到了最底层。一般来说，知识界的自我感觉地位与实际地位存在差别。其一，知识分子收入总体还高于体力工人。西方的人力资本论和教育经济学认为，个人的教育是一种投资行为，这种投资的成本包括个人受高等教育时的教育收费、生活费用，以及由于上学而放弃的可能收入即机会成本。这种投资的收益则体现在参加工作后的收入与未受这种教育者收入之间的差距。换句话说,受过高等教育者的收入高出一般劳工收入的那部分,是对个人教育投入的一种回报。据西方学者计算,这种回报率是存在的。多数学者研究认为,美国的这种收益率在 10%—15% 之间。只要存在收益率,就可以说知识分子的收入水平高于体力劳动者。个人教育与收入的终身分布表也显示,受过大学教育者终身收入总的高于受过中学教育者。年龄越大,两者之间的差距越大。其二,知识职业的社会声望较高。据1983 年调查,美国的四种白领职业声望平均分数为 72.25 分,而其他劳工平均分数为 53.8 分,前者高出后者将近 20 分。从绝对位次看,四种白领职业的声望排在前列,其中的专业技术人员和行政经理人员更是居第一、第二的位次。正因为如此,西方很多家庭包括上层社会的家庭,在子女的前途选择上都倾向于知识职业。其三,脑力劳动的绝对失业率较低。知识职业的失业率比总劳工的失业率低很多,前者只及后者的 1/2 或 1/3。失业率还可以从教育年限方面进行观察,一般规律是:教育水平越高,失业率越低,两者之间成反比关系。根据 1993 年劳工资料显示,白领劳工的失业率为 4.4%,这低于总劳工的 7.3% 的失业率。如果与非白领的10.6% 相比,白领劳工的失业水平只及它的 40%。从绝对失业率角度看,尽管知识职业失业率一直呈上升趋势,但比之体力工人,还是比较低的。其四,知识分子的工作独立性大于体力劳动者。比如在劳动时间的规定上,知识分子就有很大的弹性,可以按照兴趣作相应的改变。他们的劳动条件和劳动环境也较好,向上升迁的机会也多一些。在许多地方,体力劳动者得不到升迁。正如部队中极少从士兵中提拔军官一样,企业中的管理人员也不从蓝领中提拔,一般都来自受过良好教育的人员。

　　对知识分子来说,退出主流地位的边缘化是机遇而不是灾难。

知识分子在这个时代中将扮演一个全新的角色,其作用就是对主流文化的批判并制衡。主流社会现在有了自我运转的动力,但在以经济"进步"为唯一目的的社会,除了经济能力本身的制约,没有其他价值文化上的制动器。没有人文价值的鼓吹,拜金主义会迅速把整个社会变成奸商之国;没有人文精神的独立地位,功利主义会成为唯一指导思想,主导文化会脱变为市侩文化;没有人文传统的延续,中国文化史会被社会变迁截断,成为待价而沽的古董市场。而要维系人文价值的独立,就必然与主流文化的求利精神相对抗。知识分子欲执行其文化使命,就不能进入主流,就必须坚持边缘化批判。这实际上就是中国最早一批现代知识分子在五四运动初期采取的立场,即"只诊病不开药方"。现在,中国已经具有现代社会的运转方式。五四运动时期的知识分子未能坚持的,现在有可能做到了。对此,当政者应当容忍这样一个边缘社会群体以它自己的方式,不受干扰地独立存在;理解它的独特价值标准,容忍它矫枉过正或愤世嫉俗的话语方式。只要这种批判不溢向社会,不转化为武器的批判,那么知识分子从边缘地位上发出的呼喊,正可为求功逐利而飞速旋转的主流社会喷上必要的思想冷却剂。①

(三)知识分子的社会流动不断加快

知识分子的社会流动,主要指知识分子在不同地域和不同工作岗位之间的转移,同时也包括知识分子智力的交流。在市场经济条件下,劳动力市场的显著特征表现在择业自主与就业人员的自由社会流动两个方面。随着我国社会体制结构的深刻变化,地

---

① 参见赵衡毅:《走向边缘》,《读书》1994 年第 1 期。

区之间、部门之间的人才竞争愈演愈烈。知识分子作为社会"优秀人才"，必然成为社会各部门竞争的主要对象。面对这种社会背景，知识分子群体出现了大规模的社会流动，并呈现社会流动加速的发展趋势，主要表现为知识分子从国家控制体制向自由市场流动，从低收入地区和部门向高收入、更多发展机会的地区和部门流动。作为"民工潮"的农民，其社会流动主要的目的是为了求得生存，具有很大的被动性，而知识分子作为拥有较高人力资本和较高素质的社会群体，其社会流动更多的是在自我意识指导下的社会选择，更多的是在自我价值观的指导下，衡量人生追求、职业生涯发展、工作满足感、工作发展机会、家庭生活、自身人力资本和社会资本等方面后所作的社会理性选择，具有很强的自觉性和主动性。也正是因为知识分子社会流动的日趋增多，极大地提高了劳动者的积极性，发挥了劳动者的潜力，解放了社会生产力，促进了我国经济社会的发展。另外，与西方发达国家不同的是，我国知识分子社会流动的产生和发展，既不是一个纯粹自发的过程，也不是一个完全强制的过程，而是一个自然发育和政府推动相结合的过程。

与传统社会主义时期相比，现阶段我国知识分子队伍呈现整体结构性的上升流动，作为一个社会阶层的知识分子，其社会作用、社会角色、社会地位得到极大发挥、提高和改善。知识分子整体结构性的上升流动开始于20世纪80年代中期，主要是因为国家政治策略的变化与调整。从权力指标看，传统社会主义时期的知识分子被看做具有城市资产阶级的政治成分，成为被团结、被改造甚至被批判的对象，除了一小部分被成功改造的知识分子能进入行政组织，享有一定政治权力外，绝大多数知识分子甚至被剥夺了人身权利。而现代知识分子不仅有行政权力，还有"制约权力"和"监督权力"，他们能通过宽松的言论自由环境，通过教育、舆论、理论等途径产生对社会的影响力，知识分子凭借其知识和技能得到政府部门的青睐，并成为大众日常生活的权威者。从社会声望来看，在意识形态高度政治化的传统社会主义时期，知识分子被称为"臭老九"。而从改革开放以来的多次职业声望调查中，排在前20位的大多是知识分子职业。

但与大规模的"民工潮"相比，知识分子的社会流动（主要指20世纪90年代初的大规模流动）呈现相对滞后性。"民工潮"兴起于80年代，而知识分子的社会流动则兴起于90年代初。这与我国市场经济转型过程的逐层深入相一致。我国市场的转型，是一个从农村步入城市、从企业过渡至事业单位的逐层深入过程，社会各群体参与市场经济的步骤和速度不一致。在市场经济发展的第一阶段，农民最先进入市场经济，大规模涌向城市或企业；而仍然停滞在计划经济体制内的科研、教育、文化等单位的知识分子和其社会群体（以知识分子为主体的脑力劳动者），则受到一定的限制，最终形成"脑体倒挂"的社会现象。只有在市场进入社会核心层时，在开放的社会制度中，知识分子才有制度空间和相应的社会机遇进行社会流动，从而形成大规模的社会流动。

我国知识分子的社会流动总体规模仍然有限，流动率偏低。我国知识分子社会流动始终存在着关注的人多，行动的人少；要求流动的人多，招聘的单位少；洽谈的人多，办理正式流动手续的人少的"三多三少"现象。据人事部的调查，即使在1987年、1988年流动高峰年份，虽有近三分之一的知识分子有流动意向，但年实际平均流动率仅为2.6%，流动的绝对人数也只有112万、101万，而同期美国的知识分子平均流动率达20%以上。[1] 中组部于1989年对3万名知识分子的一项抽样调查也表明，参加工作以来从未

---

① 参见郭全胜：《人才流动理论政策与实践》，中国劳动出版社1990年版，第28页。

流动的占55%,流动过一次的占22.1%,二次的占10.9%,三次以上的仅占2%。[①] 可见,我国知识分子流动率和规模远远低于发达国家水平。与农民不断掀起"民工潮"、工人下岗分流急剧增长形成鲜明对比的是,我国知识分子的社会流动特别是流出显得越来越平缓,虽然有部分知识分子走向市场,进入科研产品的市场开发和企业管理领域,但其中的大部分人仍保留干部身份,他们所追求的社会流动是在干部领域的向上流动,而不是向外流动。因此,我国知识分子社会流动的总体规模十分有限,真正全国性的流动格局并未形成。

同时,我国知识分子流动的形式比较单调,流向也很单一。目前,我国知识分子的社会流动形式主要是行政调动,即个人带着户口和工资关系,通过行政调配在单位、部门和地区之间流动;不带户口和工资关系,通过停薪留职、辞职、招聘等方式进入市场流动的很少;通过兼职、借调、提供技术咨询服务等形式实现智力交流也很少。这主要表现在,只要知识分子从原单位流出,无论是到社会上流动,还是到国有经济单位流动,都必须办理调动手续。即使采用招聘、辞职、停薪留职等形式流动,一旦行动起来,还得采用传统的调动方式,因为不办调动手续,最后一切还是白搭。所以,在我国知识分子流动中,"调"字的使用频率颇高,如调配、调令、调派、调动、商调等,这也从侧面反映出我国知识分子社会流动形式的单一性。改革开放以来的事实也表明,就我国知识分子流向而言,流入一方往往是经济发展水平或效率较高的地区、产业和单位,而流出一方往往是经济发展水平或效率较低的地区、产业和单位。换言之,从内地向沿海开放地区流动,从中小城市向大城市流

---

① 参见郭全胜:《人才流动理论政策与实践》,中国劳动出版社1990年版,第12页。

动,从教育科研部门向商业部门流动,从国有企业向非国有企业流动。这些现象无不折射出我国知识分子在流向上的"偏好",其本身无可非议。因为古往今来都是人往高处走,水往低处流。但它毕竟是一种单向性流动,客观上已造成了东南沿海地区、大城市、"三资企业"成为主要的知识分子集中地,广大乡村地区、教育部门和一些国有大中型企业更成为知识分子流失的"重灾区"。长此以往,我国知识分子分布将越来越不平衡,产生所谓的"马太效应"。

另外,我国知识分子的社会流动管理始终处于无序状态。这种管理上的"无序"主要表现为:一是体制不顺。社会主义市场经济体制期待并需要政府按照市场的发展规律来管理知识分子的社会流动,但在实际工作中政府却仍然主要沿用传统的计划管理的手段和方法,结果便出现了以计划管理手段和办法为市场经济服务的局面。二是政令不一。应该说,这些年来,党和国家对知识分子流动的看法和态度是明确一贯的,先后制定了多部法律、法规,鼓励和支持知识分子合理流动,并严令各地认真执行。遗憾的是,我国往往是"上有政策,下有对策",政策、法律的权威性并未得到应有的尊重。各地区、各单位、各部门纷纷从各自的经济利益出发,制定对己有利的地方性政策和地方性法规,以加强对知识分子流动管理为名,行地方人才保护主义之实。特别是内地的一些地方和单位以防止知识分子流失为名,硬性规定高级知识分子流动须由省级人事部门审批,中级知识分子流动须由地级人事部门审批,初级知识分子流动须由县级人事部门审批,对知识分子流动采取"管、卡、压"的做法。结果在我国知识分子流动管理中呈现出知识分子社会流动的推动力和阻力均来自政府的现象。三是地区与地区之间各自为政,措施不一。为了打破内地一些单位、产业、部门对知识分子的垄断,争取知识分子流入,针对现行的人事管理体制,一些经济开放地区实行"三不要"政策,即不要党团关系、不要户籍、不要工资行政关系,大量引进知识分子;而内地一些地区却认为"三不要"政策是对现行人事管理制度的破坏,搞乱了知识分子的社会流动,因而一方面不断向中央施加压力,另一方面紧抓住知识分子不放。这种各自为政、措施不一的现象确实给我国知识分子流动管理带来了很大的混乱。四是政出多门。因知识分子流动涉及人事、公安、科技、教育等众多部门,客观上需要各部门通力合作,但是这些部门为了各自的经济利益却出台一些相互矛盾、相互扯皮的具体管理办法。五是统一开放的人才流动市场仍未形成,对人才流动的中介机构的管理极不规范。现在的人才交流中心、人才交流市场到处都有,中介机构鱼目混珠,有的名义上是中介机构,实质上却是"猎头公司",真正实实在在为人才流动服务的不多。

　　总之,我国现阶段知识分子队伍随着现代化和后现代化的交融而趋于更加复杂化,对知识分子群体的社会流动的分析,能透视我国社会体系结构的变迁和知识分子的人格演变。随着我国市场经济体制的发展与完善,知识分子对社会的促进作用会越来越突出。因此,为了促进我国社会主义现代化的建设步伐,充分发挥每位知识分子的重要作用,我们应该转变思想观念,提高认识,深化改革,加快发展,加强法制建设,进一步制定和完善与知识分子的社会流动有关的政策及相应的法规,建立统一的人才市场,健全市场管理,加强宏观调控,改革调控手段,使得知识分子的社会流动既不造成国家在人才培养投入上的损失和浪费,又能确保知识分子的社会流动有序、顺畅。可以预计的是,21世纪,知识分子的社会流动将会更加频繁,也会更加规范有序。

（四）知识分子的整体素质不断优化

"文化大革命"十年的破坏,一方面造成了我国知识分子在数量上的短缺,另一方面也使知识分子的内在素质发展不平衡,存在许多不尽人意的地方,如知识结构不尽合理、思想封闭、创新意识不足、缺乏鲜明个性等等。这些现象虽然在知识分子中不占主导地位,但也是一个不可回避的现实。改革开放和社会主义市场经济体制建设实践的迅猛发展,对知识分子的素质提供了新的更高的要求,同时也为知识分子素质的优化提供了新的机遇和条件。新时期的我国知识分子在建设中国特色社会主义的伟大事业中,继承和发扬了中国历史上知识分子的优良传统,并在此基础上形成了当代中国知识分子的精神风貌和特点。现阶段,我国知识分子的素质状况表现出不断优化的发展趋势:

1. 现阶段我国知识分子的思想政治素质

现阶段,我国知识分子队伍的思想政治素质的发展趋势主要表现在:第一,民主意识浓厚,参政意识增强。脑力劳动的特殊性,使知识分子养成了独立思考而不随声附和、不随波逐流的习惯,知识分子对社会政治有着自己独特的见解,勇于坚持自己的政治信念,积极参与政治活动,以引导社会按正确的方向发展。与20世纪80年代相比,现阶段我国知识分子的参政议政是更为理性的行为,是更多地富有使命感的抉择。随着新时期社会主义民主政治建设的推进与法制的日趋完备,以及新时期干部人事制度的改革特别是选择干部的知识化、年轻化要求,为广大知识分子走出"象牙塔",直接介入社会经济生活与政治生活提供了广阔天地和宽松良好的政治环境。现阶段在知识分子队伍中,有的加入各种政治团体和群众性组织,有的则参与各级职能部门的咨询工作,更多的则表现在关注社会热点问题和我国政治发展等敏感问题上。广大知识分子政治热情高涨,民主意识空前浓厚,参政议政的积极性日益提高。据统计,知识分子在各级人大代表中都占有相当大的比例。比如,在八届全国人大2978名代表中,大专以上文化程度的有2048人,占68.74%;各类专业技术人员1114人,占37.42%。这些数据可以反映出知识分子在我国政治生活中的地位和影响。面对今天改革开放的大潮,从总体上看,我国知识分子的一种重要发展趋势是,他们更为关注国家的发展前途,爱国主义热情将会进一步高涨,也更加坚信中国走社会主义道路的正确性,拥护中国共产党的领导,同时也更加自觉地意识到自己肩负的历史使命和义不容辞的责任。第二,自尊意识强。当代知识分子希望管理者理解自己的工作,尊重自己的劳动,肯定自己的价值,了解自己的才能,承认自己的贡献,给予应有的肯定、表彰和鼓励,他们要求平等,希望管理者能诚恳相待,有人情味,处事公道,作风正派。第三,竞争意识升华。改革开放唤醒了计划经济体制下人们未能完全发挥的潜在能力和积极性。当代知识分子要求有充分的机会显露才华,施展抱负,要求用"机会均等"、"公平竞争"的规则代替由出身和裙带关系来决定职业选择和个人晋升的做法。知识分子通过公平的竞争机制展现自己强烈的事业心和进取精神,做好工作,从而获得社会承认,得到人们的好评和尊重。他们相信知识和智慧的力量,相信自己的才能,渴望实现自己的人生价值。第四,价值意识和发展意识突出。在注重效益与效率、走向富裕与文明成为社会主旋律的新时期,应该自觉地把个人价值和社会价值有机地结合起来,这已成为当今绝大多数知识分子的共识。他们要求承认知识的商品价值和社会价值,希望脑力劳动成果能够转换为相应的个人收入,做到按知识成果的价值获取报酬,他们对"脑体倒挂"、平均主义现象极为不满,希望全社会进一步树立尊重知识、尊重人才的风尚,养成追求知识、崇尚知识的氛围。同时,当代知识分子对社会的发展和自身的使命认识深刻,具有推动社会变革与发展的较强的自觉意识。在新旧观念剧烈冲撞时,知识分子极易趋向以新观念辨别是非,用更合理、更进步甚至超前性的政策措施改革现状,推动发展。

　　当然,现阶段我国知识分子队伍在思想政治素质方面也有不足,知识分子参与基层事务管理的机制尚不健全。这主要是由以下三个方面的原因造成的。其一,脑力劳动的连续性和创造性特点,使知识分子沉湎于对未知世界的探索中,而对现实的政治活动缺乏了解和热情,无暇顾及也不愿意参与日常政治活动。其二,中国的知识分子不仅数量相对较少,而且比较分散,一部分人甚至是从事独立的个体劳动,这就难以形成实体性的、具有紧密联系的整体和独立的政治力量,自身争取权利的力量较弱。所以,知识分子独立的政治意识和政治行为常常处于分离状态,其政治生活方式具有一定的依附性和被动性。其三,在利益主体多元化和经济行为自由、开放等市场经济因素作用下,集体主义价值观受到了冲击。在少数知识分子的思想观念中,集体主义价值观被抛弃,他们转而信奉起拜金主义、享乐主义、功利主义和个人主义,在价值观的取向上走向了多元,陷入了混乱。个别知识分子出现了价值主体自我化、价值取向功利化、价值目标短期化的行为倾向。此外,有的知识分子政治热情有所淡化,对意识形态的是是非非不屑一顾。可见,在新世纪之初的社会转型时期,知识分子的思想将更加活跃,其价值观、道德观以及信仰追求也将更鲜明地呈现多样的发展趋势,必须加强对知识分子的教育和引导。

　　2. 现阶段我国知识分子的科学文化素质

　　知识分子从事脑力劳动,经常进行逻辑思维和想象,经常进行判断和推理。因此,他们尊重理性,崇尚科学精神,讲求科学态度,善于用科学精神和科学方法,包括理性的怀疑精神、科学的分析和批判精神,以及尊重科学实验和科学事实的精神,探索事物的本质。知识分子拥有较高的科学文化和技能,懂专业,会管理,而且能够最先领悟、掌握科技革命和社会生产力变革的信息。为了掌握更多的科学文化知识,迎接世界新技术革命的挑战,他们以刻苦钻研,勤勉好学为荣;以探索创新,开拓进取为荣;以博学多才,多做贡献为荣。他们在崇高理想的鼓舞下,不畏艰险,工作孜孜不倦,业务精益求精。当代的知识分子能够系统地学习马列主义、毛泽东思想、邓小平理论和"三个代表"重要思想,用马克思主义的世界观和方法论观察问题、分析问题和解决问题。他们能够正确认识社会发展的客观规律,社会主义、共产主义信念比较坚定,能够解放思想、实事求是,具有为真理献身的精神,顺应历史发展潮流;敢于冲破落后的、陈腐的观念,不断有所发现,有所发明,有所创造,有所前进;具有批评与自我批评的精神,坚持真理,修正错误,在改造客观世界的同时自觉改造主观世界。

　　知识分子作为接受过正规的专门教育的群体,其科学文化素质整体上毫无疑问地优于其他群体。一般来说,他们掌握较为丰富的科学知识、一定的科学方法,具有较强的专门技能,并有程度不同的文化修养。调查表明:91.8%的人认为自身的专业知识能够或基本能够适应现在的工作;55%的人掌握或基本掌握外语、计算机等现代应用知识和技术手段。但目前知识分子在科学文化素质方面也存在着某些问题。一个从事某专业的知识分子,或许不能说他在专业知识上是落后、贫乏的,但就整体而言,知识分子知识结构的不合理,则是明显存在的,他们不仅缺乏综合的理论知识,而且缺乏社会实践知识。至于外语和计算机等实际运用知识和技能,哲学和文学等方面的知识,也都较为贫乏。具体表现为:

学习理工科的对人文社会科学不感兴趣,而学习人文社会科学专业的不了解自然科学的基本知识。据"理工科大学生文化素质教育理论与实践研究"课题组对部分理工科大学教师的调查:"40.9%的教师认为自身文化素质好,54.4%的教师认为一般,只有2%的教师自认为文化素质较差,2.8%人未作评价"。"尽管教师对自身的文化素质评价较为乐观,但事实上,教师在回答我们所设置的一组关于哲学、历史、文学、艺术、法律等题目时,结果却并不尽如人意"。该调查还分析了教师对有关科学术语或概念的了解程度,得出了"教师对自己专业以外的科学知识关心和了解得不如大学生"的结论。同时,"在对科技发展史的了解方面教师要好于大学生,但还远不能令人满意"。"目前教师对科技史知识的态度及了解状况令人担忧",不能满足学生"在学习理工科专业知识的同时,希望了解该学科的发展史及科研成果对社会的影响"的需要。该项调查的分析,充分揭示了知识分子中存在的在科学文化知识方面的缺陷。① 之所以如此,是由于对教育的片面理解,致使学校教育在升学率的影响下,文理过早分科,并脱离社会生活实际和生产劳动,这必然导致知识的片面化、单一化。同时,对科学发展的趋势只看到或只注重其分化或专业化的趋势,而忽视其综合化的趋势,这种片面的看法制约了人才的全面发展,导致知识分子的知识结构出现畸形。

我们必须重视知识分子的科学文化素质,注重其中所蕴涵的科学精神和人文精神。竺可桢先生曾将欧洲近代科学精神概括为:不盲从,不附和;虚怀若谷,不武断,不专横;专心一致,实事求是。我们认为,求真务实是科学精神的本质内容,它反映了科学家

---

① 参见"理工科大学生文化素质教育理论与实践研究"课题组:《理工科大学教师文化素养调查与分析》,载《高等教育研究》1999 年第 1 期。

们的价值追求,是科学的人文性,是一种理性文化。所谓人文精神是整个人类文化生活的内在灵魂,它以追求真、善、美等崇高的价值理想为核心,以人身的全面发展为终极目的。从这一意义上来说,科学精神与人文精神是一致的,不可将科学精神理解为"自然科学的精神",也不可将人文精神归结为"文人精神"或"人文科学的精神",二者都包含有求真务实的态度和关注人类自身发展目的的倾向。在有的知识分子中,也存在科学精神和人文精神欠缺的问题,具体表现为缺乏一定的思维能力和科学思想方法的培养,结果导致人们鉴别科学与伪科学的真假仅以"眼见为实"为凭。所谓科学方法,就是通过严密的观察实验,严格的逻辑推理,去伪存真,去粗取精,由此及彼,由表及里,找到事物各部分之间及事物与外部环境之间的相互关系和相互作用,确定由此产生的结构、运动变化和因果关系,形成规律性认识。

3. 现阶段我国知识分子的身体心理素质

身体心理素质,实际上是包括身体素质和心理素质两个部分,前者指一个人的体质、体能状况,后者指的是一个人的感觉、知觉、记忆、思维、情感、意志等心理品质的总称。它们是一个现代健全人所必须具备的基本素质,在人的素质结构中处于基础地位。它是知识分子"做人"、"做事"、"做学问"的生理基础和心理基础。新中国建立后,尤其是改革开放以来,党和政府在生活上关心知识分子,在经济发展许可的条件下不断改善和提高知识分子的物质待遇。然而,由于脑力劳动是一项消耗很大的复杂劳动,而我们的物质条件又有很大的不足,大多数知识分子的生活方式也有一些缺陷,如不注意劳逸结合,长时间地超负荷工作,不注重体育锻炼和自我保健等等。所以,知识分子的身体状况令人堪忧,许多知识分子有多种慢性疾病,其中尤以消化系统、心血管系统和呼吸系统的疾病居多,分别有 18.5%、11.0% 和 6.6% 的人患有这些疾病。

尤其令人担忧的是,作为承上启下、正处于事业巅峰的中年知识分子的身体素质,远低于这一群体的平均水平。有的调查还表明,知识分子的平均寿命低于全民,英年早逝的状况时有发生。据调查,1991 年至 1996 年间,中科院系统在职专家平均死亡年龄为 52. 23 岁,大大低于 1990 年北京市的人均期望寿命 73 岁。10 年前,国家体委科研所李力研对中关村长达一年的调查表明:知识分子的平均死亡年龄只有 58. 52 岁,在岗知识分子中有 61. 08% 的患有各种疾病;十年后再调查,两组数字说明知识分子的健康状况下降得更为厉害:死亡年龄减低了 5. 19 岁,而患病率则上升为 70% ,高出约 9 个百分点。[①] 这表明,该年龄段的知识分子面对事业与身体、成就与健康的尖锐矛盾,未能正确处理好这一关系,不注意身体健康,超负荷地透支,导致出现上述恶果。这应引起全社会各方面的高度关注。

我国知识分子的心理素质较好,从整体上看,大多数知识分子的心态比较平和、愉快,处于积极进取的精神状态。但是,也应看到,在社会大变革中的知识分子,处于生活和工作压力都较大的状态下,其心理压力也比较大,在相当一部分知识分子中存在着心理困惑乃至心理失衡的现象。例如,经济地位与其社会地位不相适应的矛盾,事业追求与金钱诱惑的矛盾,急盼创业与条件限制的矛盾,高层次精神需求与客观环境不能满足这种需求的矛盾,常常困扰着一部分知识分子,以致造成某种"失落感"。这种状况应予重视。还有长期被我们忽视的心理疾病在少数人中也有表现,甚至造成不良后果,更应引起高度警惕。

---

① 参见岳爱国:《中科院科学家寿命短》,载《长江日报》1998 年 11 月 25 日。

（五）知识分子的构成主体不断融合

由于人文知识和科技知识两种文化的分裂和对立的加深,人文知识分子的主体地位被科技知识分子所取代。两种文化的这种态势,正是文化历史辩证发展的结果。知识界自一产生便潜在着科技知识分子与人文知识分子两种文化的对立与冲突。以前这个问题没有引起争论和受到重视,并不意味着问题的不存在。在过去,主要是科学技术在总体上处于黯淡的地位,科技知识分子为群星闪烁的人文知识分子所淹没,代表他们的文化声势弱小,而人文文化的绝对优势使两者无法处于平等的地位。而现代社会,由于新科技革命中科技知识的勃兴和科技知识分子的崛起,科技知识分子及其文化向传统人文知识分子及其文化提出挑战,从而出现两种文化对立与冲突的凸显,使其作为社会特点和发展趋势而表现出来。当今知识完成了由人文知识为主体向科技知识为主体的转变,知识分子完成了由人文型为主体向科技型为主体的转变,而在文化上由人文精神为主导向科学精神为主导的转变也必将在社会演变的过程中逐步完成。

但这种冲突和对立只是人类历史发展过程中出现的暂时现象,随着社会的进步,两种文化将走向更高水平的融合与统一。两种文化最根本的分野在于两类知识分子的知识、特别是认识世界方法论的分野。在知识发展史上,科技知识和人文知识沿着分化的道路发展,但在当今科技与人文知识分化的同时,也存在着两者相互渗透、相互结合乃至综合的趋势。一方面,科技向人文渗透,大量的科技方法被用于研究人文现象。如行为科学,便是力求在人的有差异的行为中概括出一般规律,展现出因果链条,从人的需要、动机和行为之间的内在关系把握人的各种活动的内在联系,为科学、高效地管理员工和群体提供新思路。如语言学,这个最初的纯粹人文学科在现代则日益广泛地使用试验和数学方法,以至于有成为"语言科学"的倾向。心理学甚至伦理学也存在同样的倾向。另外,注重实证判据、用科学的理性对人文现象进行解释从而探究其发生演变的机制,也显示科学向人文的渗透。另一方面,人文也向科技渗透。许多科学家发现,纯自然现象并不能用纯科学的方法研究透彻,只有和人的状态联系起来的科学解释,才是更有说服力的解释。人文精神向科学的融入,更多地表现在科学日益唤醒其内在的人性觉悟,科学研究中日益重视科学活动及其成就对人的利弊功害,将科学的兴衰与人类的发展紧密地结合起来。"为认识而认识"的科学正走向"为人类的幸福而效力"的科学。科学技术伦理学的兴起,价值在科学中的复兴,都是其表现。一些科学家从科技进步的盲目乐观中醒悟过来,开始严肃地审视科技进步与人类未来问题。可以预见,随着社会的发展,科技和人文的相互渗透,这在一定意义上将打乱传统的两种文化的分野,在一定程度上消解两种文化之间的紧张关系。丹尼尔·贝尔指出,任何社会都要用一种精神气质来说明。新教伦理是资本主义精神,科学精神就是后工业社会出现的精神气质。所谓两种文化的抗争,只是在转变时期两种势力大致相当时的抗争。怀有善良愿望的学者们寄希望甚至论证两种文化在未来的统一。从人类社会文化不断发展、进步的过程来看,那无疑是人类文明发展的更高阶段。

第四章 挺立于风云变幻中的民族脊梁

——政治多极化与知识分子

伴随着冷战的结束，当今世界正处于新一轮的大变革、大分化和大改组的进程中，世界政治格局正趋向多极化和多元化，各种政治力量也处于不断调整与分化之中。可以预见，在新的世纪里，世界政治格局将更加复杂，竞争将更为激烈，冷战时代的军事对抗将被以科技为先导、以经济为基础、以人才为根本的综合国力竞争所取代，国家的荣辱、民族的昌盛，将主要取决于一国综合国力的高低。军事的竞争、政治的交锋、意识形态的对抗、文化理念的冲突，最终都集中于国家综合国力的较量。在这场较量中，知识分子必将成为竞争与角逐的重要推动力量。中华民族能否屹立于 21 世纪的世界民族之林，实现中华民族的伟大复兴，当代中国知识分子将承担起不可替代的重要使命。

一、全球大转折带来的严峻考验

——世界政治格局多极化趋势及对知识分子的挑战

(一)世界政治格局的多极化趋势

世界政治的多极化,是相对于冷战时期的两极格局而言的。两极格局,则是第二次世界大战后形成并主宰世界政治全局的一种相对稳定而特殊的国际关系结构。一极是以苏联为首的华约集团,另一极是以美国为首的北约集团。第二次世界大战结束之后,随着1947年杜鲁门主义的出台,东西方冷战局面的出现,两极格局对立的框架结构基本形成。1949年中华人民共和国成立,对立双方的力量对比态势发生了有利于社会主义阵营一方的变化。而北约与华约的产生与双方对峙,则标志着两极结构已臻于完善。从力量对比上讲,在这一结构初具规模的背景下,世界处于国家安全即为军事安全的时代,以苏联为首的东方集团,从20世纪40年代末到70年代末,曾经经历了一个打破以美国为首的西方集团所拥有的核垄断和核优势的过程。

随着冷战结束和苏联的解体,全球力量中心的实力消长发生了重大的变化,世界政治格局由两极向多极化发展。政治多极化是指对国际关系有重要影响的国家和国家集团等基本政治力量相互作用而在一定时期形成的国际关系结构。多极化趋势必然发展的根本原因在于,各大力量都要维护自己的国家利益,绝不会牺牲或放弃自己的国家利益,屈服于别国利益。

美国作为当今世界上唯一的超级大国,综合国力依然很强,在全球事务中的主导作用和影响依然十分突出。但从冷战后大国发展的趋势来看,美国的实力地位相对下降,干预国际事务的能力明显减弱,要建立以它为领导的世界新秩序已力不从心,并必定会遭到中国、俄罗斯的坚决反对,欧盟也难以接受;然而美国毕竟是当今世界综合国力最强的超级大国,对其他国家具有压倒性的优势地位,在一系列重大国际事务中仍然发挥着举足轻重的作用。正如邓小平同志所说,超级大国完全主宰世界的时代已经过去了。与美国的实力不断削弱相反,世界其他战略力量的实力和影响都在不断增强,政治多极化格局的进程在不断加快。

日本是当今世界的第二经济大国,国民生产总值已相当于美国的70%,人均国民生产总值已超过美国。在未来的发展中,日本的经济实力仍会不断提升。日本在成为经济大国后,凭借其强大的经济实力,正加快迈向政治大国和军事大国的战略步伐。随着日本实力的急剧增长和影响的不断扩大,日美之间在某些国际问题上的分歧越来越大,日美矛盾呈不断加剧之势。

欧洲经济共同体成立以后,逐步朝经济一体化和政治一体化的目标推进。在经济方面,已建立了关税同盟,对外实行统一的关税制度,并开始实行共同的农业政策,逐步形成一个货物、劳力、劳务和资本自由流通的市场。在政治上,要求把共同体建成政治上统一的欧洲联盟,加强协商制度。欧洲经济共同体合计国民生产总值仅次于美国。该共同体与非洲、加勒比海和太平洋地区的发展中国家先后签订了三个《洛美协定》,就发展中国家同西欧工业发达国家之间的贸易经济关系做了规定。欧共体在国际事务中具有举足轻重的地位和作用。

作为苏联主要继承者的俄罗斯,虽然目前其国力有所减弱,但是其在国土面积、人口、资源、经济科技规模,尤其是军事实力方面,仍然是一个具有巨大再生能力和潜力的大国,特别是拥有庞大的核武库,使其正在成长为当代世界舞台上一支重要的抗衡力量。

中国经过二十多年的改革开放,已具有一定的综合国力,是亚洲和世界和平与稳定的重要因素。作为发展中国家的代表,中国在国际事务中具有较大的发言权,并得到世界各国特别是广大发展中国家的广泛支持。随着国民经济的持续快速健康发展,经济实力与国际地位的提高,中国在国际舞台上将扮演越来越重要的作用。正如邓小平同志指出的那样,在国际形势从旧的两极格局解体向新的多极格局形成的过程中,"中国算一极",而且中国是一个对世界的和平与发展具有举足轻重地位的东方大国,正如"亚太世纪"没有中国的发展是形不成的一样,世界的长久和平与发展没有中国的长久稳定和发展是不行的。"中国是维护世界和平的坚定力量。"①

冷战后世界格局由两极向多极的发展,是战后五十余年国际形势发展变化、风云变幻的结果,是由世界各大战略力量对比的消长变化和分化组合所决定的。

(二)中国是促进世界政治多极化的积极力量

当前世界的多极化发展趋势是与中国自 20 世纪 60 年代以来的外交战略的变化分不开的,中国在其中所起的积极作用是别的国家所不能替代的,中国是打破美苏两霸垄断世界事务格局的排头兵,是使世界政治格局从两极走向多极的重要推动力量。

在反对两极格局的斗争中,中国的作用是十分突出的。在 20世纪 50 年代初期,中国的外交战略是反对美国霸权主义,在朝鲜战争中与美国成为敌对国家,此后一直是反美的主要力量之一。50 年代末期,中国又与苏联发生了尖锐的矛盾;到 60 年代初,两

---

① 《邓小平文选》第三卷,人民出版社 1993 年版,第 383 页。

国关系完全破裂,并从结盟关系变化为敌对关系,中国又成为反苏的主要力量之一。

早在 1964 年,毛泽东同志在与法国客人谈话时指出,中国与法国应当反对大国欺侮,不管是苏联还是美国的欺侮,都不允许,并希望法国做工作,"把整个欧洲团结起来","在东方,可以做日本的工作",要"从欧洲的伦敦、巴黎到中国、日本"结成反对美苏两个超级大国干涉的阵线。① 这里毛泽东同志虽然没有使用多极化的概念,但其反对两极力量,主张中国、欧洲独立于两极的思想却是很明确的。

1985 年,冷战还没有结束,邓小平同志就已经指出,包括中国在内的第三世界,是世界和平力量发展的重要因素,中国的发展对世界、对亚太地区的和平与稳定都是有利的,中国是国际大三角中的一角,尽管是较弱的一角。正是在这一年,邓小平同志决定中国的对外战略要从过去反对苏联霸权主义的一条线战略,即联美联日联欧反苏的战略,变为独立自主的外交战略,"谁搞霸权就反对谁","根据独立自主的外交政策,我们改善了同美国的关系,也改善了同苏联的关系",树立了中国在国际格局中要争做独立一极的形象。这也是中国明确推行多极化战略的一个表现。到 1990 年 3 月,邓小平同志又再次提出多极化格局问题,"世界格局将来是三极也好,四极也好,五极也好……中国算一极。中国不要贬低自己,怎么也算一极"。② 邓小平同志的这一判断是在对国内外形势进行客观分析的基础上作出的,是符合实际的正确判断。

冷战结束后,中国又是推动世界多极化趋势向前发展的重要

---

① 《毛泽东外交文选》,世界知识出版社 1994 年版,第 520—522 页。
② 《邓小平文选》第三卷,人民出版社 1993 年版,第 353 页。

动力。多极化格局的形成,是中国现阶段的对外战略追求,其要旨是在多极化格局的形成过程中,促进世界和平与发展的大趋势,为中国的现代化建设提供和平与稳定的国际环境。在一个各大国共同认同的世界体系中,形成多个力量中心,多个对世界事务具有重大影响力的大国极和地区极,有利于使各大国共同承担对世界和平的责任,有利于促进目前任何一个大国都无力独自胜任的全球性问题的解决,共同分担解决局部地区和个别国家之间出现的矛盾和冲突的任务,也有利于使大国间力量对比趋向相对平衡,防止可能出现的某个霸权国家因把自己的意志强加于别国而引发的世界和地区性的动荡。

政治多极化预示着人类将在 20 世纪百年激荡的基础上,经历一场全球范围内的大转折、大调整和大较量,逐步构筑起规范新世纪国际关系行为准则的政治新秩序和经济新秩序。世界上各种力量都将参与这场世纪较量,相互磨合、碰撞甚至对抗。中国作为正在迅速崛起的发展中大国,应当积极参与政治多极化的历史进程。在世界向多极化格局发展的进程中,中国绝不接受只做西方国家小伙伴的角色,绝不会牺牲国格,去做附属西方世界的二流国家。在综合国力日益增强的今天,中国必须而且有能力、有资格成为多极世界中的重要一极,在国际事务中发挥更为积极的作用,对人类作出与自身地位相称的贡献。因此,世界政治格局的多极化为中国在世界上谋求一极创造了有利的条件。当今世界,越来越多的人认为,中国作为一支独立的政治力量,在世界政治力量的对比中占有举足轻重的地位。当今世界上许多重大问题的解决都离不开中国的合作与努力,中国在解决人类面临的共同问题上能够发挥特殊的重要作用。

（三）政治多极化对我国知识分子的挑战

在今后相当长的历史时期内，世界发展的大趋势仍然是多极化发展，是多种文明的不断生成、并存、合作与比较竞争。因此，政治多极化为中国谋求世界一极，实现中华民族的复兴创造了有利的国际环境。我国完全可以利用这种条件努力发展自己，提高综合国力，实现中华民族的伟大复兴。但是，一方面，中国作为一个崛起中的发展中大国，势必引起霸权主义者及其伙伴们的恐惧、防范甚至冲突，而在地缘政治思维的作用下，周边国家特别是东盟国家对中国的崛起也存有戒心；另一方面，中国也绝不会为了争做世界一强而与西方国家处于对抗或关门状态，中国要始终坚持对外开放的大方向，加强与西方各国的学习、交流与合作，这又势必使得中国的发展在某种程度上受制于西方国家。邓小平同志早就指出："没有四个现代化，中国在世界上就没有应有的地位"，"中国能不能顶住霸权主义、强权政治的压力，坚持我们的社会主义制度，关键就看能不能争得较快的增长速度，实现我们的发展战略。"①

政治多极化的时代必然是知识分子占主导地位的时代，政治格局的多极化为知识分子施展才干、发挥中华民族伟大复兴的主力军作用，提供了巨大的发展空间和机遇。我国的广大知识分子应该紧紧抓住这一历史机遇，牢记并继续身体力行"发展是硬道理"、"经济是最大的政治"，"否则中国在世界上就没有应有的地位"，在实现中华民族伟大复兴的浩大工程中贡献自己的聪明才智，谱写出一曲曲新的壮丽篇章。但是，世界政治格局多极化的发

---

① 《邓小平文选》第三卷，人民出版社1993年版，第356页。

展,也给我国的知识分子带来新的挑战。正如江泽民同志所说:"当今世界正在走向政治多极化、经济全球化。这种趋势给国际社会的相互关系和经济文化的发展,带来错综复杂的局面。我们在前进的道路上面临着难得的机遇,也面临着种种严峻的挑战和压力。"①在新的历史条件下,知识分子作为掌握科学文化较多的一个重要群体,应当积极应对这种挑战,为实现中华民族的伟大复兴作出更大的贡献。

政治多极化对我国知识分子的挑战,主要表现在以下几个方面:

第一,知识分子队伍的规模偏小。改革开放前,受经济发展水平和教育程度的影响,我国知识分子数量少、规模小,其社会地位与功能并不显著。改革开放以来,随着"科教兴国"战略、"人才强国"战略的实施,以及工人阶级知识化进程的加快,传统意义上的工人阶级队伍发生分化,蓝领工人逐渐减少,白领工人逐渐增多,许多人经过知识和技能结构的更新,成为知识化的新型工人,进而成为知识分子,知识分子队伍急剧壮大,数量迅猛增加,已广泛分布于社会生活的各个领域。据统计,1949 年以前,我国知识分子的总数有 200 余万人。根据 2000 年第五次全国人口普查主要数据公报,祖国大陆 31 个省、自治区、直辖市和现役军人的人口中,接受大专以上教育的为 4751 万人。同 1990 年第四次全国人口普查相比,每 10 万人中拥有大学程度的人数由 1442 人上升为 3611人。应当说,新中国建立以来,我国知识分子队伍规模的扩大,适应了我国社会主义现代化建设的基本要求,广大知识分子在社会主义现代化建设中发挥了积极的作用,作出了重大的贡献。但是

---

① 参见刘振英:《中共中央举行党外人士迎春座谈会江泽民发表讲话》,《人民日报》2000 年 2 月 3 日。

我国知识分子的数量无论是与发达国家相比,还是与实现中华民族伟大复兴的历史要求相比,都存在较大的差距。

第二,知识分子的整体素质有待提高。随着我国教育事业的不断发展,新时期知识分子的文化程度普遍比较高,除了部分小学教师还是大专文化程度外,大部分成员的文化程度都在大学本科以上,而且硕士生、博士生、留学生等具有高学位的人员将会越来越多;每年毕业的大学生(以及通过各种办法和形式考取同等学力者)、硕士生、博士生及归国留学生,都不断地、迅速地扩大着我国的知识分子队伍。由于接受教育的程度提高,这些知识分子的知识比较过去的知识分子,文化程度高了许多,思想显得更为活跃,视野开阔宽广,容易接受新思想和新观点,讨论问题时的理论修养较多较深。知识分子素质的提高,极大地提升了我国的综合国力,一定程度上适应了实现中华民族伟大复兴战略目标的基本要求。但是,在看到知识分子素质提高的同时,我们还必须清醒地认识到,我国当前的知识分子素质还有待提高,最集中的表现是,在知识分子群体中,掌握高、精、尖技术与知识的人员还相对较少。知识分子的整体规模已有很大的提高,但整体素质还不高,还不能完全适应中华民族谋求世界政治格局一极的战略要求。

第三,知识分子思想的多元化倾向。由于接受的教育和知识不同,也由于各人所处单位的所有制不同,因而知识分子队伍的价值观念、是非标准和政治要求也就不同。受传统教育和思想影响较多的那部分知识分子,对于党和政府的政治号召就容易发生共鸣,产生积极的响应。而接受西方教育和受西方思想影响较多的那部分知识分子,则可能会用西方的价值观念和是非标准来衡量党和国家的号召,其反应也就不同,甚至会产生消极反应。中华民族的伟大复兴,必须以马克思主义、毛泽东思想、邓小平理论和"三个代表"重要思想为指导,坚持中国共产党的正确领导,这既是社会主义革命与建设历史发展的必然结论,也是广大知识分子的必然要求。在实现中华民族伟大复兴的历史进程中,知识分子思想文化的多元化,必然会给我国的社会主义现代化建设带来不良的影响。

第四,知识分子工作有待改善。在现阶段,高度重视知识分子这支促进中华民族伟大复兴的重要力量,切实做好知识分子工作,是党和政府的重要任务之一,对于积极推进"科教兴国"战略,全面建设小康社会,实现中华民族的伟大复兴具有极为重要的意义。应该看到,我国在知识分子工作方面的成绩是显著的,但仍然存在相当多的问题。毫无疑问,知识分子的经济地位、政治地位、社会地位确实比以前有很大提高,但也存在某种程度的不足与差距,有时还出现困惑与后顾之忧。知识分子工作中存在的林林总总的问题必须引起足够的重视,并采取切实可行的措施,激发知识分子的积极性、创造性。

二、视传承民族之魂为己任

——知识分子是实现中华民族伟大复兴的主要力量

江泽民同志在中国共产党第十六次全国代表大会政治报告中强调指出:"调动一切积极因素,不断为中华民族伟大复兴增添新的力量","必须尊重劳动、尊重知识、尊重人才、尊重创造,这要作为党和国家的一项重大方针在全社会认真贯彻"。① 在政治多极化、经济全球化,以科技为先导、以经济为中心的综合国力竞争日趋激烈的时代背景下,知识已经成为社会经济发展的核心资源,人

① 《江泽民文选》第三卷,人民出版社 2006 年版,第 539—540 页。

才则是竞争力的决定性因素。人才的竞争,关乎我国综合国力和国际竞争力的增强,关乎建设中国特色社会主义事业的成功,关乎中华民族伟大复兴的实现。因此,最广泛地调动一切积极因素,尤其要注重充分调动广大知识分子的积极因素,这是民族复兴和现代化建设成败的根本力量所在。

知识分子是由有知识、有文化的人组成的群体,是从事知识创新、文化产品创造和知识文化传播的一族。他们知识水平较高,思想敏锐,见解深刻,富于理性。他们是社会的头脑,是科学文化的"载体",其素质往往成为一个民族素质的代表。可以说,在现代民主制度下,知识分子代表着最先进的生产力,是科技的先锋、舆论的主导、社会的喉舌,没有知识分子的智力活动,社会就没有灵魂;没有知识分子的知识创新,社会生产力就会停滞不前;没有知识分子的文化传承,民族凝聚力便无以形成,民族命运便难以维系。

(一)知识分子是民族解放、国家振兴的重要力量

中国知识分子历来就具有关心国家前途与民族命运的优良传统。在近代特别是在中国民主革命运动中,他们最先觉悟,最先站到了历史的潮头,探索真理,传播马列主义;英勇奋斗,不怕牺牲,同国内外反动势力进行了不屈不挠的斗争,在中华民族的奋斗抗争史上写下了光辉的一页。新中国成立后,广大知识分子又迅速地、满怀热情地投入到社会主义革命和建设事业之中。他们对新中国充满了信心和希望,特别是在"一穷二白"的情况下,他们努力奋斗,奋发图强,靠自己的坚强毅力和顽强拼搏的精神,搞出了"两弹一星",世界为之震惊,中国为之扬眉吐气。在其他方面,如高能物理、农业科技、生物、计算机、运载火箭、医疗卫生、广播

电视等各方面也都取得了举世瞩目的成就。在一定意义上，我们可以毫不夸张地说，知识分子是中国民族解放、国家振兴的骨干力量。

在新的历史条件下，随着"科教兴国"战略、"人才强国"战略的实施，以及工人阶级知识化进程的加快，知识分子队伍急剧壮大，数量迅猛增加，已广泛分布于社会生活的各个领域，成为各行各业的中坚力量，成为中华民族伟大复兴的重要力量。离开广大知识分子的积极奉献，中华民族伟大复兴的战略任务是不可能实现的。

（二）知识分子是科教兴国的骨干力量

所谓科教兴国，是指全面落实科学技术是第一生产力的思想，坚持教育为本，把科技和教育摆在经济、社会发展的重要位置，增强国家的科技实力及向现实生产力转化的能力，提高全民族的科技文化素质，把经济建设转移到依靠科技进步和提高劳动者素质的轨道上来，加速实现国家的繁荣强盛。科教兴国中的"科技"涉及知识的创造和应用，"教育"涉及知识的传播和普及。科教兴国的核心是创新，而创新离不开知识分子。[①]

从知识创新来看，知识分子是创新的主体。知识创新是运用已有的知识积累，通过科学研究获得新的基础科学和技术科学知识的过程。在"科教兴国"战略实施中，知识创新占据首要的地位，它是科教兴国的本原和基础。知识创新的组织核心是国家科研机构和教学科研型大学，是高级知识分子密集的地方。任何人

---

① 参见牛先锋、蔡冬梅：《科教兴国与知识分子的历史使命》，《社会科学研究》2000 年第 2 期。

都可以学习科学知识,但并不是任何人都能承担起知识创新的使命,只有知识分子才能成为知识创新的主体。

从技术创新来看,知识分子是科学技术化的关键。技术创新是指学习、革新和创造新技术的过程。在知识经济时代,技术创新的使命主要应该由企业内部建立的研究开发机构承担,事实上在西方发达国家现在就是如此。由于受计划经济体制的长期影响,企业创新动力不足,直到现在,在我国广大的中小型企业中几乎还没有自己的研发机构,大型企业中的力量也比较薄弱,技术创新的重任大部分还是由国家研究机构和高等院校承担着。但是,无论是企业还是国家来承担技术创新任务,这只是体制问题,最终任务还是要落在知识分子肩上。

从知识的传播来看,知识的传播是通过教育,主要是学校教育来完成的。高等教育系统和职业培训系统是传播知识的核心机构。知识传播的目的在于培养具有较高技能、最新知识和创新能力的人力资源。教育任务由知识分子来承担,教育的任务是培养知识分子。离开了知识分子,教育和科教兴国都无从谈起。

从知识的运用来看,我国知识分子实际上承担着双重任务。知识的运用是指科学技术向现实生产力的转化,在这个过程中知识分子第一个任务是向直接生产者传授和示范技术在生产中如何运用,使技术内化为劳动者的技能。在全民族科技文化素质普遍低下的情况下,知识分子所承担的这一任务还相当繁重,要走的路也还很长。另一方面的任务是直接使用科学技术创造财富。在科学技术日益向着高、精、尖、专的方向发展的今天,有许多技术只有专业知识分子能够掌握和运用,使之转化为现实的生产力。

创新是民族发展的推动力,是民族进步的灵魂。面向知识经济到来的21世纪,世界各国都拥有自己的国家创新体系。我国的国家创新体系是由四个系统组成的:知识创新系统,技术创新系统,知识传播系统和知识应用系统。这四个系统紧密衔接,知识创新是技术创新的基础和源泉,技术创新是企业发展的根本,知识传播造就高素质的人才,知识应用使科技知识转化成现实的生产力。无论是系统的运行,还是子系统之间的协作与组织,其骨干力量都是知识分子。作为知识化身的知识分子,尽管人数不多,但他们是先进生产力的代表,也代表着社会发展的未来。

(三)知识分子是民族凝聚力的生发力量

民族凝聚力是以共同文化为根源的,知识分子作为这一共同文化的承载者,毋庸置疑地成为民族凝聚力的生发力量。① 众所周知,知识分子是指具有较高科学文化专业知识的, 以创造、传播和应用科学文化知识为专门职业的脑力劳动者。知识分子的"文化"身份,也就历史地注定了其在民族形成与内聚中的特定作用。换言之, 没有历代知识分子的肩负, 中华民族的优秀文化就无以传承;没有历代知识分子的原创, 中华民族的优秀文化就无以张扬, 民族凝聚力所赖以生存的共同文化基础也就荡然无存。

民族就其本质而言,实质就是一种文化的共同体,文化是连接一个民族所有个体的最强有力的纽带,是一个民族凝聚力的发生源。文化在民族凝聚力中所获得的最重要的展示是其强大的吸纳功能。中华民族文化是以黄河长江流域文化为核心的,在漫长的历史进程中,它表现出惊人的吸取接纳作用,这种吸纳不仅体现在

① 参见黄小荣:《知识分子与中华民族凝聚力》,《中央社会主义学院学报》2003 年第 1 期。

对中华民族内部不同文化的吸收上，也体现在对外部异质文化的接纳上，从而显示了一个泱泱文化大国的宽厚包容气度。文化在民族凝聚力中所获得的另一个重要的展示是其强大的覆盖功能。中华民族是一个复合型民族，它是由众多单一民族在长期历史发展过程中逐渐融合而形成的民族集合体。

作为人类改造自然和改造社会智慧结晶的文化，当然是由全体劳动人民共同创造的。但是，作为由文字记录下来加以保存和继承的一般意义上的文化，则主要有赖于知识分子的劳动。没有历代知识分子原创性劳动，人类优秀的思想文化精华、中华民族的宝贵遗产就得不到继承、交流、发扬光大。人类文明的发展和社会历史的进步是不可想象的。在中国几千年的历史文化长河中，知识分子以他们的创造性劳动留下了辉煌的足迹。知识分子不仅是民族文化的创造者、继承者，而且是传播者。知识分子是知识传播的主体，是传播民族文化的主力军。没有知识分子就没有知识的传播、继承和发扬。

中华民族在几千年的历史发展中，历尽沧桑，几经磨难，创造出了历史悠久、源远流长、光辉灿烂的物质文明和精神文明，同时又形成了独具一格的中华民族精神。这种民族精神乃是一种强大的、起着凝聚整个中华民族作用的精神力量，是中华民族凝聚力的思想核心。纵观中华民族精神的形成以及弘扬和振兴，知识分子是民族精神的承担者，民族精神的脊梁。知识分子是中华民族精神的载体。中华民族精神是中华民族的"民族魂"，是中华民族凝聚力的"精神支柱"。

随着时代的变迁，岁月的沉淀，我国知识分子形成了"热爱祖国、追求真理、无私奉献、自强不息、坚韧不拔、积极进取、勇于探索，讲正气、讲人格、鞠躬尽瘁、死而后已"的优良传统。这不仅是知识分子而且也是全国各族人民共同的巨大的精神财富，他们不仅有着激励后人、开拓进取的先锋作用,而且还有着坚定信仰、培养民族浩然正气的民族魂的作用,成为促进中华民族伟大复兴的精神力量。

三、不畏艰辛,不懈奋斗,不辱使命

——政治多极化对知识分子提出的新要求

经济全球化、政治多极化和文化多元化的深入发展,客观上赋予了知识分子实现中华民族伟大复兴的历史使命。国家政通人和,国际局势相对缓和,为知识分子完成其历史使命创造了比较好的外围环境。知识分子在政治多极化发展中要抓住机遇,应对挑战,肩负起中华民族伟大复兴的历史使命,最基本的选择是必须增强其自身素质。

(一)要增强忧患意识

对故国土地和文化执著的眷恋之情,对民族命运和前途深沉的关切之心,是我国知识分子群体的一个优良传统,千百年来一脉相承,积淀成为一种深深的忧患意识。及至近代,灾难深重的中国使这种忧患意识激发得更加炽烈。作为一种巨大的精神力量,它推动无数爱国志士振臂而起,为救亡图存、变革现状而思考、呐喊,前仆后继,奋斗牺牲,创造了启蒙中华民族,实现新的伟大复兴的历史奇观。正是这种忧患意识,促使中国共产党走出了一条农村包围城市的武装革命道路,建立了伟大的新中国,并领导中国人民正在进行着一场前无古人的历史变革。这种忧患意识,是通过反思历史和观照现实所产生的忧国忧民的社会意识,是力求突破现实和历史的局限,积极进取的思想意识,是对国家民族命运和民生疾苦的关切而升华的社会责任感。因此,忧患意识蕴涵着中华赤子忧国忧民的爱国主义情怀,它是以忘我为特征的,带有强烈的历史使命感和社会责任感,体现出积极参与社会变革的忧国忧民的精神。这种炽烈的爱国主义情怀和积极的历史使命感及高度的责任感体现于当代的社会主义现代化建设中,就具体包括了对当代中国的政治忧患意识、经济忧患意识、国家主权与安全的忧患意识、理想信念忧患意识等。这些忧患意识,是当代中国知识分子勇于肩负国家和民族命运以及人民福祉的历史使命的体现,是为社会主义现代化不懈奋斗的时代精神的体现。

面对国际政治多极化的发展和西方国家经济与科技的挑战,我国广大知识分子应增强忧患意识,充分认识自己在团结动员亿万人民投身社会主义现代化建设中应承担的重要责任,更加自觉地去做统一思想、凝聚力量的工作,不辱使命,不畏艰辛,以强烈的进取心和旺盛的创造力,把社会主义现代化建设提高到一个新的水平,努力实现中华民族的伟大复兴。

(二)要有独立的人格

在从工业革命到以电力为标志的第二次科技革命以前,知识在生产力的构成中没有资格作为一个独立的因素而存在。知识在社会生产中的非独立性决定了知识载体——知识分子在经济生活中的非独立性。经济上的依附地位造成了知识分子的奴性人格,知识分子成了其所依附的那个阶级的代言人。如果说在中世纪的欧洲,科学是宗教的婢女,那么在中国漫长的封建社会,科学,尤其是人文科学成了政治权贵的婢女,直至今日这种奴婢心态还沾连在一些知识分子身上。科学有自身的规律,培养起不信邪不怕压、勇于创新的独立人格,是知识分子肩负起重任的首要条件。①

　　一般地说,人格包括人的能力、气质、性格等基本特征,是人的活动能力、精神品格的体现。知识分子的人格是通过他们所从事的科学研究活动的实践体现出来的。

　　人格独立性是知识分子的基本特征,主要有三种表现:第一,知识分子的人格独立性在于淡化政治"情结"。在社会结构中知识分子阶层应是不偏不倚的人类事务的仲裁者,即不去迎奉、讨好任何权势者,对权力抱着一种淡化的意识。在社会政治生活中,知识分子总是保持着清醒的头脑,不为官场上的名利所动心,也不为严酷的政治压力所屈服。他们对人类社会的反思是出于对人类命运的尽职;对社会所表示的种种关爱,是出于自身的存在需要。第二,知识分子的人格独立性在于追求独立意志。独立意志就是通常所说的意志自由、思想自由、言论自由等。它表明知识分子对除了学理的权威外,不认可其他权威的约束力,即是说,在他们面前除了真理的神圣性和追寻真理绝对信念外,任何其他权威头上的光环都黯然失色。这不仅是对旧的权威的挑战,而且也是对新的权威的一种态度。第三,知识分子的人格独立性还表现在生存方式是独立的。科学文化知识是知识分子拥有的资本,也是他们效力社会的凭借。文化知识作为一种认识、把握世界的手段,能够给人类创造巨大的福利,知识分子以自己的知识谋生,与工人、农民处于平等的地位,这也是他们独立性的一种表现。②

　　知识分子的独立人格是在时代与社会环境中锻炼出来的,这种独立人格的发展、形成,要受到社会政治的、经济的和自身条件

　　　① 　参见牛先锋、蔡冬梅:《科教兴国与知识分子的历史使命》,《社会科学研究》2000 年第 2 期。

　　　② 　参见章牧:《略论知识分子的独立人格》,《南通师范学院学报》(哲学社会科学版)2003 年第 1 期。

等方面的制约。在市场经济条件下,知识分子磨砺独立人格应注意三个方面:第一,知识分子要热情地关注现实社会改革。知识是理性的表征,是改造世界的有力武器,这就决定了知识分子在社会生活中的特殊作用,即运用科学文化知识启示人们去消灭愚昧野蛮和暴力,从而走向文明和民主。而关注、贴近社会生活给他们理论的深刻性带来有力的凭借,有益于知识分子培育出独立人格。第二,知识分子要坚守批判的职责。作为一种经济发展体制的市场经济是一柄双刃剑,它的积极一面是能激发人的独立意识、平等意识、竞争意识、自由意识等;它的消极一面也会唤起人们的内心深处隐秘着的权力欲、金钱欲等。对这些与社会走向文明极不和谐的现象,知识分子有责任进行揭露、批判。批判性是知识分子显示自己存在价值的独特方式。知识分子不管属于任何部门或致力于何种学术领域,彻底的批判精神都是其不可或缺的要素。公众利益和人类社会的普遍价值应是知识分子努力追求的目标。第三,知识分子要适应科学管理体制的改革,加强对独立人格的锤炼。知识分子从事科学研究并不意味着其学术动机必须是纯而又纯的,并不只是强调他们必须将尊重和维护学术的独立品格置于至上的地位。每个学者都不应为了非学术的动机违心地改变或抹杀自己内心所追求的真理,始终遵循自己的学术良心,并行使捍卫个人见解的权利;只有恪守独立、自由精神,真理才不会被世俗的偏见所玷污。随着市场经济的深入发展,为了适应入世以后国际科学文化发展的潮流,包括社会科学研究在内的文化管理体制正在逐步改革,这就为知识分子提供了广阔的舞台,让他们在相互竞争中脱颖而出。这对于知识分子独立人格的形成和发展必将是大有益处的。

（三）要有团结协作精神

从古代直至近代,科学创新和技术发明在很大程度上以分散的个人劳动为主。到了现代,科学技术发展的规模越来越大,速度越来越快,学科和专业呈现出既分化很细、又不断综合的强大趋势,进入当代这一趋势更为明显。其特点之一是科学技术上的重大发现、发明常常产生在学科之间的边缘结合处,个人根本无力承担这样的任务,出现了跨学科的综合研究组织。二是科学技术化、技术社会化,科学技术转化为生产力的周期越来越短,产、学、研各方人才相结合组成的科研生产联合体应运而生。三是出现了大型和超大型的科研项目,需要由国家组织的科研系统甚至跨国协作才能完成。① 这些特点表明,知识分子个体的力量越来越渺小,知识分子必须摒弃"单干"思想,跳出传统的"一间实验室,一支笔,几只试管"的封闭工作状态。在政治多极化的时代,知识分子必须通过各种渠道与他人合作,共享资源,共享成果,大规模的集团性合作将是政治多极化、经济全球化时代的科研方式。这种方式下的工作,要求知识分子必须学会与他人交流、协商,以达到充分的合作;还要求知识分子具有组织、协调他人的能力,从而承担起大型科研项目。

（四）要有巨大的理论创新能力

伟大的时代需要伟大的理论。一个国家、一个民族要真正步

---

① 参见牛先锋、蔡冬梅:《科教兴国与知识分子的历史使命》,《社会科学研究》2000 年第 2 期。

入世界先进民族之林,在人类历史上起到长远的积极作用,必须创造出体现时代精神的理论体系,以提高人们的认识水平和精神境界。回顾中华民族的历史近两三百年,我国为什么落后了,原因虽然是多方面的,但是这两三百年来我们这个民族没有出现走在世界前列的大思想家,进而没能提出体现时代精神的理论体系,这不能不说是一个重要原因。因此,我国要谋求世界多极化政治格局的一极,实现中华民族的伟大复兴,必须有伟大理论的支撑。我国的知识分子必须承担起这一理论创新的历史任务。

知识分子能否重塑自身的辉煌形象,能否继续成为中华民族伟大复兴的原动力,在很大程度上取决于他们能否为社会提供所期待的有价值的理论。当前中国的社会改革已进入攻坚阶段,原有的社会体制、结构、模式以及上层建筑各个领域里的弊端都充分地暴露出来了。从一定意义上说,当代改革在思想和理论的批判与准备上具有先天的不足;因为近百年来,中国思想界尚未能形成超越于思辨性意识形态之上的,对于中国历史发展和当代现实,对于中国所面临的深刻问题,具有深刻的真知灼见的系统理论,因而,在碰到前人没有碰到的问题时,在马克思主义经典作家的本本中找不到现成的答案时,人们必然会感到困惑。社会改革是一种务实,但由于忽视理论的指导作用,面对当代中国改革,怎样改,目标何在,方法如何,改革举措始终具有一定的盲目性和短见的功利性。这种理论上的缺陷应引起关注。那种习惯于把社会科学理论看做是服务于一时的既定政策的工具,把理论家仅仅当做吹鼓手和辩护士,并没有真正理解理论的指导作用。事实上,实现国家繁荣、政治稳定,很需要一种以批判的实证方法引导,受实践检验,非自我辩护性、非意识形态性,也非解释性的真正社会科学的指导。这不仅加重了我国知识分子肩上的重任,也为知识分子提供了一块创作时代话剧的社会大舞台。知识分子应当关心当前中国社会改革的现实,当贫乏、失落的精神状态需要一场暴风雨的时候,社会改革之风将在他们的心中掀起一阵涌动的波涛。知识分子只有贴近社会实际生活,去分析、探讨问题,其理论研究才能生生不息。

知识分子为推进社会改革的进程从事艰苦的探索,不仅对改革实践加以总结,从理论上予以说明,更为重要的是展望未来,为改革提供明确的意识、理论。这种思维成果在很大程度上准确地预示中国改革的前程,起到了引导、激励的作用,使改革扩大积极的取向,避免消极的成分,以便让社会改革减少挫折,少走弯路,从而较为顺利地进入坦途,这是知识分子以自身的特点对社会作出的特殊形式的贡献。换言之,若是知识分子创造的理论不仅对中华民族有着指导实践的可贵价值,而且可以当做鲜活的思想或理论框架去运用,即能为世界上其他民族社会改革所利用,那将是对人类社会的贡献,必将在世界舞台上大大提高中国知识分子的群体形象。中国古代哲人说,凤凰只有投入烈火,将一切烧成灰烬才能获得新生,才能重新展现其异彩,见证百鸟朝凤的辉煌。在新世纪到来之际,知识分子只要投入社会改革的洪流,欢呼改革,拥抱改革,为社会改革提供有力的思想武器,就能再展雄风,重塑形象!

(五)要自觉接受共产党的领导

当代中国社会的知识分子几乎都是在党的培养下成长起来的,即使是旧知识分子,建国五十年多来在各个方面都受到党的重视与关怀,也理应自觉接受党的领导。接受中国共产党的正确领导,是知识分子投身社会主义建设主战场,实现中华民族伟大复兴历史使命的重要保障。但知识分子理想化成分较浓,对党和国家的具体政策时常会责备求全,对一些问题的看法比较偏激,尤其是在自己的意见得不到采纳时,还会出现对立情绪。知识分子应该认识到自己本身就是领导阶级的组成部分,应以主人翁的姿态对待问题;应该认识到党的领导是就政治领导而言的,并非是要干涉具体的科学研究,应以愉快的心情投入到自己的研究领域。这样,知识分子就能够把自己的科学研究看成是党的事业在专业领域的具体体现,自觉地接受党的领导,积极投入到中华民族伟大复兴的系统工程中去。①

---

① 参见牛先锋、蔡冬梅:《科教兴国与知识分子的历史使命》,《社会科学研究》2000 年第 2 期。

第五章　全球化中最活跃的因子

——经济全球化与知识分子

一、机遇与挑战并存的新形势

——经济全球化及其对世界与中国经济发展的影响

（一）"经济全球化"的含义和内容

关于"经济全球化"的含义，目前国内外学术界众说纷纭，比较有代表性的有以下几种观点：（1）国际货币基金组织（IMF）对经济全球化定义为："跨国商品及服务贸易与国际资本流动规模和形式的增加，以及技术的广泛迅速传播使世界各国经济的相互依赖性增强。"①（2）经合组织（OECD）首席经济学家奥斯特雷认为，经济全球化主要是指生产要素在全球范围内的广泛流动，实现资源最佳配置的过程。（3）法国学者雅克阿达认为，经济全球化就是资本主义经济体系对世界的支配和控制。（4）德国学者于尔

---

① 国际货币基金组织：《世界经济展望》，中国金融出版社 1997 年版，第 21 页。

根·弗里德里希斯认为,全球化的过程是一种不断强化的网络化。他把这种不断强化的网络化归结为三点:第一,依赖性增强。即经济活动的网络化对于参与者都产生反作用,经济全球化的发展不仅调控各民族的发展,而且调控各城市和地区的发展。第二,转移的便利。受科技产业革命的影响,经济活动中信息传递成本、运输成本大幅度降低,跨国公司把它的生产部门及部分服务监督职能机构转移到低工资、低成本的国家,以便获取更大利润,信息技术、运输技术越发达,这种国际网络就越是扩大。第三,集中化趋势。随着经济全球化趋势的发展,企业的业务活动转移到世界各地的许多生产基地,对于监督控制和协调工作的要求更加强烈,而这种协调组织工作的任务也就更多地集中到少数几个国家的主要城市,使这些地方发展成为极其专业化的中心。

综上所述,尽管对"经济全球化"含义的表述存在一定差异,但基本点还是一致的,那就是都认为,经济全球化是随着生产社会化和经济国际化的发展而出现的世界各国之间的经济联系越来越密切的发展趋势。因此,我们可以给经济全球化这样一个定义:经济全球化是指在生产高度社会化和经济关系国际化的基础上,商品和生产要素跨国界自由流动,资源在全球范围或地区范围内优化组合,世界各国、各地区经济,包括生产、流通和消费等领域,更加紧密地联系在一起,相互渗透,相互融合,使世界经济越来越成为一个不可分割的有机整体的发展过程。具体来说,就是指生产、贸易、投资、金融等经济行为在全球范围内的大规模的活动,是世界经济高度相互依赖和融合的发展趋势。就其内容来讲,主要包括以下几个方面:

第一,生产全球化。随着国际分工和专业化协作的发展,各国各地区生产上相互依赖程度日益提高,很多产品特别是一些高科技产品,它的零部件来自世界各地,是"国际综合产品"。

第二，贸易全球化。世界市场的形成使各国市场逐渐融为一体，并极大地促进了全球贸易的发展。国际贸易的范围不断扩展，世界市场容量越来越大，各国对世界市场的依赖程度也日益增大。

第三，金融全球化。各国金融命脉更加紧密地与国际金融市场联系在一起。迅速扩展的跨国银行，遍布全球的电脑网络，使全世界巨额资本和庞大的金融衍生品在全球范围内流动。

第四，投资全球化。国际投资中资本流动规模持续扩大，资本流向从单向发展为双向，过去只有发达国家输出资本，现在发展中国家也对外输出资本，包括向发达国家输出。

第五，区域性经济合作日益加强。区域经济组织遍及全世界，如欧洲联盟、北美自由贸易区等，在许多区域集团内部，都实现了商品、资本、人员和劳务的自由流通，使得区域内能够合理配置资源，优化资源组合，实现规模经济，提高经济效益。

20世纪80年代，经济全球化获得了长足发展。到了20世纪90年代，随着两极冷战格局的结束，国际局势相对缓和，各国越来越关注经济贸易、经济安全、经济竞争，把发展经济作为国家战略的重中之重，积极参与国际竞争与合作。新科技革命蓬勃发展，特别是交通、信息和通信技术的高度发达，使生产、贸易、投资、金融、销售、消费越来越超越国家界限。各个国际经济组织也日益发展和完善，在协调各国经济、地区经济和全球经济发展，稳定国际金融秩序和国际金融市场等方面发挥着越来越重要的作用。各国政府为了使本国在国际竞争与合作中占据有利地位，主动转变政府职能，调整经济发展战略，实行必要的体制改革，完善国内行政立法和经济立法，以便更好地适应和利用经济全球化的发展进程，使经济全球化步伐不断加快。总之，经济全球化是一个不以人的意志为转移的客观过程，它正在成为21世纪世界经济发展最重要的趋势。

（二）经济全球化对世界经济的影响

经济全球化对世界经济的影响具有两重性，既有积极的一面，也有消极的一面：

1. 经济全球化对世界经济的积极影响

（1）经济全球化促使全球市场加速形成，使各国资源流动的技术性和政策性障碍大幅度减少，促进了资本、技术、知识等生产要素在全球范围内的自由流动和合理配置，有利于各国在全球经济的密切交往中，在世界范围内实现资源的优势互补，有利于科技成果在全球快速传播，有利于各个国家引进资金和先进技术。各国面向全球统一的大市场，充分发挥自身优势，调剂资源余缺，协调社会经济比例关系，促进了世界经济结构、特别是产业结构的合理调整和协调发展。

（2）经济全球化为科学技术的创新、发展、应用提供了更为广阔的前景，加速了科技向生产力的转化，有力地推动着世界经济的发展。在经济全球化条件下，各国为了增强经济实力和综合国力，提升国际竞争力，无不以大量的资源投入科技进步与开发，争先恐后地发展以信息技术为中心的高科技，同时，又都致力于科技产业化，把先进科技成果尽快应用于生产，以促进生产力水平的提高，加快新产品的开发，推动新兴产业部门的发展。随着科技创新及其科技成果在全球的快速传播，世界经济将会以更快的速度发展。

（3）经济全球化促进了各国经济的相互融合，使整个世界"你中有我，我中有你"，各国经济的发展越来越紧密地联系在一起，这就有利于克服封闭、保守、狭隘的观念，促进各国、各民族之间物质、文化和人员的交流，增进彼此之间的理解、沟通、合作和友谊，促进世界的和平与稳定，有利于更好地解决环境、资源、人口等人类面临的共同问题。

2. 经济全球化对世界经济的消极影响

经济全球化是一个充满矛盾的复杂过程,它在对世界经济发展发挥积极作用的同时,也不可避免地对世界经济产生消极影响。

(1)经济全球化使世界各国经济的相互联系与依赖程度不断增强,在这种情况下,世界经济发展中的任何局部波动都会给各国经济发展带来不同程度的影响,甚至任何一个国家的经济波动都会波及与其有经济交往的国家和地区,使这些国家和地区发生不同程度的失衡甚至出现危机,局部地区的危机和风险极易引发全球性的经济动荡和危机。与此同时,国际金融市场的急剧扩大,金融衍生工具的增多以及投资的自由化,成为全球经济不稳定的重要根源,并成为全球经济动荡和危机蔓延的主要媒介。

(2)经济全球化还增大了各国特别是发展中国家经济运行的风险,经济主权和经济安全很容易受到冲击和削弱。从世界各国参与经济全球化的主观愿望看,每个国家都希望在参与过程中既能获得自己的最大利益,又能维护自己国家的经济主权。但是,经济全球化的发展已冲破了国家界限,摆脱了国家疆域的束缚,原来完全为一国所独立拥有的权利却日益成为国际社会共同拥有的权利,各国的经济活动越来越多地要遵循国际规则、制度的安排来运作。这样一来,国家主权,特别是经济主权就要受到一定程度的制约,甚至是冲击。

(3)经济全球化使市场经济的消极方面也全球化了。市场经济除了具有优化资源配置和提高经济运行效率等优点外,还具有自发性、盲目性、滞后性等市场失灵的缺陷。在经济全球化进程中,市场机制在对全球资源配置和经济活动发挥着积极调节作用的同时,不可避免地把市场经济的缺陷等消极方面也全球化了,进而对世界经济的发展产生不利影响。

(4)由于各国经济条件不同,在经济全球化中所处的地位是不同的,因而所获得的利益份额也不相同。尤其是经济全球化趋势是在国际经济旧秩序没有根本改变,发达国家占主导地位的背景下发展起来的,国际经济的规则总体上是在西方发达国家的主导下制定的,一些重要的世界经济组织也被西方发达国家所控制,发达国家在经济全球化过程中有更多的优势,获得更多的利益,而发展中国家所处的相对劣势地位和"边缘地位",使其在经济全球化过程中必然要承受经济上、政治上的风险,付出更多的代价,由此,将进一步拉大发展中国家与发达国家的差距,使全球范围贫富悬殊进一步扩大。不仅如此,西方发达国家更是利用它们在经济全球化中的主导地位,极力推行新殖民主义、经济霸权主义和强权政治,维护不公正、不合理的国际政治经济旧秩序,利用经济全球化进程,以帮助和推动经济、政治改革为借口,试图把它们的价值观念和社会制度强加给发展中国家,所有这些,使广大发展中国家的经济发展面临巨大挑战。

(三)经济全球化对中国经济的影响

世界经济发展到今天,已经不允许任何一个国家的经济独立于全球经济之外,中国经济必须融入世界经济的发展,这是适应经济全球化要求及发展趋势的必然选择。中国作为一个发展中的大国,在具有两重性的经济全球化面前,既面临难得的发展机遇,又面临着巨大挑战和风险。

1. 经济全球化给中国经济发展带来的机遇

(1)经济全球化可以有效地推动中国经济增长。在参与经济全球化的过程中,全球市场的形成,技术性、政策性贸易壁垒的缩减,有利于我国继续扩大产品出口;有利于我国更多地利用外资，引进国外先进技术和科学的管理方式、方法；有利于我国更多地从国外获得短缺资源，弥补国内资源的不足，在全球范围内实现资源合理配置及配置效率的提高；有利于我国更广泛地参与国际分工，充分发挥比较优势，更多地获得国际分工利益，促进经济发展；有利于我国继续扩大劳务出口和更多地利用国外资本扩大就业规模，为劳动者就业创造更多的就业岗位，缓解就业压力。

（2）经济全球化有利于消除中国"瓶颈"产业发展的制约因素，使产业结构向合理化、高效化发展。中国劳动力资源丰富，农业资源紧缺，能源不足，石油、天然气储量都相对贫乏，资本短缺，技术落后，这种资源状况严重地制约着中国经济的发展，特别是某些因缺乏资源而导致的"瓶颈"产业的发展受到重大影响。经济全球化所推动的资源在全球范围内的流动和配置，以及新科技革命中的科技产业化发展，无疑为中国产业结构调整，产业结构合理化和高度化发展以及解决资源"瓶颈"提供了有利条件。

（3）中国经济融入世界经济的发展过程中，经济全球化将世界经济所通行的市场经济运行规则、运行机制及其经济体制不同程度地引入中国的社会主义市场经济之中，无疑将有助于中国社会主义市场经济体制的建立和完善。

（4）经济全球化也为中国充分发挥后发优势，缩小与发达国家的经济差距提供了良好机遇。经济全球化无疑为我国充分吸收利用国际上的先进技术、资源，实现跨越式发展，提供了有利的条件。

2. 经济全球化对中国经济发展带来的挑战

经济全球化的发展在为中国经济发展提供机遇的同时，也对中国经济发展提出了严峻的挑战。

（1）随着对外开放程度的加深，全球经济和一些主要国家的经济变化，不可避免地会传到我国，出口、进口和外资流入都有可能受外部因素变化的影响，引起国内经济波动，减缓经济增长速度，1997爆发的亚洲金融危机已给予我们深刻的警示。

（2）在开放型经济中，政府对本国经济进行宏观调控的能力会受到一定程度的限制，当经济运行出现问题需要调控时，要遵守承诺，一些与国际规则冲突的措施的使用会受到限制，因而在制定宏观经济政策时，要考虑国内外政策的相互影响，需要权衡的因素增多。

（3）在经济全球化条件下，中国企业将面临国内市场国际化，国际竞争国内化的市场环境，竞争压力空前增大。中国相当一部分企业技术落后，管理不善，成本高，效益低，特别是某些产品在技术、质量、生产规模上都很难与国外产品抗衡，导致企业处于艰难的境地，企业的生存和发展受到严峻的挑战。

（4）经济全球化不可避免地对国家经济安全构成影响。跨国公司的大举进入，很有可能在某些领域形成垄断，一些战略性领域中核心技术的研发能力也很有可能被外国公司所控制。

因此，作为发展中的大国，我们必须尽早融入世界经济全球化的进程当中，充分利用其带来的有利条件和机遇，加速我国经济发展；同时我们又要对经济全球化带来的风险和挑战保持清醒的认识，加强防范工作，增强抵御和化解能力，以切实维护我国的经济安全，更好地发展和壮大自己。在经济全球化进程中，要想趋利避害，实现我们的发展目标，就必须充分发挥处在经济全球化前沿的我国知识分子的作用。而作为社会脊梁的知识分子，更应该认清自己的历史使命，提高驾驭经济全球化的素质和能力，谋求国家、民族和人类的更大利益。

二、做未来发展的第一推动者

——经济全球化对知识分子带来的机遇

经济全球化的兴起和加速发展,使人类的经济发展和社会进步比以往任何时候都更需要知识,更需要知识分子。经济全球化为知识分子提供了更多的生存发展空间、机会选择和经济回报。

(一)知识分子的地位与作用将更加凸显

在人类社会历史发展的今天,人们比以往任何时代都更加深刻地领悟到"知识就是力量"这句话的真正分量,比以往任何时期都更需要知识,更需要知识分子。经济全球化的加速发展,把知识分子这一社会阶层的社会地位和作用推向了前所未有的历史高度。当今世界,无论从哪个角度来理解,经济全球化都离不开人才、离不开知识分子。尤其是伴随经济全球化的加速发展,知识经济蓬勃兴起,知识、技术成为推动社会发展的第一要素,而创造、传播、运用知识、技术的知识分子也就成了经济和社会进步的第一推动力量,知识分子创造知识、应用知识的能力与效率,将成为影响一个国家综合国力和国际竞争力的重要因素。在现代经济增长中,知识分子作为一种特殊的资源,是一切经济资源中最重要的资源,是经济持续发展的根本推动力,代表着现代社会生产力发展的水平和未来世界经济发展的方向。毫不夸张地说,知识分子是经济全球化的第一推动者和实践者。

我国作为一个发展中的大国,经济、文化、科技和教育还相对比较落后,我们既要迎头赶上发达国家早已实现的工业化,又要应对知识经济和经济全球化的大潮,知识分子的匮乏,尤其是适应经济全球化要求的高素质知识分子数量的短缺,我们比以往任何一个时期都感到问题的紧迫性,知识分子的地位与作用也比以往任何时期都显得重要与巨大。正如江泽民同志所说,同历史上任何时期相比较,中国人民从来没有像今天这样,对自己的知识分子提出如此广泛、如此迫切的要求。

(二)知识分子的待遇将极大提高

经济全球化的加速发展,使高素质人才在世界范围内严重短缺。据美国微软公司和 IDC 两家市场调查公司 2003 年联合进行的一项调查显示,欧洲在信息技术专业人才方面的缺口,到 2006 年将达到 170 万人,三年里因人才短缺而无法实现的工程项目和税收减少所造成的损失合计达 3800 亿欧元。在美国,高素质劳动力短缺约 30 万,今后每年至少需要 95 万名电脑专家,而其国内培养只能满足需求的 1/3 左右。在日本,信息工程方面的熟练技术人员缺口高达 20 万,今后 10 年,科技人才将短缺 160 万到 445 万。为了满足对人才的迫切需要,各个国家除了加大人才培养力度,采取措施留住人才外,更加重视利用经济全球化带来的人才资源配置的国际化,以“短、平、快”的方式从其他国家抢人才、挖人才。为了在国际人才竞争中抢得先机,争得主动,各个国家不惜重金,从国外招贤纳才。知识分子受到了历史上从未有过的尊重和重视。作为发展中的国家,我国各方面的条件相对来说还比较落后,发展所需要的资金缺口还比较大,物质条件也比较匮乏,但我们总是尽最大可能从各方面提高知识分子的待遇,使知识分子的物质待遇和社会地位都有了较大提高。

（三）知识分子的发展空间将更为宽广

经济全球化使世界各国可以在世界范围内实现资源更为有效的配置,它要求世界各国之间建立起一种相互开放、共同合作的新型国家关系。在这种新的关系架构下,国家之间的交往与合作日益增多,人民之间的交流与往来日益频繁,这不仅扩大了知识分子认识世界的视野,拓展了知识分子获取信息的途径与渠道,而且也使他们的思想更加活跃、更加开放。

同时,各个国家为了吸引人才,用好人才,最大限度地发挥人才的作用,纷纷修改移民法,降低移民条件,为知识分子提供的工作学习环境与条件也日益完善、完美,不惜重金建造实验室,配备助手,提供充足的科研实验经费,在国际范围组建科研团队,创造出国学习深造、进修考察的机会,制定和完善有利于促进知识分子成才的竞争机制和激励机制。经济全球化为知识分子在国际范围内寻找适合自己的工作环境和条件,到最有利于自身价值实现的地方工作和学习提供了便利条件。知识分子获得了比以前多得多、好得多的生存发展空间、宽松环境、机会选择和经济回报。日益增多的工作机会,日渐完善的工作环境和条件,必将更加有利于知识分子的成长和发展。

三、在思想撞击中接受灵魂的拷问

——经济全球化对知识分子造成的冲击

经济全球化推动了全球文化、观念和生活方式的交融和碰撞。尤其是作为全球化的始作俑者和主导者的西方发达国家,它们在推行经济全球化的同时,有意识地利用经济全球化的契机蓄意进行西方思想、意识形态和文化观念的渗透,力图将自己国家的政治、文化和意识形态观念推向发展中国家,使之成为人类普遍的价值观念。因此,在经济全球化的背后,隐藏着许多政治、文化和观念的因素,这必然对处在全球化前沿的知识分子的思想、道德和价值观念带来巨大的冲击。

(一)对知识分子意识形态的冲击

经济全球化的过程,不仅是东西方经济技术交流与合作的过程,也是东西方政治与文化的互动与碰撞过程。东西方政治与文化的交流与碰撞,使西方意识形态的渗透和侵蚀变得无孔不入。以美国为首的西方发达国家,通过各种所谓的国际惯例和游戏规则,打着"民主政治"和"人权高于主权"的旗号,千方百计地向发展中国家灌输资本主义的政治制度、价值观念以及文化思想,想方设法淡化和贬低马克思主义,否认社会主义制度和共产党的领导,主张多党制,否认国家权力和政治制度的统一,否认社会主义公有制的主体地位,主张实行全盘西化和意识形态的自由化,导致一些知识分子思想混乱、价值转向、道德失范,对共产主义理想表现出极大茫然和悲观,而对西方社会的意识形态和社会制度却极度崇拜,甚至丧失信仰,相信愚昧落后的邪教,反对科学。

(二)对知识分子价值观念的冲击

面对开放的环境,人们的独立意识、竞争意识、效率意识、民主意识、法律意识、创新意识将进一步增强。但过分强调和突出个体的自主性,就会导致淡化集体,要求自由的倾向,折射到知识分子的价值观中,就引发了过分强调自我,集体主义观念淡化,政治趋向中立等不良现象。加之转轨时期市场经济的宏观调控机制不够健全,政策、法规不完备,由此导致社会上出现了分配不公,一部分权力拥有者腐败等现象,这些阴暗面也必将对知识分子的价值观念产生负面的冲击,使一些知识分子过于强调个人利益,追求自我独立、自我奋斗、自我设计的意识增强,而热心公益事业、关心集体、个人利益服从集体利益的传统被丢弃。在现实生活中,他们会更多地采用市场经济的标准,而不是传统的道德标准;更多地采用批判的标准,而不是建议的标准;更多地采用与国际接轨的标准,而不是具有中国特色的标准。并且,受物欲化倾向的影响,知识分子的政治信仰、理想境界也将受到较大的负面冲击,政治意识与社会责任感有所淡化,在一些知识分子中意志消沉、失落情绪严重,逐利附势、追求实惠的思想盛行,产生"远离政治"、"放弃崇高"、"一切向钱看"等消极思想。同时,随着网络传媒的发展,西方教育的进入和我国文化服务性行业的逐步开放,西方的文化产品开始大量涌入,知识分子广泛接触世界多元文化有了更便利的条件,西方国家更是挟持其在全球化中的优势,利用政治、经济、军事、外交等手段,把自身的价值观念向全球推广,其结果必将对处于对外经济文化交流最前沿、最活跃的知识分子产生巨大的冲击力,有可能造成思想观念的剧烈冲突或出现价值观念的暂时移位和空位现象。

(三)对知识分子生活方式的冲击

随着经济全球化的发展以及西方发达国家文化观念在全球的传播,知识分子的生活方式也将受到极大的冲击,个人主义、拜金主义、享乐主义、极端利己主义和消极颓废的无为哲学逐渐深入,追求高消费、新特奇异、享乐、暴力、吸毒、色情等许多发达国家的社会毒瘤严重侵蚀，网上虚拟世界的交流而导致的人机对话，使人容易沉浸在虚渺的空间中不能自拔，而且网上暴力、淫秽、粗俗等不健康的内容也对知识分子产生了一定的冲击力。

四、加速融入国际化大趋势

——经济全球化对知识分子提出的新要求

经济全球化意味着人才国际化，迫切需要知识分子必须具有国际化素质。要适应经济全球化对人才国际化的需要，我国的知识分子必须实现观念、知识、能力、思维的国际化。

（一）观念素质的国际化

经济全球化首先要求知识分子必须转变观念，具备全球化所要求的观念意识。

1. 更需具有全球意识

经济全球化是一个以经济为主体带动政治、文化的全方位全球化的发展过程。从经济上看，商品、资本的流动已经大大地突破了地区、民族、国家的界限而成为一种超国界的巨大力量。跨国公司在产权、组织管理、资源配置、利益分配等方面，也已由于面向世界的经营方式而成为"全球企业"。从科学技术上看，信息技术使世界在瞬间联系在一起，日益快捷的交通运输工具大大消除了人们在空间和时间上的交往障碍，最新的科学技术层出不穷，并迅速在全球范围内转化为商品，推动着人们生产方式、生活方式的更新。从文化上看，人们在世界范围内的交往发展，日益把民族的、地域的文化推向世界,从而形成民族文化和世界文化发生不断冲突和整合的局面,大众文化在形式和内容上的不断更新和广泛传播也正成为一种世界性的现象。从政治上看,一方面是少数超级强国正在力图控制全球的经济、政治和文化的走向,另一方面是世界格局又正在形成经济、政治多极化的局面,反对霸权主义,维护世界和平与发展正在成为全球化的政治潮流。由于现实的世界仍存在着各利益集团、民族国家和地区之间在经济、政治、文化上的差异和对立,因而要求所有的人们都能自觉地从人类角度看问题和进行价值判断还不现实。但是,"经济全球化"日益把人们的利益和生存状态更加紧密地联系在一起,能源、环保、金融、宗教、政治、文化等社会生活中任何方面所发生的较大波动和变化,都有可能在全球范围内引起连锁反应而掀起轩然大波,这已是不争的事实,1997 年亚洲金融危机就是鲜明的例证。因此,21 世纪的知识分子必须要有更鲜明的"全球"、"人类"的眼光,要有全球的视野,开放的观念,要站在全球角度考虑问题,而不能局限于本地区、本部门,必须更善于把握整个人类文明发展的走向,才能在实践中既发展我们自己,又能对全人类的事务发挥更大的影响。

2. 更需具有独立竞争意识

中国知识分子是中国社会中掌握科学文化知识最多的一部分,就整体而言,也是受中国传统文化道德影响最深的一部分。诚然,传统文化中有许多精华,是中华民族一份极其珍贵的遗产,需要永远继承发扬。同时,也要看到由于传统文化是在中国自给自足的自然经济的历史中继承下来的,必然会深深打上自然经济封闭、落后的烙印。解放后,我们对传统文化中一些腐朽落后的东西虽有所摒弃,但又打上了大一统的计划经济的烙印,形成了一种保守、落后、中庸、无为、依赖、过分"谦虚"的思想,一切言行都拘泥于"礼"、"义"。而经济全球化讲究的是竞争,是效率。因此,经济全球化对知识分子的一个首要要求就是解放思想,更新观念,跟上时代步伐,树立起市场意识、效益意识、实力意识、竞争意识,摒弃重义轻利的义利观,树立义利结合的义利观,变封闭、单向守成的思维方式为开放的、多维的、创造的思维方式。这是知识分子适应经济全球化的前提和思想基础。知识分子必须具有强烈而自觉的竞争意识,有自我表现、自我实现的热情和冲动,通过竞争锻炼自己的才能,实现自己的人生价值,成为对国家对社会有用之才。

3. 更需具有创新意识

时代呼唤创新,发展需要创新,谁在知识、科技创新中领先,谁就能在经济竞争中占有优势。知识分子是科学文化知识的继承者、传播者,也是先进科学技术的拥有者,社会先进生产力的开拓者,同样又是知识创新、技术创新最重要的主体。经济全球化的发展,既为知识分子提供了广阔的舞台,也使知识分子的竞争范围由国内扩展到国际;既为知识分子提供了更多的选择机会,也使知识分子面临更多的竞争对手。同时,经济的全球化带来科学文化的全球化,加速了科学技术在全球的传播与普及,也大大加速了知识技术的老化速度,稍有松懈便会落后于时代。知识分子必须具有创新精神,唯有如此才能有所成就,才能适应激烈的国际竞争。而没有创新意识和创新能力的人将无法在竞争中取胜。

4. 更需具有科学理性意识

经济的全球化必然带来文化的全球化,人们在经济全球化浪潮的冲击下必然会面临着多种文化的冲击。不同类型的文化、不同的价值观念和生活方式将一并涌现到人们面前,人们应该对众多的文化进行合理的选择与整合,以形成一个健康的思想意识结构,否则就会产生迷惘,导致无所适从。社会生活中互联网的迅猛发展,现实世界将愈来愈带有虚拟的性质,再加上世俗化、大众化文化配合着传媒的改进向全球扩张,追逐感官愉悦和消费价值的情感在一定程度上影响了人们的信仰,这些都将削弱人们的理性思考和理性观念。一些知识分子拥有专业科学知识,但缺乏科学头脑和正确的判断能力,虽然从事着科学工作,但思想却陷入唯心主义深渊。因此,经济全球化时代的知识分子需要更多的科学理性精神。

5. 更需具有合作意识

从古代直至近代,科学创新和技术发明在很大程度上以分散的个人劳动为主。到了现代,科学技术发展的规模越来越大,速度越来越快,学科和专业呈现出既日益细化又不断综合的强大趋势。进入当代这一趋势更为明显,其特点之一就是科学技术上的重大发现、发明常常产生在学科之间的边缘结合处,个人根本不能承担起这样的任务,于是出现了跨学科的综合研究组织。二是科学技术化、技术社会化,科学技术转化为生产力的周期越来越短,产、学、研各方人才相结合组成的科研生产联合体应运而生。三是出现了大型和超大型的科研项目,需要由国家组织的科研系统甚至跨国协作才能完成,这些特点决定了知识分子必须摒弃"单干"思想,具有高度的协作精神和团队攻关的能力。

随着经济全球化的发展,国际间的交流与合作日益加强,人们不可能孤立地工作,每个人必须与各种不同背景(包括不同专业、组织、地区、国家和文化等)的人进行交流与合作。所以,要求每个人都树立全球理念,要关注世界性问题,关注人类的共同命运,了解世界不同文化的历史与特点,认识不同文化共存的合理性。在发展个性的同时,又要加强合作精神的培养,认识人与人之间的差别和多样性,理解和尊重他人。因此,经济全球化时代人才的内涵应当包括良好的合作意识和团队精神。

（二）知识素质的国际化

1. 丰富的跨文化容量

知识素质的国际化主要体现在知识分子知识结构的跨文化容量方面。所谓知识分子跨文化容量是指知识分子吸收和容纳不同国家、民族的优秀知识文化的拥有量。经济全球化带给知识分子的是一个全方位、开放的国际环境,国家、民族的经济与文化的交流与合作日益频繁,地区、民族之间的国际关系也变得更加错综复杂,任何一个地区、民族的问题都很难说是一个简单的单边的内部问题,而很有可能是一个错综复杂的国际问题,任何人的一举一动所产生的影响都有可能是国际性的。知识分子在工作中所面临的对手或群体往往来自不同的国家。经济全球化不仅带来经济的全球化,而且随之而来的必然是政治、文化的融合、交流与碰撞,因此知识分子必须了解不同国家和民族的优秀知识和文化,了解各国最新的科技成果和科技发展动态,掌握国际交往的一般规则和惯例。知识分子知识结构中的这种跨文化程度愈高,他的国际化程度也就愈高。为此,加强跨国文化知识的学习与研究乃当务之急。

2. 广博交叉的知识结构

当今学科的分化和综合不断加强,出现了许多边缘学科和交叉学科,单一学科已不能有效地解决现代社会所面临的各种重大问题,只有依靠多学科协同和综合,才能找到解决问题的出路和答案。另一方面,社会发展和变化更加迅速,人们的职业变动也更加频繁;知识经济和信息社会的到来,人们的工作方式不再是分散的,而是趋向网络化、集团化。这意味着个人的工作不可能是纯专业性的,必须具有复合型知识结构,而知识分子不仅要懂得专业知识和技能,而且还要懂得信息技术、网络技术、软件设计、计算机操作等一系列新的技术和知识。积极探索和创造性地运用各种知识的途径和方法,将成为人们生存的基本方式。

(三)能力素质的国际化

能力素质的国际化主要体现在适应国际交往和竞争需要等方面,必须具备的能力是:

1. 国际语言交往能力

国际化的人才,首先要具有两国以上的国际语言交往能力。现在,我国的教育机构对外语的学习比较重视,但学习的语言种类并不全面,学英语、日语的较多,学其他语种的人较少。此外,一些学过外语的人,由于多种原因,应用的也不多。随着经济全球化的加速发展,我国与国外经济文化交往日益增加,外语将逐步成为人们日常生活和交往中必不可少的基本工具,人们不仅要学好外语,而且要用好外语,努力提高外语的听、说、读、写能力。

2. 跨国文化的交际沟通能力

每一个民族、每一个地区、每一个国家都有自己的传统文化,随着经济全球化浪潮的到来,各民族、各地区和各国家间的经济交往和其他各种交往将日益增多。在国际交往中,人们必须了解、理解和尊重对方的文化传统,只有这样,双方才能比较深入地交流沟通,融洽相处。经济全球化必将促进文化全球化,在经济全球化的新时代,必须具有跨国文化的沟通能力,这也是适应经济全球化的新时代——人才国际化的一项基本能力。

3. 国际资讯信息处理能力

21世纪不仅是全球经济的新时代,同时也是知识经济的新时代。知识经济的一个基本特点是,越来越多的人从事知识的生产和传播,越来越多的人与资讯和信息打交道。资讯是经过有系统的组织及处理后的、有现实应用和实用价值的资料。资讯和我们得到的各种新信息,可以作为在日常事务中进行决策和行动的参考依据。由于科技进步,每天都有大量新资讯和新信息产生,面对资讯瞬息万变、竞争激烈的新时代,一个人、一个单位,乃至一个国家所掌握资讯信息数量的多少和应用资讯信息能力的强弱,决定了其竞争能力的高下。

4. 心理素质的自我调控能力

经济全球化也是全球市场化的过程。市场经济具有一种充满激励和竞争的机制,既为知识分子提供了良好的机遇,也使知识分子面临的竞争环境更加激烈和残酷,充满着困难与挫折,成功与失败。这就要求知识分子必须具有坚强的意志、拼搏的精神与顽强的生存能力,既要具有敢冒风险、敢于试验、不断进步、不断发展的开拓进取能力,又必须具备不怕挫折、不怕失败、能保证自己在挫折中不断奋起的能力和品质,做到胜不骄、败不馁。

同时,经济全球化必然带来社会生活各个方面的全面变革,人们的生活经验、思想观念和行为方式也将处于剧烈的变动状态之中,这就要求知识分子要有较强的适应能力,适应瞬息万变的社会变革,能够从事物发展的动态变化中正确地认识世界,要有健康、平和的心理素质,保持头脑清醒,乐于接受变革,能承受得住变革带来的巨大压力,并竭尽全力为变革扫清障碍,始终保持积极向上的乐观心态,胸怀开阔,经得住成功、胜利和挫折、失败的考验。

5. 终身学习的能力

人类知识总量急剧增长,知识陈旧周期不断缩短,有人作过估算,截至1980年,人类社会拥有的科学知识,90%是第二次世界大战后三十余年获得的。另外,还有人就人类知识总量的增加作过统计,从公元1年开始,直到1750年,人类知识量才在原有基础上翻了一番。从1750年到1900年,第二次翻番只用了150年。

1900 年至 1950 年,只用 50 年就翻了一番。1950 年至 1960 年,仅用了 10 年时间就翻了一番。现在则只需 3 年至 5 年,人类知识总量就翻一番。由于知识的增长是如此迅猛,人们形象地将其称呼为"知识爆炸"、"信息爆炸"。在这样的形势下,新理论、新发明大量涌现。从知识质上的变化看,则表现为知识陈旧周期不断缩短。知识总量的激增和陈旧周期的缩短,使得知识的积累和继承出现了"知识学不胜学"和"知识继承期延长"的新特点。作为新世纪的知识分子,不仅要勤于学习,还必须善于学习,具有终身学习能力,才能及时地高质量地吸取和掌握一切人类文明的优秀成果。

6. 更强的创造力

前工业社会主要依靠体力和简单技能维系和发展生产,而到了现在后工业社会和知识经济时代,主要依靠智力、科技和信息提高社会生产率。依靠智力、科技和信息,就是依靠创造力。在经济日趋国际化的知识经济时代,没有创造力就没有进步。国际竞争取决于创造力水平,创造力水平越高,越能在竞争中处于有利地位,越能赢得主动,取得胜利,否则就会落于人后,遭到失败。未来人们的自我完善发展更需要发挥创造力,因为人的自我实现和自我完善的关键在于发挥他们自身的全部潜能,而潜能的发挥又主要表现为创造力的发挥。所谓人才,就是自我价值得到实现的人,也就是创造潜力得到充分发挥的人。反之,缺乏创造力的人或创造力尚未发挥的人,就不是人才或尚未成为人才。尤其是经济全球化的加速发展,加速了科学技术的交流与传播,大大缩短了科学技术应用于生产的周期,它要求掌握着科学技术知识的知识分子,应尽快将知识转化为生产力,转化为物质财富。因此,新的时代对知识分子提出了新的要求,那就是必须具有较强的创造力。

（四）思维素质的国际化

思维素质的国际化,主要体现在应对经济全球化所需要的各类创新思维、全球思维(整体思维)、应变思维、战略思维等方面。

1. 创新思维

面对经济全球化和知识经济的新时代,创新,特别是思维战略创新尤其重要。在这个世界科技进步日新月异的新时代,小至一个企业、一个单位,大至一个地区、一个国家,如果不能瞄准同类企业、行业和世界先进科技目标,依靠自身的技术力量,从长期和战略思维上进行技术创新,只依赖于模仿和引进技术,那么它就不能跻身世界先进技术行列的,其经济发展也永远不会达到同行业和世界的先进水平。只有具有创新思维的人,才能永远保持持续的创造力。

2. 全球思维

经济全球化的加速发展使整个世界日益趋向一个整体,这就要求知识分子不仅要具有全球意识,更要具有全球思维,善于从全球、从整体的角度出发思考问题。

3. 应变思维

经济全球化的加速发展,使经济社会生活变得纷繁复杂,急剧多变。面对如此纷繁复杂的现实环境,知识分子必须具有敏锐的应变思维,善于捕捉稍纵即逝的机遇,能对新思想和新机遇迅速作出反应。

4. 战略思维

经济全球化的加速发展带来全球政治、经济、文化的交流与碰撞,现实世界的变化日趋纷繁复杂、扑朔迷离。知识分子必须把握世界政治经济文化发展的潮流,从全局、战略的角度思考问题,不能被眼前的现象所迷惑。只有具有战略思维,知识分子才能永远把握住时代的脉搏,走在时代的前列,否则就极有可能因小失大,或误入歧途。

五、承担起时代赋予的重任

——经济全球化时代知识分子的历史使命

经济全球化是不以人的意志为转移的人类社会发展的必然趋势,任何一个国家都无法生活在世界经济之外,我国作为一个发展中的大国,必须尽早融入世界经济发展的大潮,充分利用其带来的有利条件和机遇,实现我们的根本目标。同时,我们又要在全球化进程中,保持高度的注意力,趋利避害,维护国家和民族的根本利益。作为掌握知识文化较多的知识分子,应该在经济全球化所提供的广阔舞台上大显身手,以自己应有的优势效命于自己的民族,展示出"智慧骄子"的风度。知识分子不仅要把握自己的命运,更重要的是把握时代的脉搏,担负起时代所赋予的历史责任,在经济全球化的进程中,在日趋激烈的世界经济竞争中,实现国家和民族的最大利益,实现全世界人民的共同利益。

纵观中国近现代历史,在每一次时代变革的重要时期,知识分子无不表现出了最具活力的一面,无论是戊戌变法、五四运动,还是在二十多年前开始的改革开放的大潮,都是知识分子走在时代的最前列。他们关注国家的兴亡和民族的利益,一首首时代的最强音律往往就是由他们奏起的。如今,面对经济全球化的大潮,中国知识分子更应发扬优良传统,投入到振兴中华民族的伟大事业中,投身到人类世界的共同事业中,承担起时代赋予知识分子的伟大历史使命,为世界、为人类作出更大的贡献。

（一）做经济全球化的推动者

虽然经济全球化是一柄双刃剑,对世界经济和中国经济的发展都具有双重性,但无论对世界经济发展还是对中国经济发展来讲都是利大于弊。并且经济全球化是不以人的意志为转移的客观发展趋势,当今世界,在经济全球化的进程中,国际经济关系已扩张到世界各个角落,各国经济增长与整个世界经济的发展愈益相互影响、相互联系、相互制约。世界上任何一个国家都不能置身经济全球化进程之外,经济全球化极其强烈地制约和影响着各国经济增长和经济发展的状况。为此,对于众多发展中国家而言,参与经济全球化的水平高低和在全球范围内实现资源配置的有效性,是推动本国工业化与现代化,加速发展并进而缩小与发达国家经济差距的重要制约因素。中国作为最大的发展中国家之一,必须适应经济全球化的发展趋势,主动参与经济全球化的发展进程,以更加积极的姿态,抓住机遇,趋利避害,努力利用经济全球化发展带给中国经济发展的机遇,将经济发展尽早融入世界经济之中,使中国经济发展在世界经济格局中占有一席之地,使中国在新的世界格局中占据主动地位。我们只有尽早地融入经济全球化,才有可能参与国际经济规则的制定与修改,改变被动接受地位;只有尽快融入世界经济大潮,才能充分发挥我国的比较优势,利用国际分工所带来的比较利益,充分开发国际和国内两个市场,充分利用国内和国外资源,实现我国经济的可持续发展,实现我国的现代化宏伟目标。因此,作为走在时代前列的知识分子,必须积极参与经济全球化的进程,做经济全球化的第一推动者。当务之急就是要积极宣传全球化,相当多的人对经济全球化存在戒备心理,认为全球化就是全球"美国化"、"西方化"。相当多的发展中国家对经济全球化更是存在恐惧心理,担心全球市场的形成,挤垮本国民族工业。在经济全球化浪潮蓬勃兴起的同时,一股反全球化的潮流也在滋生蔓延。知识分子必须正确把握历史发展的必然趋势,正确宣传经济全球化,还经济全球化以本来的面目,加速推动经济全球化的进程。知识分子要抛开狭隘的民族和国家利益,着眼于民族、国家的长远利益和人类的共同利益,尽快使自己的行为方式融入全球化,以推动我国经济全球化的进程。

(二)做国家和民族利益的忠实维护者

其一,经济全球化毕竟是一柄双刃剑,在给我们带来众多发展机遇的同时,也向我们提出了严峻的挑战,如何趋利避害,从全球化中获得最大利益,这是我们当前面临的最紧迫的问题。知识分子必须深入研究经济全球化,研究国际经济规则,研究世界经济发展趋势和我国经济运行趋势,修改完善国内法律法规,为党和政府制定正确的决策提出合理化建议,保证我们更好地适应全球化,从经济全球化中获得最大利益。同时要积极参与国际经济活动,参与国际规则的制定与修改,使其更多地反映和体现大多数发展中国家的利益,使经济全球化进程沿着正确的轨道发展,实现民族利益、国家利益和人类利益的共赢。

其二,在当今世界经济政治格局下,发达的资本主义国家由于其经济、科技上的领先地位和在全球产业中的明显优势,成为控制和影响经济全球化的主导力量,经济全球化的制度、规则安排也是以发达国家的利益为核心来进行设计的,从而使发达国家从经济全球化中获得更多的利益,大多数发展中国家则处于不利的地位。要改变这种状态,一方面要求我们发展中国家联合起来,共同努力来改变这种不合理的国际经济旧秩序,修改不合理的国际规则,建立公正合理的国际经济新秩序。另一方面则主要取决于发展中国家提高科技水平,调整产业、产品结构,提高国际市场竞争力,改变在国际分工格局中的弱势地位。作为掌握科学文化知识较多的知识分子,必须刻苦钻研,勇于创新,做先进科学技术的生产者、传播者、应用者,做先进生产力的开拓者,迅速提高我国的科技水平和生产力水平,调整和优化产业、产品结构,优化产业布局,调整产业组织,迅速提升国际市场竞争力。只有如此,才能从根本上改变我国在国际分工格局中的劣势地位,保证我国从经济全球化中获得更多利益。民族的竞争不在战场,而在于知识和技能的创新。"知识就是力量",尤其现在知识经济初见端倪,知识产业和信息产业作为新兴产业刚刚起步,如果我们不能在一些关键领域抓住有利机遇加快创新,迅速赶上发达国家,一旦知识产业成为普通产业,我们与发达国家的差距必将进一步扩大。因此,知识分子应有这种责任感、义务感、危机感,通过几代人的艰苦奋斗,使贫穷落后、任人宰割的历史永远结束,让繁荣富强的中国屹立于世界。

　　其三,随着经济全球化的发展,世界对各类人才的需求越来越大,由此引发的世界范围的人才争夺日趋激烈。在市场机制的作用下,人才资源将在全世界范围内更加自由地流动。由于我国正处在社会主义初级阶段,生产力发展水平较低,经济实力还不够强,还处在市场经济的不完善阶段,存在许多不尽如人意的地方,还不能为各类人才提供良好的待遇和施展才华的空间。而众多发达国家凭借其雄厚的经济实力和优越的科研条件,把争夺人才的目标锁定在中国。与此同时,外国跨国公司也纷纷抢滩中国,采取更加温和、隐蔽和灵活的人才"本土化"战略,频频在我国各地网罗人才,吸引优秀人才加入"不出国的'出国'"、"不出境的'留学'",形成了国内人才竞争国际化,国际人才竞争国内化的局面。我国虽说是一个人力资源大国,但还不是一个人才资源大国,更不是一个人才资源强国。和其他国家相比,我国的现代化建设面临着更为严重的人才短缺。因此,面对外部世界的种种诱惑,作为整个民族文化的自觉创造者,整个民族的智慧、良心和历史的首席推动者,更作为整个民族未来发展壮大的核心力量,知识分子必须正确处理民族利益和个人利益的关系,要自觉地把个人的命运同祖国和民族的命运紧紧联系在一起,把个人的理想追求同全面建设小康社会的伟大事业联系在一起,坚定不移地从人民群众的根本利益出发,努力为维护和发展人民群众的根本利益而奋斗。人民群众是物质财富和精神财富的创造者,是社会改革的决定性力量,是我们国家的主人。人民群众所创造的物质和精神财富,人民群众的伟大实践,为知识分子发挥聪明才智、实现人生理想,为知识分子施展才华、报效祖国提供了广阔的空间和舞台,也提供了生生不息的源泉和动力。知识分子在任何时候、任何情况下,都要以最广大人民群众的利益作为最高衡量标准,始终把实现好、维护好、发展好最广大人民群众的根本利益放在首位,并以此作为检验自己思想和行动的标准,自觉站在民族和国家利益的立场上选择职业,根据国家和民族的需要确定自己的人生坐标,时刻以国家和民族的利益为重,努力谋取国家和民族的最大利益。每个知识分子都要牢固树立全心全意为人民服务的思想,走与工农群众相结合的道路,为提高人民群众的物质文化生活水平做贡献,在实现国家强盛的同时,充分实现个人的抱负和自身的价值。

其四,经济全球化过程也是不同文化的交流和碰撞过程,西方一些腐朽、丑恶的东西,不可避免地会随之而入,必将极大地冲击着人们的思想观念和价值观念,这已不是理论上的描述,而是活生生的现实。作为工人阶级中掌握现代文化科学知识较多的一部分,作为引导社会思想文化潮流的重要力量,在现代化建设和构建社会主义和谐社会的大业中,知识分子也要肩负起精神文明建设的重任,代表先进文化前进的方向,努力构建中国特色的社会主义先进文化,使社会物质文明、政治文明和精神文明得到同步提高、同步净化。

因此,面对新形势和新挑战,知识分子应以马克思主义为指导,做先进文化的创造者和传播者,努力继承和弘扬中华民族的一切优秀文化传统,学习和吸收外国优秀文化成果,弘扬中华民族的优秀文化,抵制西方腐朽文化的侵蚀,担负起社会主义精神文明建设的历史使命,成为建设中国特色社会主义先进文化的急先锋。

第一,把握好文化研究和建设的正确方向,坚持马克思主义在文化建设和发展中的指导地位。先进文化是促进先进生产力发展,促进社会全面发展、全面进步的根本保证。中国特色的社会主义文化更是凝聚和激励全国各族人民的重要力量,是综合国力的重要标志。它起源于中华民族五千年文明史,又植根于中国特色社会主义的实践,具有鲜明的时代特点;它反映我国社会主义政治和经济的根本特征,又对政治和经济的发展起巨大促进作用;它以培育适应社会主义现代化要求的一代又一代的有理想、有道德、有文化、有纪律的公民为目标,面向现代化、面向世界、面向未来,是民族的、科学的、大众的社会主义文化,这种文化的先进性质,决定了它必须以马克思主义为指导。

历史和现实反复证明,马克思主义是中华民族实现伟大复兴的唯一正确的指导思想,也是建设中国先进文化的唯一正确的思想。历史和现实也反复证明,知识分子之所以能够成为社会进步的生力军,永远保持先进性,之所以能够在轰轰烈烈的社会大变革中发挥极其重要的作用,最根本的原因就在于知识分子能够在中国共产党的正确领导下,不断用马克思主义中国化的最新理论成果武装自己,找到观察社会,改造社会,报效祖国,锤炼成才的科学真理。今天中国的文化建设只有坚定不移地以马克思主义为行动指南,才能真正保持中国文化正确的前进方向。知识分子只有坚定不移地进一步深入研究马克思主义、毛泽东思想、邓小平理论和"三个代表"重要思想,才能牢固树立马克思主义世界观、人生观和价值观,才能以"四有"新人的目标严格要求自己,不断增强爱国主义、集体主义和社会主义的观念,培育和弘扬与社会主义市场经济相适应的道德观念和行为规范,培养观察和分析问题的理论素质、世界眼光和战略思维,才能在推动先进文化发展的实践中有所作为,并不断提升自身的整体素质。

第二,努力成为先进文化的传承者、倡导者,努力建设和发展面向现代化、面向世界、面向未来的,民族的、科学的、大众的中国特色的社会主义文化。在我们党的历史上,知识分子总是接受和传播先进社会思潮的先锋,在引导社会进步思潮的发展问题上起到了极其重要的作用。在大力发展社会主义市场经济的今天,知识分子同样是发展先进文化的重要力量。知识分子必须继承中华民族的优良文化遗产,使中华民族几千年来创造的文明成果,在社会主义现代化建设中获得新的生命,发出新的光彩。同时开展多种形式的对外文化交流和合作,引进、传播、吸收世界上一切对我们有用的外来文化,包括西方发达资本主义国家先进的文化成果,倡导、博采各国文化之长,以化成真正的面向世界、包容所有文化之精华的中国先进文化。只有这样,才能使我们的文化更具有现代感,才能引领社会风气之先。

第三,不仅要用先进的思想武装自己,同时要用先进的文化、思想武装整个中华民族。人类社会发展的历史证明,经济的发展必然要求国民素质有一个质的提高。作为先进思想的传播者、科学技术的开拓者、"四有"公民的培育者、优秀精神产品的生产者的知识分子,更应该在科学与迷信、文明与愚昧、进步与落后、真理与谬误、正义与邪恶的斗争中作出表率。同时,要致力于科学与人文精神的普及，努力帮助和推进国民素质的提高。知识分子不仅要推动中华民族文化的继承、发展和弘扬，同时还要勇担推动世界文明发展的历史重任，为人类的文明进步和世界文明的发展繁荣添砖加瓦。

其五，加强自身的知识修养，积极投身改革，不断创新。在新的历史时期，知识分子要实现自己的历史使命，在经济全球化进程中维护和实现国家、民族和人类的最大利益和根本利益，就必须不断地加强学习，积累知识，提高修养。要学习马列主义、毛泽东思想、邓小平理论和"三个代表"重要思想，学习适应时代发展要求的各种新知识，学习人类创造的一切文明成果，努力提高自己的思想道德素质和科学文化素质，全面发展自己。

知识分子是科学技术活的载体，是现代化科学技术的创造者和开发者。人类社会的发展，是先进生产力不断取代落后生产力的历史进程，社会主义现代化进程必须建立在发达的生产力基础上。人是生产力中最具有决定性的力量，特别是当今时代，科学技术作为第一生产力，作为先进生产力的集中体现和主要标志，给世界生产力和人类经济社会的发展带来了极大的推动，知识分子更是推动我国先进生产力的基本力量。要实现21世纪发展的战略目标，知识分子必须充分发挥积极性、主动性和创造性，加紧推进科技进步和创新，为社会主义现代化建设不断提供强大的科技支持。要坚持解放思想、实事求是，勇于面对科技发展和各项工作中的新情况、新问题，通过研究和反复实践，不断创新，不断前进。知识分子要立足岗位创新，把创新的要求和创新的精神体现到自己的工作当中去，把创新的热情和科学的态度结合起来，在推动知识和科技创新、促进生产力发展的伟大实践中施展才华，增长才干，提高本领，始终成为推动生产力发展最为活跃的力量。

在当今世界，科技发展日新月异，知识更新大大加快，科学技术已经成为先进生产力的集中体现和主要标志,创新已成为经济发展和社会进步的主导力量,并越来越成为衡量一个国家综合国力的重要标志。实现现代化、实现社会的全面进步,迫切需要不断创新。任何一个时代,知识分子都是社会上最富有朝气、最富有创造性、最富有生命力的群体,当代的知识分子更应当发挥自己的特有优势,为实现社会主义生产力的高度发达而不懈努力。

十一届三中全会以来,我国的改革开放事业虽然取得了丰硕的成果,但中华民族的现代化建设事业依然任重道远,知识分子要继续积极投身于社会主义现代化建设事业之中,努力实践"三个代表"重要思想,放下架子、扑下身子,深入群众,深入改革第一线,为工人、农民办实事、好事,帮助他们解决生产过程中的技术难点,切实提高生产效率、经济效益和发展水平;要努力探索和不断完善我国社会主义市场经济体制,不断改革和完善我国的政治经济文化体制,使其符合时代发展的潮流,促进生产力更快、更好的发展。

面对新的经济条件和人民日益增长的物质文化生活需要,知识分子应牢固树立全心全意为人民服务的思想,努力用自己的知识和本领为祖国和人民服务,走与工农相结合的道路,实现人民群众的最大利益。在实现国家强盛、民族富强的同时,个人的抱负和自身的价值也能得到更充分的体现。

(三)做全球与人类命运的关注者

"经济全球化"日益把人们的利益和生存状态更加紧密地联系在一起,每个人都必须意识到,人类使用及生存的基本单位已从国家民族这一层面上升到全球水平。正如美国当代人类学家威廉·A.哈维兰所说:"当代世界已经成为一个全球性的社区,在这个社区中,所有的人们都互相依赖;所以,生活于世界某一地区的人们的所作所为往往对生活于其他地区的人产生重要的影响。"①因此,21世纪的知识分子必须树立更加鲜明的全球观念,认识到自己作为国际社会一员的责任。作为当代中国的知识分子,在关注自己民族命运的同时,还应放眼世界,关注整个人类的命运。科技文明的发展给人类带来极大的好处,但同时也带来了人类自己的危机,人类在享受现代物质文明的同时也在承受着随之而来的灾难。全球性的环境危机,足以毁灭人类自身的生化武器、核武器的威胁,人类精神家园的危机意识等等,这一切都是令人忧患的、危机四伏的,中国知识分子应清醒地看到这一点。在当今世界,中国已经从世界经济的边缘日益走向世界经济的中心,中国对世界人类生存状态的影响是举足轻重的,所以,中国当代知识分子应走向一个更高的境界,抛弃狭隘的民族主义,实现爱国主义与国际主义的高度统一,在增强民族意识的同时,更加关注整个人类的命运。

一百年前,中国的知识分子带着寻求真理、挽救民族危亡的强烈愿望跨入了20世纪。经过一个世纪的风雨搏击,中国知识分子已成为推动社会全面进步的决定力量以及实现新世纪发展战略、实现中华民族伟大复兴的骨干力量,肩负着重大的历史使命。知识分子要热爱人民,志存高远,胸怀宽广,在改革开放和现代化建设的广阔舞台上,充分发挥自己的聪明才智,展现自己的人生价值;更要继承和发扬光荣传统,努力实践"三个代表"重要思想,积极创造无愧于时代和人民的业绩,圆满完成党和人民的重托,承担起中华民族复兴的历史重任,推动人类历史的车轮滚滚向前。

---

① 威廉·A.哈维兰:《当代人类学》,王铭铭等译,上海人民出版社1997年版,第1页。

第六章　当代文化主流中的生力军

——文化多元化与知识分子

　　知识分子的命运总是与时代变迁紧密联系在一起的,他们往往能够最先捕捉到时代跳动的脉搏和律动,因而成为一个时代的思想先行者和代言人。而时代变革所引发的思想文化的冲突,必然对知识分子价值观念产生影响。在现阶段的中国社会,由经济、技术主导的全球化和由市场经济主导的社会转型,是社会文化变革的两个基本动力因素。全球化与市场化的相互作用与交织,在推动社会全方位变革的同时,也推动着社会文化、观念的转变,推动着中国社会文化多元化的进程。而文化多元化对于作为文化代言人的知识分子的生存方式、价值追求和思维方式,都产生了并将继续产生重要而深远的影响。在文化多元化时代,知识分子的文化身份和文化使命是一个不容回避的重要问题。

一、在文化并存中实现和谐发展

——全球化背景下中国社会转型期的文化多元化

　　美国人类学家露丝·本尼迪克特在其所著《文化模式》一书

的卷首,引用美国迪格尔印第安人的一句谚语来说明人类文化的多元性:"开始,上帝就给了每一个民族一只陶杯,从这杯中,人们饮入了他们的生活"。① 就是说,不同的民族为适应各自的生存环境,从一开始就生成和发展出自己的一套价值观念和生活方式,即文化。所以,文化多元化是人类面对的一个基本的文化事实,也是一个重要的理论课题。

文化多元化,一是指文化的地域性和民族性的多样化,如希腊文化、华夏文化、印度文化等民族文化形态;二是指文化类型或特征的多样化,如科学、艺术、道德、哲学、宗教等可以看成是文化的不同形态,或者儒家文化、基督教文化、伊斯兰文化等不同的文化类型;三是指同一社会或同一时代中多种文化并存和共同发展的状态,特别是指各种文化都有平等的生存权利和发展空间,互相之间应该和谐共处。当然,这三种含义的文化多元化是相互交叉的,当我们探讨世界范围内的文化多元化问题时,是以民族作为主体的,多元化主要侧重于文化的民族性,即当代世界范围内不同民族文化并存、交流和对话的状态,其主旨在于倡导在世界范围内各民族文化相互尊重、平等对话、公平竞争、共同发展;当我们探讨中国社会的文化多元化问题时,侧重于不同类型文化共存、冲突的状态,其主旨在于承认不同价值观念、生活方式合理性的前提下,实现文化的和谐发展。这就是当代著名人类学家费孝通提出的"各美其美,美人之美,美之与共"的文化发展准则。

(一)多元化是人类文化的内在特征和基本形态

文化是一个众说纷纭、见仁见智的多义性概念,但本质上,文

---

① 露丝·本尼迪克特:《文化模式》,华夏出版社1987年版,第1页。

化就是"人化",文化是人的实践活动及其对象化结果。广义地看,文化包括人的一切实践活动所创造的事物,以及基于这些活动而形成的心理状态和行为方式。这就是人们通常所说的由物质文化、制度文化、精神文化所构成的文化概念。而文化的核心和灵魂、文化深层的内容就是其中的价值观,正是不同的价值观,塑造了不同民族之间不同的生活方式、行为模式。因此,文化学上通常把文化看成是人类的生存方式或"生活样式"。这样,可以把文化定义为:一个民族在长期的实践活动中积累形成的相对稳定的价值观念及其与之相应的行为方式,这就是狭义的文化概念,如价值观念、道德意识、审美情趣、思维方式以及行为方式等,而价值观念、民族心理往往是一个民族文化中"最稳固"、也最"保守"的部分,它们维系着、延续着一个民族文化的命脉。在探讨文化多元化问题的时候,主要是从狭义的角度来理解文化问题。从这个意义上说,所谓文化的多元化实质上是价值观的多元化,也就是每个人、每个民族都有按照自己的价值判断选择文化的自由。

文化的多元化,首先在于人类文化的起源是多元的。起源就是方向。从现有的历史事实看,人类文化不仅发轫于欧亚大陆,而且也产生于中南美洲和非洲。世界文化的源头除了西亚的两河流域、北非的尼罗河流域、南亚的印度河与恒河流域、东亚的黄河与长江流域以及欧洲的爱琴海地区以外,还包括美洲和撒哈拉沙漠以南的非洲。即便是对某一具体的民族文化而言,文化的发生也呈现出多元化特征。众所周知,中华文化的起源本身就具有多元性,中华民族文化是以汉民族为主体、融合其他民族文化而形成的"多元一体文化"(费孝通语)。自然界的多样性和丰富性是文化多元性的本体论前提。文化是人适应环境的产物,而自然是人类生存最根本的环境。文化就是人类适应和利用自然维持自身生存和发展的基本方式,正是自然界的丰富性和多样性、生物物种的多样性导致人类对此作出反映模式的多样性,从而形成了千差万别、异彩纷呈的文化。全世界有两千多个民族生活在各不相同的区域里,不同的民族由于地理、环境、人种、心理等方面的原因,就会自然而然地形成某些特质而最终导致民族文化的差异性。文化起源多元性最深层的根基在于不同民族实践方式、生活方式的多样性,在于人类需要的多样性。比如,古希腊文化的重商传统、理性精神和古代中国文化的重农传统、伦理精神等文化特征,就深受其各自所处的地理环境的影响以及由此形成的各自的生产、生活方式所决定而呈现出来的。文化起源的多元性表明,多元文化的存在是文化发展的前提。正如自然界的客观规律所表明的,多样性是统一性的前提,单一性、同质化容易导致物种的毁灭。同样,多元化的文化存在是人类文化进步的动力。所以,文化的多元性是符合自然界客观规律的。在这个意义上,人类应该像保护生物物种的多样性、维护生态系统平衡那样,来保护民族文化的多样性,维护世界民族文化的多元共存格局,保持世界文化生态的平衡。

文化的多元化,其次在于文化的民族性差异。文化的民族性差异是人类文化多元性的主要表现,也是推动人类文化发展的能动因素。每一个民族基于自己历史延续过程中自然的、社会的原因而形成了各自不同的价值观念、精神信仰、审美情感及其相应的思维模式、行为方式,这是一种文化的深层结构,它使得每一种民族文化都有其独特的内涵和不可取代的价值,形成强烈的民族自我认同意识。这种文化的民族性差异和自我认同感有时甚至达到难以相互沟通与理解的程度,以致常常导致文化之间的误读、对立甚至冲突。因此,尽管文化就其深层结构而言具有差异性、多样性,文化的发展也呈现出鲜明的历史性,但是,一种文化既然产生发展起来,就表明有其存在的根据和理由,任何民族都应该尊重和理解其他民族文化的价值和自主性,在不同文化的多元共存中实现对话与交流。自人类文明的"轴心时代"以来,以柏拉图、亚里士多德为代表的希腊文化传统,以孔子、老子为代表的中国文化传统,以犹太教先知为代表的希伯莱文化传统以及阿拉伯伊斯兰文化传统、非洲文化传统等主要文化形态,各自以其独特的内涵而影响人类文化的总体进程,也依然影响当今世界的人类社会和文化。

(二)全球化推动着当代世界范围内的 文化多元化趋势

全球化(globalization)是一个内涵丰富且歧义丛生的概念。它最早在1985年由T.莱维提出,1990年代以来迅速发展成为一个跨学科的理论话语。但是,学术界公认,作为一个客观的历史进程,全球化开始于1492年哥伦布发现美洲大陆所开启的地理大发现及随之而来的资本主义全球性扩张。正如马克思在《共产党宣言》中指出的:"资产阶级,由于开拓了世界市场,使一切国家的生产和消费都成为世界性的了。……过去那种地方和民族的自给自足和闭关自守状态,被各民族的各方面的互相往来和各方面的互相依赖所代替了。物质的生产是如此,精神的生产也是如此。各民族的精神产品成了公共的财产"①。20世纪80年代以来,在现代资本扩张和信息技术的强力推动下,不同国家、地区间的相互依存、相互渗透的程度进一步强化,真正使人类突破地域的限制而成为一个统一的全球市场和相互联系的发展整体。全球化是市场经济和科技进步催生的客观进程,经济全球化是其基础和主要载体,但经济与文化密不可分,经济全球化必然带来文化的变化。所以,全球化是一个以经济全球化为基础的,涉及经济、技术、制度、文化

---

① 《马克思恩格斯选集》第1卷,人民出版社1995年版,第276页。

乃至人们日常生活的全方位的世界范围内相互影响、相互作用的整体进程。

当然，在全球化过程中，以美国为首的西方发达国家由于其拥有领先的经济、政治、技术乃至军事实力，不仅从整体上主导着全球的经济、政治秩序，而且实际上控制着文化上的主动权，甚至有意识地利用全球化过程和发达的信息网络资源、文化产业优势来推行资本主义的价值观念和意识形态，从而构成了"文化霸权主义"或"文化帝国主义"。西方经济技术的强势地位和西方文化的全球扩张，使得西方的文化产品、价值观念、生活方式遍布世界的每一个角落，得到越来越多的发展中国家的人特别是青年人的欢迎，客观上导致了许多发展中国家民族文化的"认同危机"。但是，不能简单地、情绪化地得出结论，认为全球化就是"西方化"、"美国化"就是美国文化的"同质化"。更不能由此得出拒斥全球化、关起门来自我发展的结论。事实上，全球化是一个"西方化"与"本土化"的矛盾统一体，全球化在塑造西方文化的"强势地位"的同时，也在增强着非西方文化的自我意识，强化着当代世界的文化多元化态势。

第一，经济的全球化并不必然导致文化的同质化、一元化。全球化首先是经济、技术的全球一体化，全球化改变着经济的生产和交换方式，也改变着文化的生产和交换方式，经济技术的交流必然会带来不同文化之间的交流、碰撞，必然会加剧着文化的全球化趋势。但是，经济发展与文化发展具有不平衡性，文化作为内化于人们内心深处的价值观念、精神信仰，它们并不必然地随着经济、技术的改变而改变，全球经济的一体化未必意味着全球文化的单一西方化，而只可能是多种文化之间的交汇、融合。一个人喝可口可乐、吃麦当劳、看美国电影、玩美国游戏、开美国名车，并不必然地意味着他完全接受美国的价值观念和信仰。断言经济全球化就是文化的"西方化"、"同质化",既缺乏逻辑上的必然性,也缺乏现实中的根据。

第二,全球化创造着不同文化间对话与沟通的机会和空间,有利于文化多元化的形成。在传统的农业社会,尽管不同地域、不同民族的文化之间也有一定程度的交流和对外传播,但这种交流和传播的深度和广度都是极其有限的,而且那时不同文化之间的时代性差异相对较小,不足以导致文化间的紧张关系。在全球化背景下,经济与技术的交往、商品和资本的流动、信息的快速传播、人员的跨国流动、大众传播媒介和网络的无所不在,等等,使得遍布世界各地、各民族的文化突破它特定的地域环境和社会语境,变成一种"流动的符号",融入到一个全球性互动的文化网络之中,不同形态、不同民族文化之间的并存、比较、竞争与相互渗透,第一次即时性、共场景地展现出来,也使得那些原来长期以自我为中心的文化或文明直接感受到"他者文化"的存在,进而产生对"他者"的尊重和理性认知,有利于减少文化或文明之间的冲突和对抗。可以说,正是全球化进程把现代文化造就成多元文化格局。反过来说,承认并认同文化的多元化特点是全球化时代的客观要求。美国哈佛大学教授塞缪尔·亨廷顿在1990年代初发表的引起广泛争议的《文明的冲突》一书中,尽管提出了文明的差异将导致后冷战时代的"文明冲突"的结论,但是它事实上指出当今世界存在着多种不同的文明,不同的文明或文化应该学会在复杂多极的文明世界内共存。这里的文化观是多元论的。

第三,全球化增强了民族文化的自我认同和平等意识,使得多元化成为普遍的文化主张。随着战后殖民体系的瓦解和民族独立国家的建立,伴随经济全球化而来的西方文化的全球扩张,使得平等、民主、自由等现代性观念成为各民族的共同要求,这在客观上助长了各民族的平等意识和自由意识,其结果必然是对西方文化霸权主义的排斥和批判,对本民族文化认同意识的增强,尽管多元文化之间的交流与对话存在不平衡性,但是不同文化的平等交流与对话正在成为全球化时代普遍的文化主张。同时,作为全球化时代的文化景观,西方后现代主义文化对作为现代主义合理理念的本质主义、普遍主义、绝对主义的怀疑和否定而导致各种各样的"中心论"、"绝对论"的终结,使得相对主义成为全球化时代最重要的思维方式。这种后现代主义思维体现在文化领域,就是相对主义文化观念获得广泛认同,对自身文化价值的肯定、对"他者"的寻求和认同、对多元文化发展的关切,必然成为一切文化的共同要求。这实际上也助长了多元文化模式论的形成。"万物并育而不相害,道并行而不相悖"。全球化在文化上带来的结果,不可能是"趋同化"或"同一化",也不可能是西方文化的"一统天下",而只能是在多元文化相互学习、借鉴的基础上产生新的不同。

第四,全球化提升了发展中国家的文化自觉意识。毫无疑问,全球化是由西方发达国家主导的,从全球化中受益最大的也是以美国为首的发达国家,但经济全球化所带来的资本、商品、技术的流动和产业转移,客观上也推动了不发达国家的经济发展和人们物质生活的改善。而经济发展、综合国力的提高必然增强民族自信心和民族文化的主体意识,人们物质生活的改善也必然会产生出改善自身精神文化生活的要求。正是东亚经济的持续增长使得儒家文化价值观受到普遍的关注,正是中国二十多年来经济的持续发展和综合国力的增强使得中华文化的影响力与日俱增。这些都会推动发展中国家特别是有着独特文化传统和悠久历史的国家和民族其文化自觉意识的形成,并有意识地通过文化建设来充分利用全球化带来的机遇,同时积极应对全球化带来的挑战。文化自觉意识的形成是多元化文化赖以存在的前提。

第五,全球化所引发的物质、技术的同一化和生活方式的"西方化"，需要多元化的文化作为补充和调剂。全球一体化是经济力量推动的直接结果，在社会物质生活一体化的同时，迫切需要各具民族文化特色的多元化的精神生活来作为必要的补充，否则，这个世界就太单调了、太贫乏了。因为一个完全被商品和科技统治的异化的人类世界是非常可怕的。在物质生活、衣食住行不再贫困的时候，人们对精神生活的需求会越来越丰富多样，文化多元化也会成为更强烈的要求，而保持和发扬民族文化的特点，自然也是其中的一项重要工作。事实上，正是经济发展和物质产品的相对丰富刺激和引发了人们的文化消费需求，从而为文化的扩大再生产提供了基本的物质条件，同时物质产品的大规模生产也可能成为文化的附属品和次产品，这也为文化形式多样性的扩大提供新的可能。

（三）中国社会转型期文化多元化的发展趋势

20世纪90年代以来，在全球化的背景下，中国社会确立了市场化的改革方向，由此开启了一个涉及经济、政治、文化等各方面的全方位、深层次的社会转型时期。这是一个由传统计划经济向现代市场经济的转变，从封闭向开放的转变，由集权化的政治体制向民主法治体制的转变，也是一个马克思所说的从各种人身依附关系解放出来并向个人独立性生成的转变。

中国社会悠久的历史和深厚的文化传统、近代以来社会变革的艰难性及其所积累的问题、当代发展所面临的复杂矛盾、中国社会转型的多维时空背景等因素，使得社会转型呈现出高度的深刻性、复杂性、全面性，这种转型是中国历史上前所未有的。社会转型期经济、政治领域的变革，必然会在人们的思想意识、价值观念上体现出来，再加上文化领域存在的中西之争、传统与现代的矛盾、现代性与后现代性的纠葛,必然会形成文化上、价值观念上的复杂化和多样化。因此,我国社会转型时期价值观念的总体特征,可以简要概括为:"多元并存、新旧交替、正负杂陈"。

当代中国社会文化的多元化首先表现为文化结构的多元化。随着向市场经济的转型和中国社会主动融入到全球市场中去,原来那种"大一统"、"清一色"的以政治意识形态为主导的文化格局已经被一种"多元文化格局"所取代。这种文化多元化格局表现在社会文化构成上,就是西方文化、中国传统文化和社会主义文化的并存。一方面,马克思主义、社会主义作为社会意识形态继续发挥着主导作用,引导着社会文化的发展方向,并不断地与时俱进;另一方面,全球化时代的资本扩张、技术创新和媒体发达造成西方文化在社会生活各个方面的肆意传播,从衣食住行、学术流派到价值观念,都可以感受到全球化的深刻影响,感受到西方文化和价值观念的无处不在;同时,在日常的社会生活层面上,许多传统文化形式在当今的文化领域中仍然充当着重要角色,如各类民族戏剧、舞蹈、音乐、国画、书法等文化形式不仅继续存在,而且在当代焕发了新的活力;剪纸、版画、皮影戏、传说、武术等民间艺术依然在延续着传统。而传统文化中许多封建性的糟粕因素(如保守意识、等级观念、忽视个体权利等)依然顽强地束缚着人们的头脑,成为现代化的阻力因素。社会文化构成的多元化为人们提供了更大的文化选择空间,也带来了文化观念、文化认同的差异和困惑。

在当代中国社会的文化结构变迁中,对知识分子影响最深远的是主流文化、精英文化、大众文化三种不同类型文化之间的分化与互动。主流文化尽管依靠国家行政权力和强大的传播网络在社会文化结构中占据着主导地位,但其存在和发展空间也不断受到商业化的大众文化的排挤和冲击;精英文化就是知识分子文化,它曾经以其启蒙、批判精神占据社会文化的显赫位置,但在社会市场化、文化世俗化的进程中迅速被边缘化,主流文化往往对精英文化的批判精神保持着警惕,而大众文化却以商品化的逻辑方式嘲弄、消解着精神文化的神圣性和高雅性。大众文化借助现代技术的进步和商业化的运作,适应人们不断增长的文化消费的旺盛需求而异军突起,呈现出日益扩张的态势,并对主流文化、精英文化构成挑战。主流文化、精英文化、大众文化的分化,实际上反映着人们文化需求、文化观念的多元化,也直接引起知识分子价值取向、学术立场乃至生存方式的分化,成为当代中国文化多元化格局的基本图景。

其次,当代中国社会文化的多元化表现为文化风格、文化形式的多元化。在当代中国文化生态的丛林中,不同的文化风格、多种的文化样态、丰富多彩的文化画面、文化声音、文化气息扑面而来,正统文学、时尚文化、主旋律文化、另类文化、先锋派、身体写作、痞子文学、寻根文学、知青文学、侠客文化、高雅文化、平民文化、通俗文化、商业文化、文化市场化等等,林林总总,构成一幅典型的"众声喧哗"的文化场景。这些异彩纷呈的文化样式固然并不都是积极的,但是它所显示的文化多元化景观至少也是社会充分变化和充满活力的象征。社会文化风格、文化形式的多元化状态,使得原来全国"山河一片红"的文化独挡局面不复存在,取而代之的是一个文化上真正百花齐放、百家争鸣的状态,显示着中国文化的多元化态势。这一多元化的文化形态反映着人们价值观念的多样化,也满足着人们多样化的文化需求。

再次,中国社会文化的多元化表现为价值观念的多元化。价值观念是一切社会文化的核心。在中国社会转型过程中,最深层次的变化,是伴随实践标准讨论和思想解放而来的人们思想意识、价值观念的转变。而文化结构的分化、文化风格的多元化,都是社会价值观念变革的表现形式。在社会转型的过程中,从整体的、主流的趋势上看，务实与理性、效益与效率、民主与法治、公正与平等、个性与自由等近代以来知识分子热切启蒙呼唤的现代性价值，已经或正在被人们所接受，正在成为社会价值观念变化的主要趋向。同时，也不能不看到，伴随社会结构转型和利益格局的变化，现阶段人们的价值观念也处于转型过程之中，社会生活和人们行为中存在着多种复合的价值观念的因素，面临着传统与现代、落后与先进、中国与西方、旧的与新的等一系列尖锐的矛盾和冲突，呈现出一幅多元混杂、矛盾冲突的"激荡的价值观念世界"图景：传统的带有鲜明封建色彩的等级秩序、官本位、平均主义、保守等文化观念，作为西方文化消极因素的自私自利、个人利益至上等价值观，计划经济时期形成并遗留下来的思想僵化、"唯上唯书"、不重效率、轻视法制等思想意识，改革开放以来形成的效益效率、民主法治、人权等新文化观念，后现代思潮带来的虚无主义和相对主义，等等。这些多元混杂化的价值观念既存在着互补性、合理性，又有其局限性、矛盾性，对此必须加以辩证的理解和把握。

二、文化变革更需要准确认识自我

——文化多元化对中国知识分子的影响

知识分子既是精神文化创造的主体，又处于现实的社会文化环境之中，作为对社会变革、文化变革最敏感的一个社会群体，全球化背景下文化的多元化发展和转型社会的价值观念多元化，在为知识分子的自由思考提供广阔空间的同时，也对知识分子自身的生存方式、身份认同、思想意识、价值观念等带来深刻的影响。文化多元化必然导致知识分子的多元化，如生活方式多元化、价值取向多元化、文化观念多元化、学术立场多元化、话语方式多元化。

这种多元化态势对知识分子原有的共识性构成前所未有的挑战，对知识分子自身的生存方式、价值选择、社会功能发挥等都产生了重要的影响。

（一）文化多元化对知识分子自身生存方式的影响

这里所说的知识分子的生存方式，主要包括两个方面的内容：一是知识分子作为现实的个人，在物质、经济层面上如何生存和发展的问题；二是知识分子作为社会成员中相对独特一员，如何体现其在社会中的地位与价值的问题。前一个方面主要表现为知识分子的职业选择和物质生活条件的变化，后一个方面表现为知识分子社会地位的变迁，也表现为社会对知识分子地位的认同程度。简言之，是一个知识分子在多元文化背景下如何安身立命的问题。

文化多元化是社会结构变化的反映。在当代中国社会转型中，社会结构的分化、经济成分的多样化、政府管理体制的改革等，使得越来越多原来由政府财政支持的报刊、出版、影视、创作等文化传媒或文化事业单位，日益走向社会化、市场化，推动着知识分子职业选择的变化。这些变化直接导致知识分子的生存方式和职业选择的多样化趋势：有些知识分子投身市场，"下海经商"，走上"实业报国"的创业之路；有些知识分子参与文化产业创造，在推动文化市场繁荣和提高文化产业品位过程中实现着自身的文化使命；也有些知识分子坚守传统的学术研究领域，在专业性、学术性的理论建构中实现其公共关怀；有些知识分子成为政府公务员，参与到公共管理实践中，提升着政府行政管理的水平；也有许多知识分子以"自由人"的身份而立足。总之，知识分子日益面向社会，以更加自由、平等、宽容的姿态创造知识，实现自身价值和社会责任。这种职业选择的多样化不仅是社会结构分化的直接结果，而且也反映着文化多元化所带来的知识分子自身价值观念的巨大变化。

文化多元化对知识分子生存方式的影响,更多地表现在社会对知识分子地位与作用的评价上,表现在社会结构转型对不同类型知识分子的价值认同上。随着市场经济的建立和完善,中国社会进入了一个经济利益主导的时代,社会阶层的变化、人们观念的世俗化以及知识的商品化,对不同类型知识、知识分子带来的影响是不同的。那些适应市场竞争、能够很快转变观念的知识分子,在市场中找到了更大的发展舞台;那些对社会变化反应迟钝、不适应竞争的知识分子则显得无所适从,甚至产生强烈的失落感。那些掌握科技知识的知识分子因为能够给社会、给个人带来直接的经济价值而日益受到社会的重视;那些拥有文史哲等方面知识的知识分子即所谓"人文知识分子",因为无法给企业和社会创造直接的经济价值而日益被边缘化;那些善于制造轰动效应的各类"文化明星",因为满足了大众休闲娱乐的需求而日益受到广泛的青睐。知识分子地位和作用的变化必然引起知识分子价值观念的变化,知识分子对自我价值的认知也开始出现分化。特别是那些长期承担着"启蒙"角色、社会影响力广泛的"人文知识分子",因为被排挤出了社会政治生活的中心而感到失落和苦恼,甚至对社会变革采取极端的批判或否定态度。知识分子有必要重新思考自己的社会角色、重新选择发挥自己社会作用的新方式,以适应社会转型和文化多元化格局的要求。

(二)文化多元化对知识分子文化价值观念的影响

文化价值观表达着知识分子对不同类型、不同性质文化的理性认知和情感认同。知识分子因为有知识、有洞察力和善于思考,所以能够比一般社会成员更早更深地感受到社会生活的变化,发现社会发展中存在的问题,所以常怀忧虑,总是处在理想和现实、学术与政治的撞击之中,承受着精神上的痛苦和思想上的烦恼。在全球化多元化的文化"万花筒"里,不同文化的并存、竞争乃至冲突状态,在为知识分子的文化选择创造了更广空间、提供了更多选择的同时,也增添了他们价值选择的困惑和痛苦。面对西方文化的强力冲击和国内改革所伴生的消极现象,许多知识分子对西方文化、西方价值观的现代性价值表示怀疑甚至否定,倡导回到儒家的文化传统中寻求现代性的文化资源,因而产生了所谓的"国学热"、"传统文化热";也有许多知识分子坚持现代性的普遍价值,基于对历史经验的总结和现实问题的思考,更多地反思和批判传统文化的负面价值,认同西方自由主义文化;也有许多知识分子受西方后现代文化思潮的影响,自觉不自觉地接受西方后现代价值观念和思维方式,基于对现代性、全球化所带来的负面效应的忧虑,对于西方文化提出强烈的质疑,进而对近代以来的社会发展历程予以价值重估;许多知识分子则徘徊在传统与现代、民族化与现代化之间,承受着文化价值选择、文化认同的痛苦。当然,更多的知识分子坚持以马克思主义为指导,立足于当代中国实际,寻求文化综合创新的发展之路。这些都反映出当代中国社会已开始摆脱以往那种单一政治意识形态主导一切的文化框架,而进入了一个文化价值多元化的时代。但是,这种文化价值的多元化实际上体现着知识分子在对中国社会发展道路认识和评价问题上的重要分化甚至对立,它一方面引发知识分子内部的思想论争,另一方面,由于知识分子会通过各种途径来探讨、传播甚至实践自己的文化价值观,从而对社会公众产生影响,使得社会成员对社会发展问题的共识性降低,影响着社会的凝聚力和向心力。如何凝聚共识、形成共同理性,实际上成为新时期知识分子新的文化使命。

　　对于当代中国而言,社会应该对文化多元化保持一种尊重、宽容的态度,毕竟文化多元化在带来人们思想认识和价值选择困惑的同时,也为社会发展增添了色彩和活力,为文化创新提供了更丰富的资源。人们思想意识、文化观念的多样化,是一个任何人都无法改变的现实,一个思想的现实。当然,一个社会可以也应该通过培育和倡导主流的文化价值观来引导人们的思想意识,增强社会的凝聚力和向心力。对于知识分子来说,面对文化的多元化,坚守自己的文化立场固然重要,但尊重并理解别人的文化立场更为重要。知识分子可以不同意别人的思想观点,但必须尊重别人坚持自己思想观点的权利,在多元文化的论争中确立自己合理的文化价值观,引导社会的健康发展。这不仅要求知识分子继续保持自己独立的人格境界和理性批判精神,而且更要立足于中国现实,坚持走与人民群众相结合、与社会实践相结合的发展之路。

(三)文化多元化对知识分子社会角色的影响

　　"知识分子"这一概念,一开始所表达的就是那些借助知识和精神的力量,对社会表现出强烈的公共关怀、有社会参与意识的文化人。人们通常把知识分子称为"社会的良心"、"社会正义"的代表,这就是知识分子的社会责任感和人文关怀,这也被公认为是知识分子最内在的本质属性。一个有知识、从事脑力劳动的人未必是一个真正的知识分子,只有具有这种鲜明的社会角色意识并身体力行的知识人,才称得上是一个知识分子。

　　在西方社会,伴随后现代社会的来临和整个社会文化的变化,特别是后现代主义的深刻影响,知识分子自身面临一个深刻的身份、文化上的转型。传统的启蒙意义上的知识分子及其"铁肩担道义"、"兼济天下"的价值关怀逐渐消失了,知识分子不再是"社会正义"、"道德良知"的普遍代表者,而变成了在各个具体专业领域工作的"专门家"或"知识工作者"。意大利思想家葛兰西曾经把知识分子分为两种:一种是"传统的知识分子",如教师、教士、行政官吏;另一种是"有机的知识分子",他们主动参与社会,与阶级或者企业直接相关,而这些阶级或企业运用他们来组织利益,赢得更多的权力,获取更多的控制,如技术人员、经济专家、新闻记者等。显然,在当今这个知识技能与社会生产日益融合的"知识经济"时代,"有机知识分子"正在迅速膨胀,而传统知识分子在不断缩小。在当代学者萨义德看来,现代社会知识的专门化戕害了知识分子的人格培养,导致知识分子"公共性"的丧失,他们越来越认同于自己的专业角色和专业知识领域,日益变成现代社会权力系统的一个"零件"。与之相一致,作为知识分子赖以立足的社会责任感、独立人格和批判精神却在日益丧失。英国社会学家 Z.鲍曼则用从现代性的"立法者"到后现代性的"解释者"的转变来说明知识分子的这种变化。这些都表明,知识分子越来越局限于狭隘的"专业领域"而丧失其"公共性"。也正是在这个意义上,利奥塔曾极端地声称"知识分子早进了坟墓"。就是说,知识分子那种坚持真理和社会正义、捍卫思想自由和独立人格的精神品质,那种作为"社会良心"的社会责任感已经被专业社会、商业社会、知识社会冲淡了、消解了。这些观点尽管极端,甚至片面,但是毕竟表明,知识分子自身的社会角色及其所承担的社会功能也在发生着深刻的变化。

同样,在中国,伴随改革开放以来的社会转型和文化变革,知识分子也经历了从思想启蒙者、文化英雄,到政治边缘人,乃至社会边缘人的心路历程,其社会角色和功能属性都发生了并继续发生着显著的变化。五四运动以来,知识分子为挽救民族危亡,一直承担着文化上、思想上启蒙者的社会责任,力图通过民族性的反思和新文化的倡导来唤起民众,实现国家独立和民族复兴。即使是在改革开放初期,基于对社会相对落后状况的深刻忧思和对旧体制弊端的理性反思,知识分子依然是以社会改革倡导者、呼唤者和新文化、新思想的启蒙者的社会角色参与到社会变革中去,并不断产生遍及社会各个角落的"轰动效应",成为整个社会关注的中心。可以说,中国知识分子自近代以来始终处在社会变革的最前沿,始终是整个社会关注的中心。但是,正是知识分子所热切呼唤的改革深化和人们的观念转变,导致了知识分子自身社会角色的重大转变。这是因为,市场经济改革和现代化目标的确立,把经济问题推向了社会和个人生活的中心;知识体制和教育体制的变化使得学术日益呈现出职业化和技术化的取向;后现代思潮对传统的知识价值和文化观念的消解和反叛,引发了知识分子对自身社会角色的反思和批判。所有这些,都使得越来越多的知识分子日益远离社会的"中心"位置,知识分子自身也开始意识到自己已不再是现时代社会关注的中心,开始放弃思想启蒙之类的"公共关怀"这一传统知识分子的精神特质,进入现代知识体系里寻求个人的发展和自我的完善,进而带来知识分子社会角色的显著变化:一是政治的边缘化。现代化的深层拓展使得社会越来越依靠法律、制度和市场机制来维持和推动,而不再需要知识分子的政治启蒙和激情呼唤,知识分子特别是人文知识分子实际上已退出了社会政治生活的中心,而只能转向学术领域的创造和专业领域的发展。二是社会边缘化。由于商业文化和消费主义文化的快速发展,思想的深度价值被消解,人们的思维被各种平面化、复制化的文化碎片所占据,人们的生活越来越多地由大众传媒和时尚所引导,人们需求的不再是那些具有深度价值和启蒙意义的思想文化成果,而是满足于带来感官享受、缓解生活紧张情绪的娱乐性文化产品。知识分子要么转变身份变成了流行文化、消费文化的制造者和生产商,变成了适应市场需求的"文化明星";要么被排挤出社会文化的中心舞台,日益成为所谓的"社会流民"、"文化流民"。而这些都意味着知识分子社会角色在当代社会面临的深刻变化。

应该承认,知识分子社会角色的这种变化固然导致一部分知识分子启蒙精神的"失落"和"公共性"的丧失,但并不是知识分子整体的价值失落,而是社会发展和知识分子生存方式变化所引发的自身社会角色的转型。一方面,知识分子只有回归到各自的专业领域中才能更好地实现其社会责任感,实现自身的价值,这是知识分子社会角色回归本位的表现;另一方面,知识分子在现代专业社会和技术领域里必须保持清醒的自我意识和自觉的角色意识,对自己所承担的社会角色进行准确的定位,努力保持和弘扬知识分子的"公共关怀"精神,以免被专业化的知识建构和理性化的社会体制所消解。在现代专业化、制度化的时代里,知识分子的生存方式、社会角色会不断变化,但知识分子的精神是永恒的。

三、承前启后的文化带头人
——当代中国知识分子的文化使命

全球化时代文化的多元发展,对中国社会来说既是一次难得的发展机遇,又是一个巨大的现实挑战。知识分子作为文化传承与文化创新的主体,一方面承受着文化多元化给自身带来的观念冲突和价值分裂之困惑;另一方面,又承担着通过发展先进文化为社会进步提供智力支持和精神动力、弘扬民族精神的重要使命。这就要求知识分子增强责任感和使命感,担负起时代赋予的神圣文化使命。

（一）弘扬民族精神，推动民族文化创新

全球化时代文化的多元并存，把民族文化、民族精神推向了历史的前台。民族文化是一个民族和国家赖以生存和发展的重要根基，是一个民族区别于其他民族和国家的重要标志。民族精神是一个民族在长期的共同生活和共同实践基础上形成和发展起来的，为大多数民族成员所认同和接受的思想品格、价值取向、理想信念和道德规范的总和，是一个民族的心理特征、思维方式和思想情感的集中反映。民族精神是民族文化的核心和精髓。中华民族在其长期的历史发展进程中，以自己的勤劳、智慧和坚韧创造了灿烂辉煌、博大精深、源远流长的民族文化，培育形成了以爱国主义为核心，团结统一、爱好和平、勤劳勇敢、自强不息的民族精神，成为"世界上唯一幸存至今的文明"，在历史上曾经长期处于世界领先地位。但是近代以来，中华文化在外来文化的冲击下遭遇到"两千年未有之变局"，伴随民族磨难的是文化变革的异常艰难和文化创新的屡屡受挫，从而彻底地改写了中华文化在全球文化中的位置和国民心态，民族精神、民族文化的转型和创新也显得异常艰难和曲折。在当代全球文化多元化的背景下，弘扬和培育民族精神，推动民族文化创新，使之重新焕发活力，就成为实现中华民族复兴的必然要求。

知识分子的天生使命，不仅在于传承学术薪火、创新科技，更在于在这一过程中所实现的民族精神的传承和民族文化的创新。中国知识分子自古以来就以"为天地立心，为生民立命，为往圣继绝学，为万世开太平"为志向，一贯具有强烈的忧患意识和社会责任感，具有"铁肩担道义"精神传统和文化品格。近代以来，尤其是五四运动以来，中国知识分子不论是作为思想的启蒙者、社会的

批判者,还是作为社会变革的直接参与者,都更突出地体现出强烈的社会责任感和历史使命感,成为推动民族精神和民族文化发展的主体力量。特别是由知识分子主导的马克思主义的传播及其中国化成果,赋予中华民族精神以新的内涵,为民族文化发展提供了新的活力。可以说,在近代以来的各个历史时期,知识分子始终高扬民主和科学的旗帜,致力于开启民智、变革文化、振兴民族,乃至直接走上革命的社会变革之路。新中国成立后,知识分子更是以主人翁的姿态投入到现代化建设中,其间虽然饱受挫折和磨难,但依然矢志不渝,情怀依旧。可以说,从识字教育到开办新式学堂和书局,从对传统文化的深刻批判到对西方先进文化的积极引进,从学术研究到革命实践,从思想解放到改革实践,在历次的社会变革和文化变革实践中,知识分子总是走在时代精神的最前列,成为民族精神传承和创新的主体力量。

在当代中国,经济社会的持续发展需要源源不断的精神动力,社会转型时期价值观念的多元化要求增强民族的凝聚力和向心力,综合国力竞争的加剧提升了文化"软实力"在发展中的地位,而全球化及其所引发的文化多元化,西方文化的强势渗透提出民族精神自主性和文化主体性的问题,等等,都对民族精神、民族文化的发展提出了更高的期待,也对知识分子提出了更高的要求。第一,知识分子要热情支持和积极参与社会改革,推动中国经济的持续发展,具体包括在转变观念、创新制度、发展科技、经营企业、加强管理、完善法制等诸多方面,继续自觉地参与到经济发展的各个过程。第二,知识分子要自觉抵御西方文化霸权,弘扬民族精神,传承民族文化精华,维护民族的独立性和民族文化的主体性,不断增强中华民族的文化凝聚力和认同感。第三,知识分子要积极推动文化创新。面对全球化的挑战,知识分子应该率先确立一种居安思危的忧患意识,充分利用全球化带来的历史机遇,以开放、多元的心态积极吸收各民族的先进文化成果,不断为民族精神、民族文化增添新的内容和实现形式。第四,知识分子要树立辩证的文化观。在多元文化共融的过程中,知识分子必须摒弃民族虚无主义和全盘西化的两极思维,以高度的文化自觉和理性态度辩证地对待中外文化,通过文化创新,真正使中华民族"外之既不后于世界之思潮,内之仍弗失固有之血脉"(鲁迅语),使中国以文化大国和强国的形象屹立于世界民族之林。

(二)发展先进文化,引领社会思想道德建设

先进文化是人类文明进步的结晶,是推动社会前进的精神动力。先进文化包括先进的思想道德和先进的科学文化两个部分。其中思想道德规定着整个文化的性质和方向,是先进文化的核心内容;科学文化反映生产力发展的客观要求和人类认识自然规律的积极成果,是先进文化的重要组成部分。在当代中国,先进文化就是有中国特色的社会主义文化,它以马克思主义、毛泽东思想、邓小平理论和"三个代表"重要思想为指导,以爱国主义、集体主义、社会主义的思想道德为核心,继承与发扬中华民族优秀文化和革命文化传统,积极吸取和借鉴一切外国的优秀文化成果,是面向现代化、面向世界、面向未来的民族的科学的大众的社会主义文化。当代中国的先进文化渊源于中华民族五千年文明史,植根于有中国特色的社会主义的伟大实践。先进文化既是社会主义社会的重要特征,又是社会主义现代化建设的重要目标和重要保证。知识分子作为精神生产的劳动者,是当代文化发展、文化创新的主要承担者,理应成为当代中国先进文化的积极建设者和推动者。

首先,知识分子要成为先进文化的自觉推动者。改革开放以来,社会主义现代化建设的蓬勃发展和社会发展对文化建设的热

切呼唤,为知识分子充分发挥自己的才干和作用创造了机会;社会对知识和知识分子的重视,也正在为知识分子作用的充分发挥创造了越来越宽松的社会环境;知识分子所拥有的思想、知识、文化等方面的优势,使得知识分子大有可为的时代已经到来。知识分子应该卸下身上沉重的历史包袱,增强社会责任感和自身素质,以高度的"文化自觉"意识和积极进取的心态,参与到当代中国先进文化的建设中去,成为先进文化的积极倡导者、传播者和创新者。

其次,知识分子要成为先进思想道德的引领者。思想道德是先进文化的核心内涵,先进的思想道德决定着社会文化的性质和方向,也决定着人们的世界观、人生观和价值观。知识分子往往最先感受到时代脉搏的跃动,成为时代思潮的先知先觉者,也成为社会新思想的启蒙者。从近代的康(有为)梁(启超)维新到五四新文化运动,从马克思主义的传播到新时期思想解放运动的开启,从宏观的理论构造到微观的思想启蒙,中国知识分子始终走在时代的最前列,成为新思想、新观念的启蒙者和倡导者。中国社会未来发展依然需要观念的创新和思想的引导,尽管现代社会人们素质的提高和文化的多元发展,使得知识分子不再是真理的化身和思想的符号,事实也证明知识分子并不总是新思想的传播者和创新者,但是,知识分子仍需以自己的专业知识和批判理性作出独立的思考,不断为社会提供新的思想观念,引领社会思想解放和观念变革的潮流。同样,知识分子作为世俗社会中现实的人,也会有自己的物质需求和利益追求,也会有自己思想、道德上的局限性。但是,知识分子的社会角色和独特地位,决定了知识分子至少应该把道德上的完善和人格境界的提升作为实现自身价值和公共关怀的必要条件,在为社会道德作出判断、为他人指点道德的同时,也应该理性地看到自身的局限性,主动地与人民群众、与社会实践相结合,努力提高自身的道德觉悟,在实践中完善自己的人格和修养。

再次,知识分子要以理性的态度对待古今中外的先进文化。先进文化既是根源于传统的,又是面向世界的。只有在继承传统文化精华、广泛吸取国外尤其是西方文化积极成果的基础上,才能发展先进文化,创新先进文化。无论是对传统文化的理解,还是对国外文化的认识,知识分子都比其他人具有鲜明的优势,他们理应超越个人文化价值观的狭隘偏好,走出保守主义与激进主义的二元对立,辩证把握传统文化的合理因素,以开放的心态积极吸收人类一切优秀的文化成果,在不同文化间的借鉴与融合中,在多元文化的对话与综合中,创造当代中国的先进文化。而要做到这一点,知识分子首先应当是中国伟大社会变革的积极参与者和理性思考者,应当秉持深切的人文关怀和科学信念,敢于对历史和现状、对自己的民族和整个人类进行认真的反思,在对当代实践的深刻把握的基础上,吸收、融合古今中外的文化成果,实现发展先进文化的使命。

(三)参与文化产业发展,提升文化产品质量

随着经济社会的发展和物质生活水平的提高,人们的消费需求开始从直接的物质生活领域向精神文化领域和休闲领域转移,以满足休闲娱乐和精神文化需求为目的的文化产业,如新闻出版、影视音像、文学艺术、电脑软件、网络艺术、歌舞娱乐、体育、旅游等,正在成为全球性的"朝阳产业"。在全球化背景下文化产业的发展,一方面正在成为强劲的经济增长点,成为一个国家经济实力和经济发展程度的重要表现;另一方面成为西方文化全球扩张乃至侵略的重要动力。如美国的好莱坞电影、迪斯尼娱乐、流行音乐等大众文化产品,不仅创造着超过航天、钢铁等产业的经济效益和超级利润,而且成为西方发达国家推行其"文化霸权"、推销其意

识形态和价值观念的强有力载体。正是借助于大众流行文化及其产品，西方社会的生活方式、价值观念及意识形态在许多发展中国家，特别是这些国家的青少年中间得到广泛的认同，使得全球化在某种程度上被认为就是"西方化"、"美国化"。

对于中国来说，从20世纪90年代以来，市场化改革的深化推动着传统文化管理体制的变革和文化产业的发展，人们精神文化需求的日益高涨为文化产业发展创造了广阔的发展空间，西方文化产品的传播与流行也刺激着国内文化市场的发展。因此，文化产业的发展和大众文化的流行，已经成为当代中国社会最显著的经济现象和文化景观，电视文艺、大众音像、流行歌曲、综艺报刊文化和网络多媒体文艺等大众文化形式，不仅占据当代文学、文化的重要地位，而且成为经济增长的重要组成部分，并将成为国民经济的支柱产业之一。就文化自身来说，在市场经济社会中，文化的市场化、产品化，或者说，文化产业的发展、文化市场的开发、文化产品的生产，也是当代文化传承、文化创新的基本动力和重要形式。然而，在国内文化市场上，一方面，西方文化产品依靠其成熟的市场运作经验、发达的技术和超强的资本实力，占据着文化市场的"中心"位置，实际上主导着文化市场的流行时尚；另一方面，文化产业整体发展的滞后，导致文化市场上充斥着大量简单、低俗的大众文化产品，再加上缺乏有力的资本、技术支撑，国内文化产品不仅很难"走出去"进入全球文化市场，而且在国内市场上也难以抵挡西方文化产品的竞争。正是借助文化产业和大众文化的广泛传播，西方文化对我国社会的主流文化和民族文化构成双重挑战。这样，加快文化产业发展，创造日益增多的符合大众文化需求的文化产品，增强文化产业领域企业的竞争力，既可以推动经济发展，提升综合国力，又能发展先进文化，满足人们的文化需求，也是对抗西方"意识形态渗透"、"文化侵略"的重要战略。

与一般产业不同,在文化产业发展的过程中,文化产品的生产与流通不仅需要技术、资金和市场开发经验,而且需要必要的文化底蕴、文化理念和文化创意。在某种程度上,文化内涵、文化观念、文化创意决定着文化产品的质量和层次,决定着文化产品的市场潜力。而文化产业除了像其他企业一样追求利润最大化以外,还必须把社会效益放在重要地位。经营目标的这种特殊性要求文化产业的生产者、参与者要有较高的社会责任感。也就是说,要发展文化产业,创造丰富多彩的优秀文化产品,形成健康繁荣的文化市场,首先要提高文化产品生产者、文化市场经营者的文化素质,增强其文化创新能力。因此,我国文化市场的开发,文化产业的发展,文化产品质量的提高,需要广大知识分子的积极参与,需要培育和造就一大批高素质、有责任感的文化商人或文化企业家。社会也应该通过制度创新和政策措施来鼓励和吸引更多的知识分子,特别是人文知识分子参与到文化产业的发展中去,以提升文化生产的整体水平和文化产业经营者的素质,推动文化市场的繁荣和健康发展。

就知识分子自身来说,积极参与文化市场的生产和经营,不仅是知识分子的职业选择或生存方式,而且是知识分子发挥社会作用、实现自身价值的重要方式。第一,通过参与文化市场的生产和经营,知识分子可以把学术界、文化界的最新成果通过市场化机制推向社会和大众,推动文化的普及与提高,促进社会文化的发展;第二,通过开发健康有益的文化娱乐产品,丰富国内文化市场,满足日益增长的社会文化需求,可以有效抵御西方大众文化商品的入侵;第三,通过培育具有深厚民族文化底蕴和民族文化特色的文化产品,借助于全球化和市场化机制,可以使中国文化积极走出国门,有效参与全球文化多元化的进程,增强中华民族的凝聚力和影响力,进而提升综合国力。当然,在参与文化产业发展的过程中,知识分子最重要的是要继续保持一贯的人文关怀和社会责任感，以满足人民群众精神文化需求为目的，而不能单纯为了经济效益而成为那些趣味低下、格调庸俗乃至诲淫诲盗的粗劣文化产品的制造者。这既需要社会通过法律、制度来规范和引导文化市场的发展，也需要知识分子自觉地意识到自己的社会责任，承担起时代赋予的文化使命。

（四）参与全球文化对话与交流，彰显中国文化精神

不同文化之间的交流与相互借鉴是文化发展的基本动力。全球化既推动着不同民族的文化之间的多元并存格局的形成，又强化着各个民族文化的自我主体意识。在全球化时代，任何民族的文化都不可能不受到外来文化尤其是西方文化的强烈影响，不可能孤立于全球文化之外而独自发展，而只能在多元文化的对话与交流的框架中，既保持本民族文化的相对独立性，维护民族文化的个性与特色，又保持民族文化的开放性，主动吸收和借鉴其他民族的先进文化。这一点，对于中国文化和中国知识分子来说，显得更为重要。中国传统文化的深厚博大和曾经的辉煌，自觉或不自觉地会使许多知识分子固守"本土文化中心"的立场而本能性地拒斥外来文化；近代以来中国屡遭列强蹂躏、落后挨打的沉重记忆，又使许多知识分子力图借"西方文化"实现民族振兴而对民族传统文化采取简单的否定态度。可以说，传统与现代、中国与西方的"非此即彼"的思维方式，一直是困扰知识分子文化选择的难题。

应该说，改革开放以来中国经济社会的持续发展，在增强综合国力的同时也在提升着中华民族的自信心和民族文化的影响力；为实现经济持续增长而对全球化进程的自觉参与，又在不断扩展着整个民族对西方文化的理性认识，转变着人们的文化观念。所

以,今天的中国知识分子可以也必须从"西方化"与"本土化"的二元对立中超越出来,既以全球化的广阔视野审视自身文化和当代文化的发展问题,又以民族化的自觉意识对"全盘西化"保持高度的警惕,努力实现不同文化之间的相互借鉴、对话与沟通,并在此过程中实现民族文化的发展创新。

首先,知识分子要保持多元宽容和跨文化理解的心态。"和而不同"、"协和万邦"历来是中国文化的基本精神。尽管全球化过程中充满着矛盾和问题,但是任何国家和民族都不能离开这一过程而孤立发展。知识分子在参与全球化过程中,因基于不同的文化观念和价值立场而面临着剧烈的文化冲突,对全球化及其所产生的社会影响自然也会有不同的价值评价。但是,知识分子要参与全球多元文化的建构,就需要以客观、宽容、平和的态度来理解和对待全球文化的发展,既要反对文化上的霸权主义,承认和接受多元文化,又要反对文化上的"部落主义"和保守主义,克服盲目排外或自我陶醉的狭隘心理,积极对各民族文化保持开放,在多元文化的对话与相互借鉴中实现民族文化的传承和创新。

其次,知识分子要增强民族自信心和文化主体性。全球化进程中文化的多元化发展,需要各民族充分张扬自己的文化个性,以独立的文化价值和文化立场参与到世界的文明对话中去。作为世界上最古老的文明之一,中国文化以其丰富的内涵和深邃的思想在世界文化之林中独树一帜,成为全球多元文化丛林中重要的"一元",它的现代价值已经得到世界各民族文化的认同,并将对人类文明的未来发展产生重要的影响。对于中国来说,参与全球文化交流,不仅要学习和借鉴其他文化的优秀成果,而且要在全球文化中发出中国文化的声音,凸显中国文化的个性和价值,中华民族的复兴必然包含着中国文化重新走向世界。况且,世界上许多具有公正客观立场的知识分子都承认中国文化的深刻内涵必将对未来人类社会的和平相处、身心和谐、生态平衡作出独特的贡献。这就要求中国知识分子要摆脱长期以来形成的文化自卑心态,增强民族自信心,以自觉的主体性姿态参与全球文化的对话与交流,彰显中国文化精神对于解决当代全球性发展"困境"的现代价值,从而对人类文明作出更大的贡献。

再次,知识分子要弘扬批判精神。理性的批判精神是知识分子天生的使命和参与社会的基本方式。在西方文化的强势挤压和进攻下,中国传统文化面临被边缘化的危险,社会主流的价值观念和意识形态也正在受到挑战。国内文化市场的开放和文化产业的发展,也引发了一些低俗文化的泛滥,一定程度上构成当代文化建设的"困境"。在这种复杂的文化环境中,知识分子,尤其是从事文化研究、文化生产的知识分子,有责任以清醒的理性精神和批判意识对社会文化现象进行分析,对西方"文化霸权主义"保持警惕,对庸俗的社会文化现象予以批判,科学地把握当代文化发展的主旋律,引导社会文化生产和文化消费的方向,培育全社会的"文化自觉意识"。

(五)关怀公共利益,弘扬社会责任意识

现代社会是一个知识主导的、高度专业化的社会,也是一个知识商业化、经济知识化的社会,社会专业化分工的细化、知识经济价值的增强以及文化价值观念的多元化,必然会引起知识分子存在方式、社会角色的深刻转变,导致部分知识分子社会责任感的淡化甚至是"良知"的泯灭。在现代社会,正确处理专业化与"社会性"之间的关系,继续保持和不断强化知识分子的社会责任感和奉献精神,就成为实现知识分子自身文化使命的重要前提。更进一步说,是否具备强烈的人文关怀和社会责任感,是一个知识分子

区别于一个专业技术人员或纯粹的"知识工作者"的根本之所在。①

从西方社会现实看,伴随现代性的扩张,作为知识分子"公共性"特征的社会责任感正在"淡化"或"丧失",许多知识分子日益成为埋头于专业领域的"技术专家",而不再拥有苏格拉底式的批判激情和马克思那样的人文关怀。知识分子自身角色的这种变化,引起了越来越多依然具有良知的知识分子的忧虑,在现代社会背景下重建知识分子的社会责任意识,就成为人们广泛关注的一个重要问题。当代中国社会与西方发达社会的经济、政治状况相差很大,知识分子的文化背景和心路历程也与西方相距甚远,西方思想家们所描述的知识分子"社会责任感"丧失的问题,未必都适合中国的知识分子。但是,应该清醒地看到,改革开放已经使中国社会日益广泛地融入到全球化进程中,社会专业化分工不断深化,社会发展对专业知识和专业人才的要求日趋强烈,人才强国、人才开发已经成为国家的发展战略,全球多元文化共存的开放环境,使得西方的学术思潮、文化观念深入到社会生活的每一个角落。因此,知识分子在专业发展与社会责任之间如何保持协调,这同样是当前我国知识分子在身份认同、价值立场等方面遇到的问题。在20世纪90年代以来的市场化和全球化进程中,无论是在教育、科技等传统知识分子工作的领域,还是投身市场进行创业的"知本家",或者官僚体制中的权力拥有者,越来越多的知识分子变成了制度化、专业化、学院化了的"知识工作者",从事专业化的知识建构或知识生产,从关注"宏大叙事"的社会"启蒙英雄",转为关注"具体叙事"的"专门家"。在这种情况下,如何继续保持和发扬中

---

① 关于知识分子专业化与社会责任感等问题的讨论,可以参考许纪霖所著的《中国知识分子十论》,复旦大学出版社2003年版。

国知识分子传统的社会责任意识,就成为一个关涉知识分子安身立命和价值实现的重要问题。

事实上,无论对于后现代的西方社会,还是对于发展中的中国社会,一个真正意义上的"知识分子",不仅仅应该具有专业知识和技能或从事精神生产,而且必须具备基本的社会责任感,具备道德上的良知和正义感。因此,在中国社会走向专业化、知识化和文化商业化、多元化的过程中,作为世俗生活中现实的个人,知识分子可以也必须拥有自己的专业知识,或从事某种专业化的工作,或在经济、文化市场上创业,或坚守学术阵地,成为现代社会体制内的一部分;知识分子的文化价值观也必然是多元化的,他们可以有自己不同的文化立场和文化观念,可以对社会发展作出不同的价值评价。但是,作为一个真正的知识分子,他们还必须同时具备一种超越专业工作或个人利益之外的"社会责任感",即他们必须对专业领域之外的社会公共利益甚至人类的普遍价值具有高度的社会责任,具有理性的批判精神和独立的人格境界,以自己的专业知识和理性体现对社会发展和人文价值的关切。

事实上,在现代专业社会里,知识分子的专业化与社会责任之间并不是完全对立的,深厚的专业知识为知识分子的社会关怀提供了知识依据,专业领域的成就和社会影响力赋予他们以某种独特的"文化资本"、"话语权力",也使得知识分子发出的声音借助于当代发达的媒体和迅捷的网络具有了更广泛的社会影响。即使就专业工作自身而言,知识分子也可以将追求真理的科学精神和关怀社会公共利益的价值取向有意识地渗透到本职工作中去,从一个特殊的、具体环节或途径体现出其知识分子的使命感和责任感。这样,专业知识或专业化可能成为更好地实现知识分子社会责任的重要前提。从这个角度说,知识分子应该也必须在各自的专业领域内具有良好的敬业精神、广博的知识基础和杰出的专业能力。当然,在现代专业化、知识化的社会里,一个真正的知识分子应该也必须强化自我意识和责任意识,勇于反思和批判自身专业和视野的局限性,不断培育自己的独立人格,积极探索在现代社会环境中实现其社会责任的有效方式。

应该看到,现代社会民主的、多元的文化和多样化的工作方式,为知识分子对社会公共利益的介入提供了日益广阔的空间,转型社会所面临的问题和矛盾的多样性、复杂性,则对知识分子提出了更高的社会责任要求,而日益发达通畅的文化传播媒介和网络,又为知识分子介入社会公共利益和公共生活提供了便捷多样的途径。在当前现实的社会生活中,人们经常可以看到,一方面是知识分子的专业化、体制化,另一方面是越来越多的知识分子通过正式的、非正式的各种渠道,关注、参与到社会公共事务中去。在涉及经济发展、政治改革、法制建设、社会公正、文化建设、生态环境等社会发展的各个领域中,人们经常可以感受到知识分子所发出的独立声音和所发挥的独特作用,甚至有越来越多的知识分子以自己的专业知识,通过各种非政府组织(NGO)的形式直接参与到社会事务建设中去,显示出中国知识分子那种关注社稷民生、"为万世开太平"的社会责任感。有理由相信,在现代社会,知识分子发挥其社会作用的方式会不断变化,"天下兴亡,匹夫有责"这一中国知识分子的传统精神却是永恒的,并会一代一代地在知识分子身上得到延续和弘扬,越来越成为推动社会发展的主体力量。

第七章　处在时代前沿的挑战者

——现代科技与知识分子

一、科技时代引发的创新变化

——现代科技对人类社会日益深远的影响

在人类文明的发展史上,科技始终是点亮这一历史夜空的璀璨星河。科技作为物质性的现实力量,使社会关系得到不断的变革,加快了城乡之间、工农之间、脑力劳动与体力劳动之间差别的缩小,加快了社会关系的现代化、文明化进程;科技作为一种革命性的精神力量,又有力地促进着人类智力和精神的革命性变化,包括促进人的智能化,推动思维方式的变革,加速科学精神、科学态度、科学方法的培育,提高了整个社会的文明程度。随着科学技术自身的积累和拓展,随着科技与社会日益紧密的联系和彼此促进,现代科技发展呈现了许多新的特点和趋势,各国的科技政策、科技发展路径选择都直接关系着综合国力的强弱、升降,关系着战争资源和手段的改善以及世界格局的变化。现代科技对社会历史进程的影响日益广泛、深远。

（一）现代科技发展的特点和趋势

现代科技发展的特点和趋势可以概括为四个方面，即学科整合程度不断增强，科技创新不断加速，科技的社会影响日益广泛，科技发展的国际化要求不断提高。

1. 现代科技的学科整合程度不断增强

科学与技术两个体系和领域不断一体化。科学与技术原本是循着不同的进程发展的两个领域，二者之间的关联性并不是很密切。它们最初也并未融为一体，而是沿着各自的轨道运行，形成了各自的传统和体系。直到19世纪中叶，科学革命的许多理论成果还不能很快转化为应用技术，更不能直接引起技术革命，从理论研究到应用研究要经过一个很长的间隔。19世纪60年代以后情况就大不相同了，科学开始走到技术的前面。到了20世纪，在科学技术的革命性发展中，科学受到技术更有力的支撑和推动，技术又因科学不断为其开辟道路而加速发展；技术的发展为生产力的进步提供了可能，生产力的进步又促进了科学技术的发展。整个20世纪，科学—技术—生产力之间形成了良性互动，而且这种互动还在不断加强。

科学与人文的关系日益密切。当代科学发展的整体化趋势，不仅表现在自然科学方面，而且也体现在自然科学与社会科学之间的关系越来越密切。自然科学的发展为社会科学提供了越来越多的研究方法和技术手段，一些自然科学的概念逐渐渗透到社会科学中。同时，社会科学也日益向数字化和定量化的方向发展，与自然科学之间的鸿沟开始逐步消除。在自然科学与社会科学间形成了一批交叉学科，如：技术经济学、生态伦理学、数字语言学、科技政策学等。自然科学与社会科学的相互渗透是当代社会发展的客观要求和历史必然,曾有人预言,当代最富有创造性的思想也许会出现在两大科学体系的交叉点上。

各学科间的交叉渗透日趋加深。随着现代科技的不断发展,新的研究对象的出现,现代科技出现了高度分化、高度综合和在此基础上的交叉渗透。人们对自然界的某一领域或某一方面的本质和规律的认识的精细化,逐渐在原有的学科中分化出相对独立的学科。这种分化是人类对自然认识的一种深化和突破,它使人类的认识不断向深、精、尖方向发展。随着科学的分化,现代技术也呈现出高度分化的态势,新技术层出不穷,专业化程度越来越高。在科技高度纵横分化,新的学科分支不断产生的同时,其整体化、综合化的发展速度远远超过了分化的进度,这已成为科学发展的主流。科学知识体系内部出现大跨度的"远缘杂交",以至于产生了一批前所未有的交叉学科、边缘学科、横断学科,使科学的结构呈现为连续的整体。这些学科的发生和发展,消除了传统学科之间的分离和界限,加深了各学科和各领域之间的联系,使得整个自然科学日益成为一个紧密联系的整体。

2. 现代科技创新不断加速

党的十七大报告提出,"提高自主创新能力,建设创新型国家,是国家发展战略的核心,是提高综合国力的关键。"①正是因为现代科技创新速度不断提高,一个国家要想实现发展,必须保持不竭的科技创新的热情和能力。

当今世界,新科技革命迅猛发展,不断引发新的创新浪潮,科技成果的转化周期和产业更新换代的周期越来越短,科技作为第一生产力的地位和作用越来越突出。据统计,近十多年来发展起

---

① 《十七大报告学习辅导百问》,党建读物出版社、学习出版社2007年版,第20页。

来的工业技术,到今天已有30%过时;而在电子技术领域,这一比率甚至高达50%。此外,现代技术装备也随着科学技术的进步而不断更新换代,这大大地推动了生产力向前发展。据估计,现代技术装备的基本规模,大致7—8年就要更新一次,而局部新技术装备的过时速度就更快,大约使用5—6年甚至2—3年就予以淘汰。在现代信息社会的条件下,谁先把科技成果转化为产品,谁就在竞争中处于优势。因此,世界各国都加大了对科研事业发展的扶持力度,从而使科技事业得到了飞速的发展。

3. 现代科技的社会影响日益广泛

科技对社会经济发展的贡献率越来越高。20世纪60年代以后,世界经济在科学技术革命的推动下进入腾飞阶段,其明显的标志是高科技产业以及研究与设计、金融保险、文化教育、商业与服务业等第三产业蓬勃发展。根据经济合作发展组织(OECD)的研究报告,其主要成员国国内生产总值的50%以上都是以知识为基础的新型经济的产物,科学技术已经成为现代世界各国经济增长的主要动力源。与传统产业劳动密集、资金密集产品的知识附加值比较低不同的是,当代新科技革命以来所产生的高科技产业都是知识与技术密集型的。据统计资料表明,第二次世界大战后产品的科技含量每隔10年增长10倍。现在,大多数国家都在大力发展高科技含量的信息电子产业,以加速整个产业结构的更新换代。

科技发展越来越贴近大众生活。现代科技的发展规模越来越大,对社会的影响越来越广泛,已经成为一个重要的社会生产部门。英国学者贝尔纳就把科学理解为一种社会建制、社会体制。现代科技的研究也越来越倾向于为大众生活服务、为市场需求服务,科研的人性化趋势不断加强。原子能技术在生产、生活等各个领域开始应用。像海关的安全检查仪,医院的核磁共振检查仪等都与原子科学有关。自 1960 年美国研制成功世界上第一台红宝石激光器以来,激光技术的发展突飞猛进,人们将激光技术广泛地应用于信息、工业、农业、医疗和科研等领域。航天技术也不断地被用于国土普查、摄影定位、通信、气象等基础领域。高科技逐步褪去神秘的面纱,由过去的国家安全、军事等领域向"寻常百姓家"发展。现代科技的力量被越来越多的民众所认识,也有越来越多的普通百姓开始热切地关注高科技的发展。

4. 现代科技发展的国际化要求越来越高

越来越多的科学活动需要国际合作。卢瑟福说过"科学是国际性的",在现代科技革命中这一特点和趋势表现得更为突出。在 19 世纪和 20 世纪初期,科学家们的个体科学活动还是发展科学的主要方式;而在 21 世纪里,随着科学技术内部的交叉和联系,以及科学技术与社会相互作用的进一步增强,科学技术社会化的趋势更加突出。20 世纪以来,尤其是第二次世界大战以后,当代科学技术需要国家力量的推动和组织,不仅是国家目标的重要部分,是国家实现现代化的依托,而且也成为全球和平与发展目标的组成部分。"任何一项科研成果,都不可能是一个人努力的结果,都是吸收了前人和今人的研究成果"。①

国际竞争与合作日益加剧。自从产业革命以来,世界上不少国家走上强国富民之路。它们绝大多数得益于科学技术的进步和革新。因此,当前各个国家都非常重视在新一轮的科技革命中夺取制高点,这也导致国家间的科技竞争加剧。战后,西方各国普遍增加了科研投资。企业的发展和竞争能力越来越依靠科技进步和技术革新来推动,因而,各大企业为了自身的发展也不断提高科研经费,并且在全球范围内挖掘各类科技人才。但是,新科学技术的

---

① 《邓小平文选》第二卷,人民出版社 1994 年版,第 57—58 页。

研究和开发往往耗资巨大,仅靠企业或政府都难以负担,因此各国政府部门、公司、科研单位以及国际学术团体之间的联系、交流、合作日益频繁,即使像美国、日本这样世界一流的科技强国也不例外。

（二）现代科技对人类文明的深刻影响

1. 科学技术极大地提高了人类的物质文明程度

科技进步引起产业结构大规模的调整和提高,从而使经济发生质的飞跃。随着人类进入知识经济时代,科技使传统产业得到提升,高科技产业成为经济发展中的主导性产业,异军突起的服务业也以科学技术的人性化发展作为坚实的基础。科学技术作为第一生产力,越来越显示出巨大的作用。

2. 科学技术的发展提高了人类整体的精神文明程度

科技为精神文明建设提供了物质条件,它促进了人们思想观念的不断更新,推动着人类道德水平的整体提升。科学技术的普及提高了人们的文体素质和道德素养,对于确立科学的世界观、人生观、道德观十分有益。而且从文化体系自身分析,科学技术对于加强精神文明建设也有着重要的作用。系统化、理论化的科学技术,既是文化的组成部分,也是创造和发展文化的重要手段。科学技术的进步,促使文化不断发生变革,创造出新的文化。科学技术是人类文明的重要标志,一个国家或社会的成员掌握科学技术的状况,也是衡量其精神文明程度的重要尺度。科学技术还同时改变着现代教育的内容、结构、体制和方法,决定着人类智能发展的方向。

3. 科技发展对政治文明的影响引人瞩目

马克思曾经指出,"蒸汽、电力和自动纺机甚至是比巴尔贝斯、拉斯拜尔和布朗基诸位公民更危险万分的革命家"①。随着现代科技的发展,尤其是信息传播技术的发展,给现代民主政治的发展带来了新的希望和曙光。民主制度的确立离不开民主意识的萌发和确立。科学与蒙昧、盲从是死敌,它常常是民主最得力的干将。科学的不断发展,科学精神的不断弘扬,中世纪的沉沉黑夜才能被撕开,才能让真正的人文精神阳光透射进来。科学与社会的互动,使科学不再是完全价值中立地追求客观知识的活动,而成为一种先进的文化,科学精神也得以在更广泛的社会价值层面展开。科学以普遍性、有条理的怀疑主义等来保证科学知识的客观性准则,来判断科学与伪科学。这种内在要求拓展开来,则体现出与人类对真、善、美的追求的内在一致性。将求真的态度用于社会生活的考察,人们可以看到各种社会现象的根源,找到合理公正的社会发展道路,这也是许多科学家具有十分强烈的社会责任感的根本原因。信息技术的改善,实际上降低了知情权获取的成本,使人们能够更清楚地知道自己所应获得的权利,同时也有了更多的争取权利的途径。从"法不公示"到"透明政务",在政治文明的进步中,如果没有科技发展的助推器,我们的道路将百倍的艰难。由于科学技术在民主建设中的广泛应用和民众的广泛参与,政治的决策过程将更民主、更透明、更合理、更科学,因而也就更容易产生实效。

4. 社会文明需要科技的推动

科技创新为社会建设提供技术支撑,科技为我们全面、系统、深入地认识国情提供理论和方法。只有综合运用科学理论、科学的分析方法、预测手段和信息处理手段,才能系统地认识与分析资源、环境、城乡、区域、人口、社会组织等的结构及其变化趋势,为推

① 《马克思恩格斯选集》第 1 卷,人民出版社 1995 年版,第 774 页。

进城乡、区域、经济社会的和谐发展提供科学依据;才能在重大疾病防治、创新药物研制、公共卫生和营养科技等方面取得突破,不断提高人民健康水平和生活质量;才能为建立社会态势分析与预警系统提供科技支持,维护社会稳定。

5.科技发展是建设生态文明的重要力量

当今世界的生态恶化是人类滥用科技的结果,但是要从根本上解决人与自然之间的矛盾,仍需要依靠科技的进一步发展以及人类对技术应用的理性选择。在先进的社会制度的总体安排和正确的思想理念的引导下,科技的发展应当不断拓宽人的视野、深化人的认识、升华人的精神境界,深化人对生命本质的认识,影响着人类社会的生命观、伦理观,成为形成可持续发展理念的重要因素,并不断影响人类的发展观,最终形成人与自然和谐相处的局面。

当然,科技的发展,一方面推动了社会政治、经济、文化的健康、快速发展,另一方面也带来了某些较为严重的、影响面很广的负面效应,如人文精神的萎缩、极端科技主义的泛滥、环境污染、生态破坏,尤其是科技在军事武器方面的应用对世界和平的威胁等,都需要引起人们的高度警惕并且提出相应的避免措施和手段。

进入新世纪,科学技术将更加深刻、广泛地渗透到社会的经济、政治、军事、外交、文化和日常生活的方方面面,影响并改变社会的生产、流通、组织结构、活动方式以及人们的生活方式、思维方式,引导人类未来社会的状况和走向。作为掌握现代科技的科技知识分子和对人类前进方向高度敏感的人文知识分子,需要清醒地面对这些新的特点和趋势所带来的机遇与挑战,继续推动中国的科技事业健康、快速地向前发展。

二、为繁荣文化插上科技的翅膀

——现代科技发展给知识分子带来的机遇与挑战

（一）现代科技发展给知识分子带来的机遇

随着知识经济时代的来临，知识、文化、技术正不断地向社会渗透，知识、技术日益资源化，给作为知识的拥有者、传承者、创造者——知识分子带来了空前的历史机遇。

1. 社会地位空前提高

在经济领域中，知识分子尤其是技术型知识分子已经成为经济发展的中坚力量。知识含量已经成为产品价值的一个重要内容，科技附加值往往远远高于产品的实际成本。知识分子对于产业结构的优化、经济领域的拓展、经济产业质的改变都有着极其重要的作用。"一个人救活了一个企业"中的"一个人"，往往是一个掌握关键技术的人或者一个善于管理的人，他们往往都是知识分子。为了经济的发展，国家、企业的领导者们都高度重视知识分子在经济发展中的作用。某些知识分子更是直接投身产业、商业并且作出了突出的贡献，改变了人们对知识分子纸上谈兵的误解，提高了知识分子在人们心目中的地位。

在政治领域，知识分子的地位也获得了明显的改善。知识分子已经从被改造的对象变成了被依靠的对象，"臭老九"的时代一去不复返了。越来越多的知识分子走上了重要的领导岗位，在各级人大代表中，知识分子的比例大幅度提高。中央及地方政府的决策，常常要广泛征求专家学者的意见。我国中央领导人定期在中南海听取有关专家的人文、法律方面的课程讲座。知识分子已经有了多种参知政事的渠道，他们的政治形象不断提高。

在文化领域，由于传媒产业的异军突起，知识分子在文化传播中扮演了越来越重要的角色。发达的传媒客观上打破了以往传统社会的政治"话语权垄断"，知识分子逐渐以真理代言人的形象出现在媒体中。他们的审美情趣、政治观点、价值取向的多元性，在一定程度上支持了媒体、信息的多元传播和发展，对于繁荣社会文化，保持社会内在的思想活力起到了重要的作用。

2. 所处的社会环境日益优化

知识分子社会环境的优化，除了源于他们自身社会地位的提高，生活工作硬环境方面的优化外，更主要的是社会本身的进步对于他们所生活的软环境的改善。

如前所言，现代科技的发展推动了民主的发展，知识分子因而有了更畅通、更自由的参与和表达的渠道。以往，知识分子的意见尤其是批评意见，往往只能通过组织在小范围内表达，如果组织的领导者持有不同的意见，知识分子的意见就难见天日了。但是，现代科技的发展使得知识分子可以通过不同的媒体和媒介传达出他们的声音，只要他们想表达，一般来说都能找到表达他们愿望的途径和地方。

同时，社会转型初期的脑体倒挂现象也获得了根本改变，全社会已经形成了尊重知识、尊重人才的新风尚，知识分子的社会地位随之不断提高，职业威望也在提升。知识分子比以往任何时候都更容易获得人生价值实现的满足感，他们因而以更高的国家主人翁的姿态投入到社会主义建设中来。

3. 与社会其他阶层的交往扩大

科技的大发展，一方面扩大了知识分子的队伍，另一方面使知识分子与广大非知识分子的相互认同感不断加强。科技发展，尤其是信息传播工具发展的一个重要结果就是,人们可以通过越来越多的途径来了解他们的"未知世界"。科学文化的普及率不断提升,整个社会人口素质不断提升,广大非知识分子以往对于知识分子的情感隔阂逐渐淡化。知识的资源化,提高了知识分子的社会地位和社会威望,对于知识分子"假清高"、"酸溜溜"、"不成事"等的偏见也在交流与沟通的不断增多中日渐减少。公共知识分子的出现和受到追捧,正体现了知识分子与大众的亲和力日渐增强。

改革开放的政策,以及全球化趋势,又加大和便利了知识分子同外界的信息交流,也改善了知识分子的科研环境,拓展了他们的学术视野。在同社会各阶层的广泛交往尤其是同工农相结合的过程中,知识分子不断地融入社会、造福社会,这也有助于他们的进步和发展,也有利于社会其他阶层的知识化。

4. 科研条件不断改善

现代科技的发展,改进了知识分子所必需倚仗的工具系统,使他们的科研硬件得到了不断的改善。如果说,传统的工具系统主要是人的四肢的一定程度的延伸的话,现代科技一方面使四肢的延伸达到无限,另一方面则使人的大脑得到不断的神奇延伸。科技史上机器人"深蓝"战胜国际象棋大师的著名事件,就展现了电脑智能化的发展前景。工具系统的延伸和改善,使知识分子可以在更少的客观条件的限制中,更好地发挥他们的创造性。

现代科技造就的神奇业绩,吸引了越来越多的资金注入,使科研工作有了比较雄厚的资金支持。国家对现代科技文化发展越来越重视,在加大支持力度的同时,不断理顺科技体制,使广大知识分子的工作环境日益改进。

现代科技的发展,还帮助知识分子不断地拓宽研究领域。由于现代科技的整体化趋势不断加强,新学科、新领域不断涌现,从思维、观念上逐步拓宽了知识分子的理论视野,使新的交叉学科、边缘学科不断出现,有创造性、开拓性的领域不断被开辟出来,科学研究不断提升到新的境界。尤其值得重视的是,随着宇宙视野的拓展,知识分子的科研领域,不再局限于人类居住的地球,而是整个宇宙太空。

(二)现代科技发展给知识分子提出的挑战

现代科技整合化、加速化、社会化和国际化的特点和发展趋势,在给知识分子带来空前机遇的同时,也给知识分子提出了如何更好地处理自身与社会的关系、如何更好地获取新知的挑战。

1.对知识分子的角色定位、价值观念和行为方式提出了新的要求

(1)角色定位的困惑。当前很多知识分子内心的迷茫与价值观的失落,大多源自对自身社会角色的困惑。现代科技已经全面地融入社会关系的方方面面,科技的推动者也不得不受到自己的创造物的控制和制约。他们的社会角色已经超出了知识范畴,而和整个社会历史的发展密切相联了。中国传统的知识分子承担着相对较为单一的社会角色:要么处庙堂之高,要么做山林散人。随着知识经济时代的到来,知识向社会全面渗透,社会各领域都对知识分子寄予越来越高的期望,要求他们承担起社会发展的主导作用、整合作用和创新作用。知识分子的社会角色从未有过如此多的可能。从社会政治看,随着知识分子社会地位的提高,越来越多的知识分子走上领导岗位,可以说他们已经分布在社会政治的各个层面之中。现代政治的发展要求他们充分发挥独特的精神气质和知识素养,深刻地领会和把握政治文明的内涵,明确把握社会主义发展的政治方向,为社会的民主政治改革作出应有的贡献。即

使是民间知识分子,人们也期望他们能够成为民间愿望的代言人。在经济领域,需要他们以马克思主义理论为骨架,综合和汲取各种经济理论和经济体制之精华,用以建构和调控中国特色的市场经济体制模式和运作程序,及时修正社会经济的发展趋向。思想文化领域对于知识分子良知与创造性劳动的渴求更为热烈。在科技发展为社会带来繁荣的同时,人们对与时代相适应的高尚的精神文化产品的诉求更为迫切。社会意识形态领域和"文化工业"领域里的知识分子,还需要制造、传播或运用反映占主导地位的经济——政治关系的"作品",去规范社会和人们的价值取向,约束或消解那些逆反社会标准的行为或倾向,引导社会认同趋势。

更多的可能意味着更多的选择,选择必然会伴有痛苦的抉择。现代知识分子,不能不在传统观念与时代变化,自身发展和社会需要,民族主义与全球化浪潮中寻找平衡点,寻找属于自己的社会角色。

(2)价值观念的挑战。科技浪潮不仅席卷了全球而且席卷了社会的所有精神角落,对传统观念进行了全面的冲刷和颠覆。对于中国知识分子而言,由于处于特殊的历史时期,来自价值观的挑战就显得更为严峻。20 世纪 80 年代以来的中国历史,经历着一种社会机制渐隐和另一种社会机制的渐显和崛起,从而形成了极为鲜明的时代特点:一方面是转型的冲突、分化、无序,另一方面则是通向共享、整合、有序的努力,这种社会冲突直接影响了当代中国知识分子的心态和价值取向。

科技加速化发展的一个直接后果是,知识更新淘汰的速度加快、周期缩短。知识的构成和主要内容往往是一个时代或者社会结构、特点的反映,知识更新速度的加快实际上也是社会发展变化速度加快的表现和反映。在这种情况下,没有任何观念能够成为固定的、长期不变的观念。一部分知识分子还坚守着自己的象牙塔——"知识分子永远是神圣的,对于普遍的、神圣性的问题永远感兴趣,并试图作出自己的解答",尽管他们也明白,在当代社会不再有统一的具有普适价值的解答,有的只是多元的阐释,但是他们坚持认为,隐士或者书斋式的学者对社会也是有益的,因为他们提供了某种生活意义和生活方式。他们坚守边缘,以独立的身份和个性的声音,借助知识和精神的力量,对社会表达强烈的公共关怀,体现出一种公共良知,积极参与社会批判。他们是"为了思想而不是靠了思想而活的人"。更多的知识分子则开始重新审视和构建自己新的观念体系。他们不想让商业化大潮把他们冲刷到社会的边缘地带,抛掷在一个尴尬的位置上。虽然,现在的商业社会越来越需要靠具体的物质力量进行碰撞,还抱着传统思维的知识分子参与到经济大潮中,很多人在这种虚实碰撞中难免失败。但是,他们在碰撞中,在实践与自身知识的融合中,逐步艰难地找到了自己的平衡点。他们学会了通过理性分析、思考来介入经济运作,他们中越来越多的人获得了成功。他们用行动建构了新的价值观念,完成了对传统观念、思维的改造乃至解构,但是这必将是一个充满风险与痛苦的过程。

（3）行为方式的挑战。知行相联,观念已经受到冲击,行为方式不可能不受影响。社会角色的变化,观念的痛苦嬗变必然要求行为方式的转变。应该承认,传统知识分子的行为方式同现代科技发展的要求存在着比较大的差距,知识分子必须改变某些传统的做法,树立符合时代发展需要的现代行为方式。例如,现代科技对社会的影响越来越广泛和深入,这就要求广大知识分子保持行为的自主与独立,对社会发展作出自己应有的贡献,反对人云亦云的依附和不负责任。现代科技的加速发展,使"寻章摘句","我注六经"的研究方法和相应的行为方式再也行不通了。现代知识分子应当努力讲求行为的创新,"说老祖宗没有说过的新话,干老祖宗没有干过的新事"。科技的加速发展也同时要求现代知识分子必须形成讲效率,重计划,守时惜时的行为习惯;科技发展的整合化、国际化则要求广大知识分子既要敢于竞争、善于竞争,又要讲求协作与团队精神。

增强协作精神、团队精神,这是当代中国知识分子最应当注意加强的问题。由于中国长期的封建制度和传统文化中某些糟粕的影响,在相当一部分中国知识分子中形成了"文人相轻"的恶习,这与知识经济时代发展的要求格格不入。知识经济时代是合作与竞争并重的时代。既充满激烈竞争,又亟须协调一致和共同努力。虽然,同生产活动相比,科学研究更多地依赖于科技知识分子的个人钻研和独立思考,但即使在很少与别人交往的活动中,他人的协作也是不可缺少的。大多数科技知识分子的科研项目往往是一个人牵头,集体申报,一个主持,集体攻关,集体出成果。即使是个人独立性较强的科研项目,在研究过程中,与他人的交往和相互协作也是不可避免的。在知识经济时代,知识应该是共享的。新知识的产生是建立在已有知识的基础上的,是在他人已有的知识基础上进行的知识创新。在科技工具系统尤其是网络传播日益发达和完善的今天,吸收、借鉴他人的意见、观点,在接受他人帮助的同时,用自己的成果去帮助、启发别人,开展知识交流,进行知识碰撞,才能产生出新知识的火花。知识分子只有树立起团队精神,具有群体意识,才可能在互相交流、互相激励和互相碰撞中,实现自身知识的飞跃和社会整体知识水平的提高。

中国古人尚且知道"万物并生而不相害,道并行而不悖"的道理,在知识经济时代,团队精神和协作精神将大放光芒。中国当代的知识分子应当努力成为具有团队精神的协作型人才,戒除恃才傲物、私心轻狂,注重群体和谐,善于人际协调,培养兼容并包的大家风范;善于在传统与现实、历史与未来、科学与人文、理论与经验、思想与实际、精神与效益、个人与社会之间找到平衡点。

2. 对知识分子的学习方式、思维方式提出了挑战

(1)学习方式的挑战。现代科技的整合、加速及其社会化的一个重要后果,就是传统的学习方法再也不能适应科技乃至社会的发展要求。在知识爆炸的时代,知识分子作为一个以知识的吸收、传承、运用为主要职责和生存方式的群体,面临着一个最直接的问题就是——如何学习!

学会学习的第一个挑战是如何获得信息、处理信息。现代科技的发展已经使人类拥有的知识总量惊人的庞大,而且还在以更为惊人的速度递增和更新。现代知识分子如果还像过去那样皓首穷经,终日埋藏于故纸堆中,就无法再像原先那样令人肃然起敬了。现代科技的社会化发展,要求知识分子能够充分利用现代工具系统,获取信息、分辨信息、处理信息、应用信息。网络传播范围的广泛性和开放性,使人们汲取知识的渠道无限广阔,方式五花八门。互联网已经无处不在,它使全球采用开放系统协议的计算机都能相互沟通,并提供文件传送、远程登录、查找目录、交换商业事务记录、进行个人通信等服务。人类第一次有可能运用同一个终端、同一条线路、同一个网络进行各种形式的交流,信息大量涌来,令人目不暇接。现代知识分子因此必须熟悉各种获取知识信息的途径、方法和工具。虽然,有一部分知识分子抱怨工具系统本身已经形成对人的压迫(计算机考试已经开始和职称挂钩了;不懂得计算机操作甚至难以从图书馆借到书),但他们同时也不得不承认,要想不落后于时代,无愧于"知识分子"的称谓,就不得不学习和掌握越来越复杂、越来越丰富的工具系统,获取更多更新的信息。

学习的挑战还在于,知识更新的加速使学习不再仅仅是学校

学习,也不能是仅仅在某一段时期内的学习,而成为一种终身性的事业了。终身学习(lifelong learning)的口号已经在全世界范围内响起。毫无疑问,知识爆炸的时代必然是人类终身学习的时代。人们不仅要抛弃旧知识,吸收新知识,更要抛弃旧观念,树立新观念,甚至要不断打破已有的思维定势。唯有如此不断地"新陈代谢",人类有限的"内存"才能容纳无限的未知世界。更新学习理念,改变学习方式,创建学习型社会——终身学习,全民学习,已成为全人类的共识。1968 年,美国学者哈吉斯最先提出学习型社会的概念;20 世纪 70 年代,联合国教科文组织提出"向学习化社会前进"的目标;2001 年,江泽民同志在亚太经合组织人力资源能力建设高峰会议上提出"构建终身教育体系,创建学习型社会"的设想。学习,已经从追求自身价值目标的个人愿望,转变为一个社会、一个国家对每一个成员的根本要求。古人曰:"苟日新,日日新,又日新"。唯有锲而不舍地终身学习,知识分子才能在新的世纪中生存并完成自身的历史使命。

即使是终身学习,知识分子仍然会深刻地感受到一种来自无限的信息传播与有限的接受能力之间矛盾的压迫。大量的信息资源,一方面增加了学习者选择的自由,从而增加了学习者的独立自主性;另一方面,也导致冗余信息的增加,使学习者面临着越来越大的选择困难,学习者徒劳无功的风险也不断地随之加大。这种情况下,信息不仅不能使学习者获得知识的解放,反而演变成又一种奴役的力量。正是在这种背景下,许多人喊出了"学习革命"的口号,探讨新的学习方法和思路。这种呼声曾经盛极一时,这从《学习的革命》曾连续很长一段时间位居畅销书排行榜之首,就可略窥一斑。然而,学习的革命说到底是思维方式的革命!

(2)思维方式的挑战。现代科技既然已经把知识分子从过去

"寻章摘句"式的繁重的信息收集和检索中解放出来了，那么学术的另一个环节或者说内容——创造的意义就被空前凸显出来了。现代社会特别注重人的创新精神和创造能力，而人的创新精神和创造能力，无不植根于人的创造性思维。创造性思维的培养也就成为当代知识分子面临的新挑战。在信息高速公路营造的网络世界中，通过数字化交织起各种各样错综复杂的关系，展示出各种各样生动鲜活的图景，只有学会运用全新的思维的方式——非线性系统思维的方式分析问题、认识问题、处理问题，才可能跳出一隅之地，站得更高，看得更远，才可能运用整体观，避免片面性。

越来越多的人意识到，想象力已经成为创造性思维的重要内容。想象力可以首先在头脑中"发现"尚未建立的联系，打破常规思维对思维发散的约束。爱因斯坦曾说过：想象力比知识更重要，因为知识是有限的，而想象力概括着世界上的一切，推动着进步，并且是知识的源泉。今后人们头脑中的知识分子形象，可能将不再是学富五车的渊博而严谨的老者，而是朝气蓬勃、思想如行云流水的年轻人。中国知识分子"述而不作"的传统，加上教育方式上的一些弊端，使他们的思维往往呈现出唯上、唯书、依附、封闭、形而上学的二元对立思维，想象力严重萎缩和匮乏。中国知识分子在思维领域所面临的挑战，不仅仅是要跟上科技、社会变革的要求，还要对自身思维模式进行革命式的反思与重构。当然，一切真知源于实践，知识分子思维方式的变革和突破，必须与广泛深入的社会考察、社会实践相结合，否则，所谓的创新、所谓的变革，都不过是茶杯里的风暴，没有实际的力量。

三、为科教兴国贡献力量

——知识分子与我国科技事业的发展

(一)知识分子与中国近代以来的科技发展

1. 新中国成立前我国科技事业的发展

不论是中国的奴隶社会还是封建社会,都没有真正意义上的知识分子,那些专门从事脑力劳动的是文人,是"士"。中国最早的具有现代意义的知识分子,应该说是在鸦片战争之后的近代产生的。一批爱国知识分子,痛心于国势日渐衰微,在"师夷长技以制夷"思想的指导下,开始学习西方先进技术,并承担起传播科学技术的任务。所以,他们应当是中国最早的知识分子。古代中国虽创造了灿烂的文化,但由于长期存在着封建文化的影响,致使其在近代文明时期就走向衰落。自 19 世纪末以来,几乎从"零"开始的中国现代科技在 100 年内基本上走完了西方科技几百年的发展历史,心忧天下的传统中国知识分子功不可没。循着历史的走向考察中国现代科技发展的道路,我们对当代知识分子的历史使命和未来将会有更清晰的认识和理解。

一百年前,中国近代科学技术的肇始,主要表现为西方传教士的科学输入以及洋务官员实施的技术引进。进入 20 世纪以后,大批海外归来的学子们办学校、建学会、出学报、带学生,成为中国科学事业的奠基人。当时,一大批觉悟了的知识分子构成了中国科学化运动的主体。高扬"民主"与"科学"两面大旗的五四运动,不仅是影响最为深远的思想解放运动,而且是一场科学启蒙运动。当时社会上的志士仁人、先进知识分子认识到,中国要"救亡图存"、"富国强兵",不仅要推翻封建统治、打破闭关锁国和文化禁锢的传统,实现民主革命和思想文化解放,而且必须要使科学成为新的认知体系的主体。20世纪初,中国大地上高高扬起的"科学"旗帜,从一开始就具有双重意义:一方面,人们把科学当做推动中国现代化的有力工具;另一方面,人们对科学精神的文化价值也给予了充分肯定。科学在中国近代社会上取得这种地位的过程,虽有曲折,但仍不失为20世纪整个历史进程的主流。

1909年,清政府利用庚子赔款派留学生出国学习科学技术,从此中国知识分子真正踏上了科学救国之路。到1935年,全国各类专门的科研机构超过70个,中国现代科学开始崭露头角。1915年中国科学社的成立,不仅标志着中国知识分子已自觉地肩负起中国科学的社会责任,而且标志着中国科学的体制化过程的开始。1927年,按照孙中山先生提议成立的中央研究院,尤其是新中国成立后于1949年成立的中国科学院,均承袭了科学社的传统。其发展虽然受到政治和社会文化思潮的冲击与影响,但正是这种把科学组织纳入国家建制化的模式,有力地推动了中国科学技术的发展,不仅有利于全国性科学技术规划的制定,有利于国家科学发展目标的实施,而且还有利于把有限的资源集中到国家重大发展目标上来。

2. 新中国科技事业的发展

中华人民共和国成立以后,科学技术事业获得全新的发展环境。诸如分子生物学、核物理学、高能物理学、高分子化学、半导体物理学、计算机和自动化科学技术、生态学与环境科学、空间科学技术等方面的研究也都发展起来。中国科学家在几乎完全被封锁的极端困难条件下取得了一批重要的科学技术成果,为增强综合国力和提高我国国际地位作出了不可磨灭的贡献。

从20世纪50年代末开始,我们党在如何评价包括科技人员在内的知识分子的阶级属性问题上出现过混乱。"文化大革命"中又把广大知识分子打入另册，我国的科研事业也受到较大的影响。由于周恩来、陈毅等老一代革命家竭尽全力的弥补，尤其是我国知识分子以国家利益为上的奉献精神，把损失降到了最低限度。"两弹"研制的成功、胰岛素的成功合成，都是在这个时期。问题的根本解决，是在 1978 年邓小平同志再次系统论述了科学技术是生产力和广大知识分子是工人阶级的一部分之后。邓小平同志不仅廓清了几十年来在知识分子阶级属性问题上的混乱，而且对如何认识、评价广大知识分子和科技人员也进行了系统、全面的阐述。他特别指出，对于知识分子的有些缺点，"不要求全责备。毛泽东同志说过，要打破'金要足赤，人要完人'的形而上学思想。这是马克思主义者的态度，是彻底的唯物主义者的态度。"[1]改革开放营造的社会条件和社会主义市场机制的确立，为科学技术的发展带来了新的活力。为加快中国科学技术发展的步伐，追赶迅速发展的世界科技潮流，我国在基础研究方面采取的一系列重要措施取得了显著成效。这一时期，我国的科学技术在为国民经济服务方面取得了显著的成效。

（二）当代中国知识分子在我国科技事业发展中的使命

人类历史上已经发生了三次科技革命，每一次都对世界的经济、政治、文化格局产生了巨大的影响。第三次科技革命是迄今为止人类历史上规模最大、影响最为深远的一次科技革命，是人类文明史上不容忽视的一个重大事件。对中国来说，面对汹涌而来的

---

[1] 《邓小平文选》第二卷，人民出版社 1994 年版，第 51 页。

第三次科技革命浪潮,机遇与挑战并存,我们再也不能丧失这次大好的历史机遇了。

广大的知识分子作为科技知识的主要承担者,在这次科技革命浪潮中扮演的角色是无可取代的。邓小平同志曾语重心长地告诫全党:"我们向科学技术现代化进军,要有一支浩浩荡荡的工人阶级的又红又专的科学技术大军,要有一大批世界第一流的科学家、工程技术专家。造就这样的队伍,是摆在我们面前的一个严峻任务。"①现代科技的发展,深刻地改变了中国社会的面貌,也提高了知识分子的社会地位、经济条件和学术科研条件。那么当代知识分子又该如何顺应社会深刻的发展变化,承担起自己的历史使命,为中国全面实现小康社会而贡献自己的力量呢?

1. 继承优良传统,弘扬创新精神,全面提升自身素质

(1)继承和发扬优良传统。知识分子是我国科技事业发展的主力军,他们的素质将决定我国科技事业的前途。纵观中国科技的百年历史,正是在广大知识分子的无私奉献、忘我探索中,中国的科技事业才能在国家民族存亡不定、学术气氛极不正常、科研条件极端简陋的情况下起步并且不断取得成就的。今天中国仍然是发展中国家,科技事业的发展仍然离不开广大知识分子的艰苦劳动和无私奉献。即使生活条件获得了较大的改善,科研条件和工作环境不断改进,广大当代知识分子仍然需要继续继承和发扬我国传统知识分子尤其是老一辈科技工作者爱国奉献、勤奋进取、始终与工农相结合等优良传统。

中国知识分子一直有爱国主义的传统。他们的爱国主义传统表现为忧国忧民的情操,表现为始终自觉地把个人的前途命运同国家民族的前途命运相联系的风尚,表现为始终与国家人民同呼

---

① 《邓小平文选》第二卷,人民出版社1994年版,第91页。

吸共命运的博大。无论是"为天地立心,为生民立命,为往圣继绝学,为万世开太平"的豪迈,还是"苟利国家生死以,岂因祸福避趋之"的悲壮,都折射了中国知识分子"先天下之忧而忧,后天下之乐而乐"的伟大情怀。正是中国知识分子的这种优良传统,才使中华民族尽管历尽磨难,但文化血脉仍旧绵延不断;也正是这种品质使我国的科技事业能够在一穷二白的基础上取得今天这样辉煌的成就。今天中国的科技事业仍然甚至说更需要这样的一支生力军。

中国知识分子同时也是一个勤奋进取的阶层。"三更灯火五更鸡"、"悬梁刺股"、"立雪囊萤"都是中国知识分子勤奋进取的典故。而新中国的知识分子,如导弹之父钱学森、氢弹之父于敏、水稻之父袁隆平等人,也是依靠这种精神追求理想,追求国家民族的复兴,推动中国科技事业不断向前发展。今天,随着世界科技加速化发展、科技竞争日渐加剧,广大知识分子更应当继承和发扬勤奋进取的优秀品质,缩小中国科技与世界水平的差距。

当代知识分子应当继承老一代知识分子的另一个优秀品质是始终与工农相结合。与工农相结合是知识分子唯一正确的成长道路。知识分子走什么道路的问题是一个根本性的、原则性的问题。这不仅关系到知识分子的健康成长,同时也关系着改革开放的得失成败,关系着中国科技发展和改革的方向。

(2)迎接时代挑战,弘扬创新精神,全面提高自身素质。在继承的同时,我国的科技事业更需要创新精神和创新人才。在当今乃至于未来的社会发展中,科学技术的发展日新月异,知识更新的速度日益加快,其实质就是一个知识不断创新的过程。即使是知识经济时代起主导作用的知识,也只有转化为创造能力才能真正成为现实的生产力。知识只有转变为能力才有用,能力只有用知识来武装才有力量。对知识的学习、理解、消化和掌握离不开人的创造力;对知识的传播、运用、分配和再生产,也离不开人的创造能力。知识分子不能只充当"书橱",只充当知识的载体,而应该是加工知识、创造知识的工作母机,成为提供知识的主体。

全面建设小康社会的伟大目标,需要我们用一种创新精神来打开新的局面。没有创新就没有生命力。每个行业都需要创新精神,特别是科研领域。李四光注重实践调查和理论分析,敢于打破西方"中国贫油论"的定论,终于让中国甩掉了贫油国的帽子;"两弹一星"的元勋们面对技术封锁,敢于自己创造条件,终于依靠简陋的设备,取得令世人震惊的成就;汉字输入法发明人王永民也不惧"计算机时代汉字将被抛弃"的怪论,创造了五笔输入法,等等。正是这些创新成果对新中国科技事业的发展、对中国社会主义的建设产生了极大的推动力。中国作为后发现代化国家,固然有很多劣势,但同样有后发优势,发挥后发优势的关键是对已有知识的创造性运用。

中国社会越来越需要具有创新精神和实践能力的高素质人才,需要他们具有创新精神和创新能力,需要他们具有稳定的个性心理、敏锐的观察、缜密的分析、开阔的视野、果敢的判断。在复杂多变的现实生活和生产实践中,人们面临的种种问题,通常是以综合的面貌呈现出来的,它们没有学科归属的标签,只是要求人们在解决实际问题时,必须打破学科界限,跳出小我、小团体的圈子,快速调用各个领域的知识,分析各种因素,进行综合评价。当代知识分子的知识结构必须是立体的而不是单面的;他们的思维必须是多维度的发散,而不是单向度的封闭;他们的视野必须是广阔的而不是狭隘的。因此,当现代科技发展的速度不断加快、社会影响力不断拓展的时候,知识分子就不能再躺在一纸文凭和已有的成绩上沾沾自喜,必须树立终身学习的观念,不断关注、了解和学习科技文化领域的最新动向,不断改变自身的学习方式、思维方式,才能不断激发灵感,保持创造激情;当现代科技社会化程度越来越高的时候,知识分子不能不重新修正自己的价值观念体系,以更开放、广阔的心胸和视野处理自身与社会、自然的关系,改变自己的行为方式;当现代科技发展整合化的趋势不断加强的时候,知识分子就不能再囿于自己专业的狭小空间,而应当在术业有专攻的同时,广泛地了解和掌握相关的人文及边缘学科。总之,知识分子要推动科技的进步,必须培养与时代要求相适应的综合素质。

2. 在坚持自力更生、自主创新的基础上,加强国际交流与合作

(1)加强国际领域的交流与合作。科学技术国际化是现代科技发展的重要趋势和特征,国际交流与合作在不断加强。在当前及今后一个时期里,缺少具有国际领先水平的创造性人才已成为制约我国创新能力和竞争能力的重要因素之一。中国要实现21世纪发展战略的一个重要途径,就是广泛参与国际技术合作与交流,积极吸引国外智力和人才,充分利用现代科技革命提供的有利条件,吸收国外先进的技术和管理经验,不断增强自主开发、自我创新的能力,并最终形成我国自己的科技和人才优势。实践证明,只有加强国际交流与合作,才能在竞争中取长补短。

我国在科技方面还是落后的,只有通过交流才能了解前沿,只有在合作中才能学习先进。何况,当前一些重大的国际性课题,例如全球环境问题、荒漠化问题、生物多样性问题等,只有通过国际合作才能完成。中国作为联合国常任理事国,作为世界民族大家庭中的重要一员,理应积极参加各种国际合作,为推动一些世界性问题的解决贡献自己的力量。近年来,我国政府也在积极支持和推进中国全球性和区域性科学研究与高新技术产业化合作网络,对外开放,吸引国外的科研机构和科学家参与中国的基础研究计划和高技术研究计划。中国知识分子要充分利用这些有利条件,

努力学习和研究、借鉴他国的先进技术和管理经验。同时,这也是中国知识分子向世界展示自身才华和气度的平台。

（2）坚持自力更生,自主研发。尽管我们强调广泛吸收和借鉴国内外一切优秀成果,但是自力更生、自主研发仍然是国家科技发展的基本途径。自力更生、艰苦创业是我们党的一个优良传统,也是我国实现社会主义现代化总体目标的基本立足点和精神力量。在我国这样一个幅员辽阔、人口众多的大国,要实现现代化的大业,必须把力量放在自己的基点上,走自力更生、艰苦创业的道路。发展中国家只有走科技自力更生之路,才能在科技引进中保护国家利益。科技引进只能是自我发展在一个阶段的拐杖,是我们了解和吸取他人经验成果的一种途径。只有不断提高我们自己的科研开发能力,中国的科技才可能真正腾飞,才能走出一条适合本民族特点的科研发展道路。

中国是个大国,过多的对外依赖,现代化的基础是不牢靠的,经济安全和国防安全也是不牢靠的。科技发展的国际化并没有消除国际竞争和战争威胁,国家自身的实力仍然是国家和民族独立的根本。科技竞争是今天国家间实力的重要指标,科研能力也是决定国家发展程度、独立程度的关键。对于中国这样一个社会主义大国尤为如此。当年如果没有"两弹一星"的成功,我们也难以冲破帝国主义国家的封锁和制裁,摆脱他们的核威慑。邓小平同志早就指出:如果60年代以来中国没有原子弹、氢弹、没有发射卫星,中国就不能叫有重要影响的大国,就没有现在这样的国际地位。这些东西反映一个民族的能力,也是一个民族、一个国家兴旺发达的标志。今天的中国,已经有了相当不错的物质、技术和财力基础,只要有自力自强的精神,拿出当年研制"两弹一星"和前不久"嫦娥"奔月的精神,相信很多难题都是可以攻克的！当然,自力更生并不是闭关锁国、关起门来搞建设,而是在自力更生的基点上不断提高对外开放水平,通过扩大开放不断增强自力更生的能力。自力更生是对外开放的前提和基础,对外开放是增强自力更生能力的重要途径和手段。

3. 推动科技成果转化,加强高科技领域的攻坚,实现我国科技跨越式发展

(1)坚持科技面向市场、服务社会的立场,推动科技成果转化。新中国成立五十多年来特别是改革开放以来,我国科技事业取得了举世瞩目的巨大成就,但是,科技向现实生产力转化能力薄弱、高新技术产业化程度低,依然是制约我国经济发展的一大障碍。科技面向市场、服务社会,是科技发展社会化的要求,也是知识分子实现其劳动价值的根本途径。作为第一生产力的科学技术,不仅需要掌握科学技术的知识分子去驾驭它,而且需要从事科学技术研究的知识分子去不断开拓它、发展它、推广它。科学技术本身只是潜在的生产力,科技只有被产业化、商品化以后才是现实的生产力。科技事业对人类进步的贡献,是通过科技成果的转化,通过一定的载体来实现的,科技成果的转化是将科学技术转化为现实生产力的关键一环。

遗憾的是,我国目前的科技转化率不超过 30%,远远低于发达国家 60%—80% 的水平。有人曾经戏称我们的科技成果是"三品"——样品、展品、礼品——不能充分发挥其应有的社会作用。当然,这种状况近年来已经获得较大的改善,国内很多企业尤其是著名高校企业如清华紫光、北大方正等在科技成果与市场开发相结合等方面都做了较好的示范。但是,总体来说,我国很多科研机构尤其是高等院校,其科技成果的转化率与我国建设事业的发展速度还不相称。除了科研体制、配套设施等方面的客观原因外,中国知识分子"重义轻利""君子不言利"等观念也对科技与市场的结合、科研与应用相联系形成无形的阻力。科研人员尤其是一些科研群体的市场意识还不强，大量的精力、心血往往只是为了完成一项课题、成就数篇论文、评定职称并享受相应的待遇，忽视甚至蔑视科技成果的转化。因此，当前中国缺乏的不仅仅是知识，更缺乏的是将知识转化为生产力的意识和能力。不能转化的知识是"死知识"，它的存在不能为社会创造真正的财富。

现代科技高速发展，只有掌握大量科技知识、了解科技发展趋势的知识分子才有能力架起连接理论与成果、市场与社会之间的桥梁。由于知识分子对于社会的作用不仅仅在于知识的传承、物质财富的生产，还在于他们的言行、思想将在很大程度上影响社会的价值取向、政府的决策过程。因此，知识分子积极参与科技成果转化为生产力的过程，对社会发展所起的重要作用，已经不只是体现在微观上将具体的科学发现和技术发明应用于生产，对生产中的工艺流程、生产设备、操作方法进行技术改造，对产品进行更新换代；更体现在宏观上，对国家的经济决策及其发展战略产生重要影响：对社会情况的精确估量，经济、社会发展战略的制定，经济建设目标的确定，经济结构的调整变化，生产力的合理布局，企业的技术改造，技术经济政策的制定，社会需要的预测和市场的安排，等等。为此，中国知识分子要转变过去"耻于言商"的观念，改变过去出了学术成果就束之高阁的做法，积极同技术发展、社会经济趋势和市场要求相结合，将研究成果尽快转化为现实生产力。

（2）加强高科技领域的攻坚，实现我国科技的跨越式发展。所谓科技上的跨越，对后发现代化国家而言，主要是指通过引进和学习国外先进技术，跨越先行国家技术进步演变历史过程的某些阶段，直接在新的更高的技术起点上推动经济的发展。例如，在通信领域信息交换方面，随着一批通信装备制造高科技企业的崛起，中国在短短几年里就跳过了步进制和纵横制阶段，直接进入数字程控交换。在信息传输方面，中国大大缩短了传统的铜缆阶段，较早地采用光缆。目前我国的高速光纤数据传输系统在技术和应用上均已进入世界前列。信息科学、生命科学、生物技术、新材料、先进制造技术、洁净高效能源、航空航天、环境保护等领域都是 21 世纪最活跃、发展最迅速、影响最广泛的高科技领域。我国在这些领域的科研起步较晚,但已经取得了相对较快的发展,特别是在技术应用方面。这些领域的竞争也是我们有可能赶超世界发达国家,实现科技跨越式发展的一次千载难逢的机遇,因为这个领域对于很多国家来说都处在起步阶段,但是对未来国际竞争的影响却是至关重要的。然而,我们更应当看到,在这些领域的竞争将会越来越激烈,对人才的综合素质要求越来越高,当代知识分子不仅应当意识到高科技领域竞争的重要性,更应当不断学习、不断实践,提高自身的综合能力,才能打赢这一仗。

高科技是未来竞争的主战场。只有实现高新技术产业的跨越式发展,才能确保我国在 21 世纪激烈的国际竞争中占据更有利的位置。目前,中国制造的产品虽然因为物美价廉给一些发达国家的制造业带来了不小的冲击,但是,应当看到这主要依靠的是我国廉价的劳动力优势,而不是科技优势。拥有丰富的廉价劳动力的优势我们当然不能放弃,但是,应该看到这不是长久之计,如果有一天印度、非洲等国家和地区也参与到这种竞争中来,中国的优势将不复存在。而且我们的劳动密集型的制造业在国际上不断受到倾销的指控。因此,未雨绸缪,中国应当加快高科技领域的研究和成果转化,完善我国的产业结构。高科技领域的研发对知识、技术创新的意识和能力都有相当高的要求,当代知识分子必须意识到自身与世界先进水平的差距,不断努力、勇于攀登,不断推进中国在高科技领域的进步。

当然,在关注高科技领域发展的同时,也必须始终关注基础研究,离开基础研究领域的支持,高科技领域的持续发展就会变成空中楼阁,无源之水。目前,我国高科技领域技术应用走在前列而理论创造方面则相对落后的状况,主要是由基础研究曾经一度受到破坏而产生断层所造成的。我们必须吸取历史教训,在加强高科技领域发展的同时,始终不放松基础领域的研究。

4. 积极投身科教兴国战略,大力传播科学知识,提高国民素质

(1)关心教育,积极投身科教兴国战略。科教兴国战略始终坚持以教育为本,将科技和教育摆在经济、社会发展的重要地位,目的在于增强国家的科技实力及向现实生产力转化的能力,提高全民族的科技文化素质,加速实现国家的繁荣强盛。

人才是科技进步和经济社会发展最重要的资源。我国现代化建设的进程,在很大程度上取决于国民素质的提高和人才资源的开发。培养同现代化要求相适应的数以亿计的高素质的劳动者和数以千万计的专门人才,发挥我国人力资源的巨大优势,关系到社会主义事业的全局。因此,办好教育、全面提高我国人口素质,事关科教兴国战略的顺利实施,事关我国现代化事业的可持续发展。广大知识分子必须以崇高的使命感和责任感来关注于此并身体力行,共同推动国家教育事业的健康发展。

知识分子是现代教育思想的提出者、践行者。社会在进步,教育思想也需要与时俱进。先进的教育思想、教育理念关系我们党的教育方针的落实、关系整个国家教育事业的健康发展。过去,"左"的教育思想曾经毒害一代青年;今天,某些不适宜、不正确的教育思想和教育方式仍对青少年的健康成长产生不良的影响。探索与时代和国情相适应的教育思想,不仅仅是教育工作者的责任,也是所有知识分子的责任。知识分子本身就负有更好地向社会传承知识的义务和使命。知识分子也是进行现代化教育,提高国民素质的主要依靠力量。知识分子在这项事业中要承担起教育者的

职责：普及九年义务教育、扫除青少年文盲；积极发展职业教育和成人教育，开展多种形式的岗位和技术培训；稳步发展高等教育，进一步发展和引导社会力量办学；实施全面的素质教育，以适应社会对各类人才的需要；在全社会大力普及科技知识，引导人们树立科学精神，掌握科学方法。

知识分子是深化科技体制和教育体制改革的推动者。实施科教兴国战略，必须深化科技和教育体制改革，促进科技、教育同经济的结合。科技工作必须自觉地面向经济建设的主战场，把攻克国民经济发展中迫切需要解决的关键问题作为主要任务。要通过改革，建立起适应社会主义市场经济体制和科技自身发展规律的新型科技体制，充分发挥市场和社会需求对科技进步的导向和推动作用，大力促进科技成果向现实生产力的转化。要建立技术创新机制，推动有条件的科研机构和高等院校以不同形式进入企业或同企业合作，还可以组建科技企业，走产、学、研结合的道路，使企业成为科研开发和投入的主体。要大力推广先进适用技术，促进科技成果的商品化，依法保护知识产权，完善社会化科技服务体系。基础性研究要按照"有所为、有所不为"的原则，瞄准国家目标和世界前沿，集中力量攻克难关，重点解决未来经济和社会发展的基础理论和关键技术问题。教育要面向现代化、面向世界、面向未来，优化教育结构，改革办学体制和教育管理体制，合理配置教育资源，提高教育质量和办学效益，使教育与经济紧密结合起来。要适应社会主义市场经济的要求，逐步建立规范有效的多渠道投入体制，促进科技、教育的发展。这些改革和调整固然需要国家以及各级政府的支持，但是，知识分子在其中仍然能够而且应当发挥重要的作用。一方面，知识分子身在"江湖"，更了解科技与教育体制中的弊端以及完善途径，因而，应当负起建言献策的职责；更何况，教育部门的各级领导大多都由知识分子担任，他们更应当主动关心和参与深化中国教育体制改革的事业;另外,无论是科技体制的调整还是教育体制的改革,都将直接地涉及广大知识分子的切身利益,他们的态度,将在很大程度上影响改革的进程和结果。知识分子应当有"先天下之忧而忧"的精神,服从国家教育改革的大局,推动科教兴国战略的顺利实施。

（2）做好科普工作,弘扬科学精神,反对迷信、反对邪教。中国科技部部长徐冠华曾指出:科技普及与科技创新,是科技进步的两个基本体现,是科技工作的一体两翼。科技发展必须做到"创新"与"普及"并举。

科技的贫困会导致物质的贫困,也会导致精神的贫困。精神的贫困是一切愚昧和迷信产生的重要原因。对于中国而言,科普工作的意义不在于培养少数科学家,而在于让中国13亿人口了解已经创造出来的知识成果,并将它们应用在日常工作和生活之中。世界银行在1999年的发展报告《知识与发展》中指出,发展中国家根本的问题是要解决知识差距和信息差距,即解决已经被世界创造出来的知识同发展中国家的群众对这些知识的认知之间差距越来越大的问题。2001年的中国公众科学素养调查结果显示,我国每千人中只有14人具备基本科学素养,这一比例仅为美国的1/23、欧盟的1/15。从社会层面看,缺少科学文化将直接或间接地影响社会进步。社会公众如果缺乏对当代科学的基本了解,必然会导致对周围的事情缺少鉴别能力,从而为封建迷信和伪科学的泛滥提供社会土壤。同时,如果各级领导缺乏科学方法和民主观念,不仅会导致频繁的决策失误,而且会为腐败提供温床。社会公众和决策人员在强调科学的社会效应的同时,如果看不到当代科技可能带给社会的负效应,就会不断地导致严重的环境污染、伪劣产品泛滥等问题。从科学自身而言,科学活动中各种不道德行为也与公众科学文化知识相对缺乏有关。缺乏基本的科学思想造成科学发现者与接受者之间存在的信息不对称增加,从而使某些违背基本科学知识背景的伪科学或者对现象的虚假解释的伪科学发生。曾经盛极一时的"水变油"的闹剧以及各式各样的气功大师、特异功能纷纷粉墨登场,用知名人士司马南的话讲就是"丧良心的知识分子与伪科学制造者相互勾结形成集团"。

科学的发展不断揭示了自然和社会的发展规律,使人类得以科学地解释自然现象和社会现象,能动地驾驭自然和社会,创造出日益丰富的物质文明和精神文明。一切自然科学和社会科学的进步成果,都是先进文化的重要组成部分。科技工作者应该成为传播先进科学文化的先锋队。

知识分子要努力传播科学知识,积极弘扬先进文化,这是知识分子的基本责任和义务。广大知识分子应当努力传播科技知识,宣传科学思想和科学方法,培养公众用科学的思想观察问题、用科学的方法处理问题的能力;要宣传与广大群众日常生活密切相关的以及与社会热点问题相关的科技知识,宣传人民群众关心的科技问题,使他们能用科学思想指导生产、生活和工作;通过宣传,帮助人们提高科学文化素质和生活质量,逐步培养他们相信科学、尊重科学、依靠科学、崇尚科学的意识;树立与科技发展相适应的思维方式和价值观念,自觉地破除迷信,扫除愚昧,反对伪科学。广大科技工作者更应该努力与公众保持良好的沟通,促进公众理解科学,争取全社会的广泛支持,把科技前沿的不断突破与公众科技素养的提高有机结合起来,把科技发展与让更多的公众享受现代科技文明的好处结合起来,以保证科学技术沿着正确的轨道发展,确保科技发展始终为大多数人的根本利益服务。

今天的科学已不再仅仅是科学家的科学,而变成了全社会的科学,成为全社会的事业。科技社会化是一个将科技知识及蕴藏在知识背后的科学方法、科学信念和科学精神等,通过一定的渠道渗透到社会之中，为广大公众所理解和接收，并且内化为自觉的社会生活规范的过程。知识分子如果能更热情、更积极地参与到科技社会化的进程中，将会推动科技与大众之间的良性互动关系，知识分子的领航作用也将获得社会的肯定和赞扬，社会声望也将得到进一步的提高。

5. 坚持社会批判，关注生态文明，做落实科学发展观的中坚力量

（1）坚持社会批判立场，抑制科技负效应。知识分子要成为人民利益的忠实代表，在坚持与工农群众相结合的同时，也要坚守自己特殊的社会职责——社会批判。知识分子的社会批判意识是在与社会实践的交互作用中表现出来的特殊的主体意识。知识分子应当是人类社会道义和良心的承担者和体现者。他们的思维和信念不应当是简单的苟同而是理性的思考。这不是他们职业的表征，而是其特殊身份内化的独立人格和信念。他们既不应简单地否定现实社会制度和意识形态，但也不能轻易肯定；他们要保持一种体制外的清醒，针砭时弊，痛陈利害，促其改正和进步；他们不应是单纯地与社会合作或者拒绝，而是以主人翁的姿态，从善意的立场去促进和满足社会健康发展的要求。

随着近代以来科学技术的迅速发展，人们在获得一系列可喜的物质与精神成果的同时，也发生了许许多多因为错用、误用或滥用科学技术而造成严重后果的恶性事件。像切尔诺贝利核泄漏事件、博帕尔化学工业品污染事件等，均是与人们认识的局限性和急功近利，甚至见利忘义、违背科学技术的客观规律密切相关的。科学技术其过、其弊并非源于科学技术本身，而是在不良社会环境中，不良之人对其进行了不良使用的结果。这里的"不良"并不是单纯道德意义上的，而是包括认知的片面和狭隘、短浅。因此，站在人类知识高峰上的知识分子，应当具有高瞻远瞩的批判意识。

这是对科技可能产生和已经产生的负效应的预防和抵制。知识分子的批判意识要求知识分子面对人类社会,既要从事社会职业工作,又要超越社会职业的限制,从事广泛的哲学思考、科学探索、价值追求、社会批判和终极关怀。知识分子在具体科学领域越接近知识的真理,就越接近人类利益的真理。知识分子的特殊精神气质和理性批判精神应当不断地锤炼和升华,从而将目光投向更宏伟的领域,从人类的利益和价值高于科学价值的角度重新审视自己以及自己所从事的科学研究的价值和责任。在科学的双刃剑面前,他们不是科学的奴隶,而是科学的主人。他们将从一个相对狭窄的时空跃入一个更广阔深邃的时空,更加全面深刻地体认、把握知识和人类命运的博大精深。他们的社会批判意识和职责,使他们以高度的社会责任感,在现实社会的轨迹中探寻未来社会的发展走向,及时纠错纠偏,防止人类社会为自己的失误付出不必要的代价。在这个层面上,科学精神与人文精神是水乳交融的、不分彼此的。

现代科技的发展、全球化浪潮的席卷,已经而且将继续对人类社会生活产生前所未有的革命性影响。人类社会旧有的思维方式、生活方式、行为习惯、伦理道德、宗教信仰,都受到了巨大的冲击。在各种因素的冲击、摩擦、碰撞和磨合中,产生了多姿多彩的文化元素,人类社会的文化出现了空前未有的繁荣。洪水滔滔,难免泥沙俱下,在经济急剧增长、文化空前繁荣的背后,也隐藏着深刻的发展危机和灵魂家园的动荡。手持现代科技这柄双刃剑的广大知识分子,既要让宝剑愈来愈锋利,更好地斩妖降魔,让科学之花更艳、理性之光更炽;又要引导人们正确地使用这柄剑,防止人类的自戕。此时,知识分子的批判意识就是时代的解毒剂。

(2)关注生态文明,积极支持可持续发展战略。党的十七大提出"建设生态文明"的号召,这是对我国现代化建设进程中经验教训的深刻总结和对世界潮流的积极响应。

由于对"以经济建设为中心"、"发展才是硬道理"等指导思想的错误理解,盲目追求 GDP 的增长,那种破坏性的、掠夺性的、野蛮式的开发,至今仍然在许多地方继续。人与土地的矛盾、人与环境的矛盾、人与其他生物间的矛盾日益突出,已经严重影响了社会的持续发展。这种杀鸡取卵、竭泽而渔的发展方式,如果不能被有效地制止,必将遗患无穷。知识分子作为社会的先进阶层,应当勇敢地承担起自己的社会责任,为中国的可持续发展贡献力量。

落实科学发展观,首先取决于公众是否具有可持续发展的意识。它需要知识分子不仅要做积极的践行者,还需要各部门的知识分子作舆论上的倡导者,让公众正确地理解可持续发展的内容、措施以及如何正确地推行、展开,引导和教育人们树立正确的生产、生活观念和消费观念,特别是要改变或摒弃奢侈型消费、浪费型消费的生活方式。

落实科学发展观还是一个涉及社会各个方面的庞大的系统工程,需要有大量高素质的人员在战略方案的设计、推行、实施、跟踪研究等诸多方面的共同合作。离开知识分子,可持续发展战略就失去了中坚力量和人力依托。在社会发展与科技进步越来越紧密地联系在一起的时代,不能像国外一些反科学主义者和激进的环保主义者那样,抱怨科技,诅咒科技,反对科技的研究和应用。我们只能继续发展科技,并且努力发展得更好:一方面,要与自然界保持和谐,在发展中保护环境和生态,不仅我们要发展,而且要给子孙后代创造良好的发展条件,留下广阔的发展空间;另一方面,要与社会保持协调,不仅经济要发展,而且社会要全面进步,真正以人为中心,努力实现社会公正。这是一个很高的目标、很艰难的过程,必须自始至终依靠科技,依靠一大批有良知、有才智的知识分子来推动和引导。

在科技领域占有一席之地,对实现中华民族本世纪的全面复兴至关重要。21 世纪的竞争就是科技的竞争,就是知识的竞争,就是人才的竞争,当代中国知识分子在本世纪的社会角色举足轻重。20 世纪,中国知识分子为了国家民族的兴亡发展殚精竭虑、鞠躬尽瘁,当代知识分子应当继承和发扬他们的爱国主义传统,为祖国科技事业的发展贡献才智和力量。同时,要与时俱进,按照时代的要求重新塑造自己崭新的风貌。新一代知识分子应当勇于创新、勇于实践、勇于批判、勇于承担社会历史责任;应当更清醒地认识自身、更宽容地对待社会发展、更理性地对待科技社会效应的两面性;应当活跃在风云变幻的国际舞台上、活跃在科教兴国战略的洪流中、活跃在各个行业的前沿、活跃在科学与迷信交锋最激烈的地方。"寻常一样窗前月,才有梅花便不同",当代中国知识分子必将以他们特有的品质和才能,为中华民族复兴的宏伟蓝图描上最壮美的一笔!

第八章　成败得失换来的宝贵财富

——党的知识分子工作及其基本经验

一、艰苦、曲折的发展历程

——党的知识分子政策演变

党的知识分子政策,是党为实现自己的奋斗目标所制定的各方面的政策之一。由于党对知识分子的阶级属性及整个知识分子问题的认识有个曲折的过程,因而党的知识分子政策也经历了正确与失误间的多次反复,经历了从产生到形成、发展,直到不断充实、不断完善、不断发展的演变过程。

1. 党的知识分子政策的初步形成(1921.7—1927.7)

由于知识分子在传播马克思主义与发展中国工人运动相结合的过程中所起的重大作用,中国共产党自成立后,就对有关知识分子的一系列基本问题进行了初步探索,从党的创立到第一次大革命时期,党对知识分子问题的认识和政策基本上是正确的。

五四运动后,革命的知识分子把马克思列宁主义同中国工人运动相结合,缔造了中国共产党。因而,中国共产党在创建之始,就已经注意到知识分子问题,并予以相当的重视。最初汇聚于各地的马克思主义研究会或共产主义小组的中国最早的一批马克思主义和具有初步共产主义思想的革命先行者,几乎是清一色的知识分子。但知识分子在中国革命中无可替代的先锋和桥梁作用,并不是自建党之日起就为中国共产党人自觉和深刻认识到的,而是经过了一番艰苦、曲折的思想探索。

1921 年 7 月,党的一大在关于党的性质、党的组成成分和党的组织原则问题的讨论中,对知识分子在中国共产主义运动中的地位和作用问题,进行了激烈的争论。大会通过的党纲和党章,作出了党内、党外的革命知识分子并无异于产业工人的规定。可见,党的一大在首次涉及知识分子这一难度颇大的现实问题时,指导思想是基本正确的,主要方面是符合马克思列宁主义理论原则的。

1925 年 1 月召开的党的四大,在中国共产党关于知识分子问题的马克思主义理论探索史上,具有重要的意义。这次会议对知识分子问题的主要贡献有以下几点:第一,批评并纠正了以往否定、排斥知识分子的错误认识及政策,第一次以党的决议的形式明确指出,知识分子是可以成为革命者的。第二,充分肯定了知识分子在中国革命运动中的重要地位和作用。第三,把学生运动在中国革命中的重要作用和特殊意义写进了党的决议,第一次明确提出了青年学生应与工农群众相结合的方针。第四,会议的决议案首次把大量吸收知识分子入党、参加革命作为党的组织工作的重要内容之一。可见,党的四大关于知识分子政策的决议,不仅标志着早期中国共产党人用马克思主义理论阐释知识分子问题,已经初步走出了分散的、零乱的、个别同志独自进行思想探索的低级阶段,而且使知识分子问题开始引起全党的普遍注意和重视。其中关于知识分子在中国革命进程中的地位、作用、特点等基本理论问题上所得出的正确结论,已上升为全党的统一意志,写进了党的决议,成为全党的共识,为中国共产党逐步形成成熟、完备的知识分子理论体系提供了最初轮廓和思想素材。从此,中国共产党关于知识分子问题的理论探索具有了鲜明的直接实践性。因此,党的四大是党的知识分子问题理论建设史上的一个重要转折点。

1925年6月,周恩来同志明确指出,"知识阶级"的说法不符合马列主义基本原理。这是党史上第一次明确提出知识分子不是一个独立阶级,而是分别附属于不同阶级的正确观点。这对于澄清当时党内的模糊认识,正确地对中国知识分子作阶级分析,把党的知识分子理论建立在马列主义理论的科学基础上,具有非常重要的意义。

1925年12月,毛泽东同志在《中国社会各阶级的分析》一文中,进一步运用马克思主义的阶级分析方法,深刻论述了知识分子问题,主要阐述了以下重要思想:第一,知识分子分别属于不同的阶级,只有一部分依附于大地主阶级、买办阶级、帝国主义和军阀的反动知识界,是革命的敌人;第二,绝大部分的知识分子——学生、中小学教员、小员司、小事务员、小律师、小商人等属于小资产阶级;第三,小资产阶级同半无产阶级一样是我们最接近的朋友。毛泽东的这些思想是符合中国实际的真知灼见,代表了这个时期党对知识分子认识的新水平,是党关于知识分子问题的理论和政策初步形成的一个重要标志。

总之,从1921年党的成立到1927年大革命失败,总的来看,党对知识分子的认识、态度、政策还处于探索阶段。虽然,党关于知识分子问题的理论阐释和政策主张,还不足以建构系统、完备的科学体系,但是正确认识和处理现实革命斗争中知识分子问题的基本思想和原则已经初步确立,党的知识分子政策已经初步形成,而且基本上是正确的。

2. 党的知识分子政策的曲折发展(1927.7—1935.1)

大革命失败后,党在纠正和批判右倾机会主义错误的同时,出现了"左"倾盲动主义错误,党的知识分子理论和政策发生了严重偏差,把反对机会主义变成了反对知识分子,片面强调"领导机关工人化",排斥和打击知识分子。尤其是王明"左"倾冒险主义路线,把知识分子视为"最危险的敌人"而加以"残酷斗争,无情打击",给党和革命事业造成了极大损失。毛泽东、周恩来等同志对这种排斥和否定知识分子的"左"倾错误做法,进行了批评和抵制,使党的知识分子政策在经历重大曲折的过程中仍有所发展。

党在知识分子问题上的"左"倾错误是从八七会议开始的。八七会议结束了陈独秀的右倾错误,确定了继续革命的方针和任务,但同时也使"左"倾情绪得以滋生和发展。

1927年11月,在中央临时政治扩大会议上,党在知识分子问题上的"左"倾错误得到进一步发展,主要表现在:第一,这次会议把党内知识分子干部视为机会主义的根源。会议认为,导致大革命失败的组织症结在于,党的指导机关中知识分子出身的干部占了多数。第二,这次会议把八七会议后的某些错误和失败,也归罪于知识分子干部。第三,这次会议提出党的改造问题,第一次正式向全党发出了"指导干部工人化"的号召。这一号召的提出,在很大程度上是针对着党内知识分子干部的,实际上是对知识分子干部的不信任。它延续和发展了八七会议以来对知识分子的错误做法。

1931年1月7日,在共产国际代表米夫的直接干预下,中共六届四中全会在上海召开。从这时起,以王明为代表的教条主义在党中央领导机关内开始了长达4年的统治,给中国共产党及中国革命造成了极其重大的损失。在对待知识分子问题上,以王明为代表的"左"倾中央则把否定、排斥知识分子的极"左"错误理论及政策推向一个更加系统、完备的阶段,使党的知识分子工作出现了严重失误。

大革命失败后，面对否定和排斥知识分子的"左"倾错误理论和政策及其在实践中造成的危害，以毛泽东同志为代表的中国共产党人，在不断纠正"左"倾错误，率领中国革命从失败走向胜利的过程中，也对当时中央在知识分子问题上的"左"倾错误进行了顽强的抵制。

革命事业的发展，需要吸收大量的知识分子从事各方面的工作。而这个时期党在知识分子问题上的"左"倾错误，不仅严重妨碍了接收知识分子参加革命斗争，而且还把已加入到党内、革命队伍内的革命知识分子排挤出革命斗争之外。面对这种情况，我们党曾在1933年前后的一段时间内突破了"左"倾错误的束缚，进行了一次较大的思想批判和理论修正。1933年5月，苏区中央局在《关于纠正发展和巩固党的组织中错误倾向的决议》中，严厉地批评了"清肃"阶级异己分子中的唯成分论"左"倾错误，以及在党的组织发展工作中对待知识分子的严重关门主义倾向，重新强调把革命知识分子吸收到党内。大革命失败后，在知识分子问题上，这样明确地表达对唯成分论的否定，在党的正式文件中尚属首次。随后，苏区党及政府的一些负责同志，也陆续在有关的报告和文章中，阐明利用旧知识分子为无产阶级事业服务的观点，开始纠正党在知识分子问题上长期存在的一些"左"倾偏差和失误。

1933年10月10日，毛泽东同志主持起草、发布的《苏维埃共和国中央政府关于土地斗争中一些问题的决定》，在涉及知识分子问题的一些基本思想认识和理论阐释方面，纠正了一些"左"倾错误观念，对知识分子问题作出了一系列突破性的重要规定。其中最主要的有以下三点：第一，它在我党的正式文件中，第一次明确地阐发了知识分子非独立阶级地位的马克思主义观点。第二，它在我党的历史上首次明确地肯定了知识分子的"劳动者"地位。第三，它进一步批评了许多地方无条件地排除知识分子的现象，更明确地指出,利用地产资产阶级出身的知识分子为苏维埃服务,是有利于苏维埃革命的政策。

由此可见,这些对于知识分子问题上"左"倾错误的批评、抵制和纠正,是党的知识分子理论与政策转到马克思主义正确轨道上来的契机,它在一定程度上和一定范围内减弱以致抵消了"左"倾错误所导致的危害和消极影响。因此,在这一时期,革命知识分子在根据地的建设,尤其是文化教育建设中,也作出了杰出的贡献。党的文化教育工作也取得了一定成绩。正是在这个基础上,1935年1月召开的遵义会议,彻底结束了"左"倾错误在党中央的统治,使党的知识分子政策开始走向正轨,并逐步完善、成熟起来。

3. 党的知识分子政策的逐步成熟(1935.1—1949.10)

1935年1月召开的党的遵义会议,彻底结束了"左"倾错误在中央的统治,党也逐步纠正了对待知识分子的"左"倾政策,为更好地争取广大知识分子参加到抗日民族统一战线的行列中来创造了条件。抗日战争时期,党采取了正确的团结、教育、改造的政策,吸引了大批知识分子和青年学生奔赴延安和各抗日根据地,促进了延安时期文化事业的空前繁荣,推动了抗日战争的胜利发展。党的知识分子理论和政策逐步走向成熟。解放战争时期,党坚持贯彻对知识分子的正确政策,对于学生、教授、科学工作者、艺术工作者和一般知识分子,避免采取任何冒险政策,继续对其加以保护和利用,把知识分子看做是战胜敌人和实行人民民主专政的领导力量和基础力量之一。党的知识分子理论和政策在这个时期进一步成熟。

对知识分子的科学分析,是党制定正确的知识分子政策的理论依据。党在对中国知识分子的状况及其在中国革命中的重要性认识的深化过程中,逐渐形成了党的知识分子政策。中国共产党经过周密的考察分析,认为中国半殖民地半封建社会内的知识分子具有如下特点:第一,有很大的革命性;第二,富有政治敏感性;第三,或多或少地具有一定的科学知识;第四,革命的动摇性。

1939年1月1日,毛泽东同志为中共中央起草了《大量吸收知识分子的决定》,对中国知识分子的现状、特点、阶级归属以及在革命中的地位等问题作了全面系统的科学分析,明确指出没有知识分子的参加,革命的胜利是不可能的,应当大量吸收知识分子。

中共中央关于《大量吸收知识分子的决定》(以下简称《决定》),把重视和发挥知识分子作用的问题,提到关系革命事业前途的战略高度,这在党的历史上是空前的。《决定》确定了大量吸收知识分子的方针,并且针对知识分子由于长期脱离革命实践、脱离工农群众而存在着的各种弱点,要求党的各级组织加强对知识分子的培养,使他们更好地锻炼成长。《决定》还在党的历史上第一次提出了"工农干部知识化"、"知识分子工农化"的口号,第一次提出了建立无产阶级自己的宏大的知识分子队伍的任务。这是对马克思主义知识分子理论的继承和发展。《决定》是中国共产党在遵义会议后制定的第一个关于正确对待知识分子的重要文件。

在中国人民与国民党反动派进行两种命运、两种前途大决战的历史时期,党更加重视知识分子工作,使抗日战争时期制定的正确的知识分子政策变得更加成熟,并得到进一步的丰富和发展。

发展和巩固解放区,必须切实贯彻党对知识分子团结、教育、任用的方针,更好地发挥知识分子的作用。为此,党中央又提出了在新解放区对待知识分子的一些具体政策和措施:第一,吸收地主富农出身的知识分子参加革命工作。第二,吸收知识分子到工厂学习管理工作,以训练新的工业干部。第三,办好各类学校,培养和训练干部。第四,团结、改造新接收企业中的职员。第五,在改造旧有知识分子的同时,培养工农知识分子。

综上所述,由于党对知识分子问题有了较深刻的认识,党的知识分子政策更加完备和成熟,并得到进一步发展。随着人民解放战争的节节胜利,人民政府接管一切公私学校、医院、科研机构和文化教育机关等,接收了二百多万知识分子。中国共产党对他们采取了一律"包下来"的政策,给饭吃、给工作、安定其生活,并招收失学失业的知识分子和青年学生进行短期训练后,予以安置。这是一项重要的政策,它调动了知识分子的革命积极性和工作热情,使他们用自己的聪明才智为新中国贡献力量。同时,我们党既使用旧知识分子,又大力培养工人阶级自己的知识分子,为新中国建立后我国大规模的经济建设提供了大批经济文化人才和骨干力量。

4. 党的知识分子政策的丰富和发展(1949.10—1956.12)

这一时期,党对知识分子继续采取团结、教育、改造的政策,人民政府对旧社会过来的知识分子实行"包下来"的方针,给绝大多数知识分子安排了适当的工作和职位,给许多知识分子的代表人物以相应的社会政治地位,在知识分子中广泛地组织马克思主义基础知识和党的方针政策的学习,开展了知识分子思想改造运动,发出了"向科学进军"的伟大号召。在党的正确路线指引下,党的知识分子政策得到不断丰富和发展,我国的科技文教事业也取得了前所未有的重大进步。但在这个阶段的后期,党在知识分子问题上的"左"倾政策已开始抬头。

1951 年 9 月,北京大学 12 位著名教授发起了北大教员的政治学习活动。到 10 月份,逐步形成了全国规模的知识分子思想改造学习运动,到 1952 年秋运动基本结束。这次改造和学习运动,虽然有些缺点,但是总的来说,效果是积极的。通过这次思想改造和学习运动,在知识分子中间清除了帝国主义、封建主义和官僚资本主义的政治思想影响,缩小了资产阶级思想的阵地,树立了为人民服务的思想,初步确立了无产阶级思想的领导地位,并在一定程度上纯洁了队伍。

为了改进和加强党对知识分子工作的领导,改善党同非党知识分子的关系,1956年1月14日至20日,全国知识分子问题会议在北京召开。周恩来同志代表中共中央在会上作了《关于知识分子问题的报告》,报告运用马列主义、毛泽东思想的立场、观点和方法,对我国知识分子的状况,对如何充分发挥知识分子的作用,帮助知识分子进行自我改造,迅速扩大和提高我国科学文化水平以及加强党对科学文化事业领导等方面,都作了全面精辟的论述。

这次会议是新中国建立后我国召开的第一次大规模的知识分子工作会议。会议坚持从社会地位来考察知识分子的根本变化,肯定了知识分子的绝大部分已经是工人阶级的一部分。这就解决了党内长期争论的一个重大问题,纠正了对待知识分子的宗派主义观点,改善了党同非党知识分子的关系,极大地鼓舞了知识分子为社会主义事业献身的热情,充分调动了知识分子向科学进军的积极性。长期的历史经验证明,这次会议对知识分子的估计是符合实际的,对我国的知识分子工作具有长远的指导意义。

为了进一步调动和发挥知识分子的积极性,促进科学文化事业的繁荣和发展,在1956年4月的中共中央政治局扩大会议上,毛泽东同志借鉴春秋战国时期诸子百家争鸣、促进各种学说发展的历史经验,提出了"百花齐放、百家争鸣"的方针。5月2日,毛泽东同志在第7次最高国务会议上又重申了这一方针。这次会议将"百花齐放、百家争鸣"确定为党的科学和文化工作的方针。这一方针的提出,在知识分子中引起强烈的反响,对于进一步调动和发挥知识分子的积极性和创造性,不断发展和繁荣我国的文学艺术和科学技术事业,加速社会主义建设事业的发展,起了有力的动员和推动作用。

　　5. 党在知识分子政策上的徘徊(1957.1—1966.5)

　　1957年反右斗争扩大化以后,党中央和毛泽东同志对国内阶级斗争形势的估计发生了偏差,对知识分子阶级属性的认识也偏离了原先的正确轨道,错误地将知识分子的大多数划入剥削阶级的范畴。虽然周恩来等同志在1962年广州会议前后,曾对知识分子的阶级属性再次作出了正确的判定,为知识分子"脱帽加冕",但由于在指导思想上的日益"左"倾,党的知识分子政策再度出现失误,不少知识分子因此蒙受冤屈。

　　1956年年底、1957年年初,波匈事件和国际风浪的发生,给了毛泽东观察社会主义社会的阶级斗争问题以消极的影响,特别是当他看到匈牙利"裴多菲俱乐部"的知识分子起了重要的作用,以及国内一些人民内部矛盾突出的情况后,对知识分子的不信任感增强,看法上急剧"左"倾。党对知识分子阶级属性的错误认识,直接影响到1957年反右派时对阶级力量对比的估计,对于反右派运动的开展和严重扩大化,起着推波助澜的作用。毛泽东在1957年10月最高国务会议上说,现在知识分子有500万人,资本家有70万人,加在一起,约计600万人,5口之家,五六就是3000万人。把500万知识分子不列入工人阶级而列入资产阶级,这个错误的算法,使得资产阶级总人数扩展了7倍多。在这种阶级力量的估计之下,将斗争形势看得非常严重,搞阶级斗争扩大化,给50多万人戴上"右派分子"的帽子。

　　由此可见,如何划定知识分子的阶级属性,是一个极为重大、影响全局的问题。进入社会主义社会以后,党中央和毛泽东同志没有坚持对知识分子阶级属性的正确判断,没有摆脱"左"的思想认识的影响,把知识分子一概地划入资产阶级之中,以至于1957年时错误地估计形势,作出开展反右派运动的决策,进而改变对当时社会主要矛盾的判断,把国家引向以阶级斗争为纲的错误方向。

对于指导思想和具体工作上的一系列失误,从 1958 年 11 月起,党中央召开了一系列会议,着手纠正在大跃进中出现的共产风、浮夸风等急躁冒进的局部性错误。党中央对在知识分子政策上的某些失误也进行了一定程度的纠正。接着,中共中央于 1959年 1 月 12 日在北京召开教育工作会议,认真总结了教育"大革命"以来的主要经验和存在问题,并就教学当中的一些重要问题作出了规定。在知识分子政策方面,提出了要正确地贯彻执行党的团结、教育、改造知识分子的政策,纠正了在学校党员领导干部和部分师生中存在的宁"左"勿右的思想倾向和"资产阶级知识分子是革命对象"等提法。这次会议精神的贯彻执行,对于纠正"左"的思想和做法,落实党的知识分子政策,起了重要的作用。

为了进一步纠正"大跃进"以来工作中的错误,切实贯彻执行"调整、巩固、充实、提高"的八字方针,1962 年 1 月 11 日至 2 月 7日,中共中央在北京召开扩大的工作会议(七千人大会),决定为1959 年以来"反右派"运动中处理错了的干部甄别平反,解决几年来在执行知识分子政策和文化、教育、科技政策等方面"左"的错误问题。3 月 2 日至 26 日,在广州召开的会议上,周恩来同志作了《关于知识分子问题的报告》。报告指出,12 年来,我国大多数知识分子已有了根本的转变和极大的进步,重新肯定了我国绝大多数知识分子是属于劳动人民的。报告论述了知识分子在社会主义现代化建设中的地位与作用,分析了中国现代知识分子的成长道路以及如何团结教育知识分子的问题,提出了改进党与知识分子关系的措施和政策。他指出,对待知识分子,一要信任他们;二要帮助他们;三要改善关系;四要解决问题;五是一定要承认过去有错误;六是要承认错误还要改。周恩来肯定了科技工作者是人民的科学家、社会主义的科学家、无产阶级的科学家,是革命的知识分子,应该取消资产阶级分子的帽子。3 月 28 日,在人大二届三次会议上所作的《政府工作报告》中,周恩来郑重宣布:经过 12 年锻炼的我国知识分子,毫无疑问是属于劳动人民的知识分子,我们应该信任他们,使他们很好地为社会主义服务。

但是,这时"左"倾错误在经济工作的指导思想上并未得到彻底的纠正,而在政治思想文化方面还有所发展。特别是在 1962 年 9 月党的八届十中全会以后,在意识形态领域,对一些文艺作品、学术观点和文艺界、学术界的一些代表人物又进行了错误的、过火的政治批判,在对待知识分子问题、教育科学文化问题上,发生了愈来愈严重的"左"倾倾向,并且在后来终于发展成为"文化大革命"的导火线。不过,这些错误在当时还没有达到支配全局的程度,总的看来,在这个时期,党的知识分子政策在徘徊中还是有所发展的。

6. 党在知识分子政策上的失误(1966.5—1976.10)

1966 年 5 月至 1976 年 10 月,是中国的"文化大革命"动乱时期。"文化大革命"实际上成了革有文化的知识分子的命,知识分子的绝大多数被称为"资产阶级知识分子",被当成了革命的对象。在这个时期,党的知识分子政策出现了严重的"左"倾错误,许多知识分子受到打击和迫害,造成了大量的冤假错案,党和国家的建设事业遭受严重的危害。可贵的是,周恩来、邓小平等同志对"左"倾知识分子政策进行了抵制,对林彪、江青一伙诬蔑、迫害知识分子的倒行逆施行为进行了斗争。

1966 年 5 月的中央政治局扩大会议和同年 8 月的八届十一中全会,是"文化大革命"全面发动的标志。这两次会议相继通过的《五·一六通知》和《关于无产阶级文化大革命的决定》,是"文化大革命"的纲领性文件。

《五·一六通知》反映了毛泽东关于"文化大革命"的主要论

点,是关于这场"革命"的重要纲领,也是理解我党在这一时期知识分子政策的主要文件。从文件中可以看出,"文化大革命"一开始就把矛头对准了教、科、文领域的党政干部和专家学者,号召人们"高举无产阶级文化革命的大旗,彻底揭露那批反党反社会主义的所谓'学术权威'的资产阶级反动立场,彻底批判学术界、新闻界、文艺界、出版界的资产阶级反动思想,夺取在这些文化领域中的领导权,而要做到这一点,必须同时批判混进党内、政府内和文化领域的各界内的资产阶级代表人物,清洗这些人,有些则要调动他们的职务,尤其不能任用这些人去做领导文化革命的工作。"《通知》将阶级斗争扩大和升级,认为同党内所谓修正主义的斗争是你死我活的斗争,这些人是钻进党内保护"资产阶级学阀"的资产阶级代表人物,"他们对于一切牛鬼蛇神却放手让其出笼,多年来塞满了我们的报纸、广播、刊物、书籍、教科书、讲演、文艺作品、电影、戏剧、曲艺、美术、音乐、舞蹈等等,从不提倡要受无产阶级的领导,从来也不要批准"。《五·一六通知》下达后,"文化大革命"动乱在全国高校首先掀起。党的八届十一中全会通过的《关于无产阶级文化大革命的决定》中再次提出:改革旧的教育制度,改革旧的教学方针和方法,是这场无产阶级文化大革命的一个极其重要的任务。在这场"文化大革命"中,必须彻底地改变资产阶级知识分子统治我们学校的现象。

对于"文化大革命"这样的全局性错误,对于知识分子政策上的"左"倾政策,以周恩来为代表的一些坚持马克思主义立场的老同志,曾运用各种各样的方式、机会进行了抵制和纠正,尽可能地捍卫党的正确的教育科学路线、文艺路线和知识分子政策,毛泽东本人后来也对一些具体问题进行了纠正,在一定程度上减少或缓冲了"文化大革命"所造成的损害。但是,由于党内生活的极端不正常,由于在"文化大革命"指导思想、组织路线等方面的全面失误,这种纠正和抵制也只能是局部的、有限的,不可能从根本上扭转"左"倾路线所带来的危害。

7. 党的知识分子政策的拨乱反正(1976. 10—1982. 9)

1976 年 10 月,粉碎江青反革命集团的胜利,从危难中挽救了党,挽救了革命。党在知识分子问题上也开始进行拨乱反正,提出了"尊重知识,尊重人才"的方针,推翻了强加在知识分子身上的"两个估计",平反昭雪了知识分子中的冤假错案。

1977 年,邓小平恢复党和国家的领导职务后,自告奋勇分管科学和教育工作,从科教战线上首先打开了拨乱反正的局面。1977 年 5 月 24 日,邓小平在一次谈话中指出,要实现四个现代化,关键是科学技术要上去,而发展科技又非抓教育不可。他还大声疾呼:一定要在党内造成一种空气,尊重知识,尊重人才。要反对不尊重知识分子的错误思想。"尊重知识,尊重人才"逐步成为党的知识分子政策的核心。

为了打碎江青反革命集团套在知识分子身上的精神枷锁,邓小平同志在 8 月 4 日至 8 日召开的全国科学教育工作座谈会上,作了《关于科学和教育工作的几点意见》的重要讲话,对知识分子作了正确的估计和分析,强调了知识和人才的重要性,肯定了新中国建立 17 年教育战线的成绩和知识分子为社会主义服务的本质,这实际上否定了"两个估计",在当时起了拨乱反正的作用,为党重新调整和制定关于知识分子的政策奠定了思想理论基础。

11 月 8 日,《人民日报》全文转载《红旗》杂志发表的文章《教育战线上的一场大论战——批判"四人帮"炮制的"两个估计"》,进一步揭发批判了江青反革命集团炮制"两个估计"的经过和残酷迫害广大知识分子的罪行,提出要敢于冲破禁区,勇于把被他们颠倒了的是非颠倒过来,使教育适应四个现代化的需要。"文化大革命"结束后的一年多时间里,虽然知识分子问题上的拨乱反正,主要只是在教育领域进行,但这种拨乱反正毕竟已经开始,它为以后知识分子问题上的全面拨乱反正和党的知识分子政策的全面落实准备了条件,开创了先河。

为了推进我国科学技术的发展,切实解决知识分子问题,1977年9月,中共中央发出通知,决定在1978年春天召开全国科学大会。通知指出,要抓紧落实党的知识分子政策,恢复技术职称,保证科学人员每周必须至少有六分之五的业务工作时间。随后,各级党组织和政府贯彻中央指示,采取一些有效措施,认真落实知识分子政策,为全国科学大会的召开创造了有利条件。

1978年3月18日至31日,全国科学大会在北京隆重举行。邓小平同志在讲话中批判了林彪、江青反革命集团散布的种种谬论,澄清了长期以来"左"倾错误所造成的思想混乱,阐明了马克思主义关于科学技术在社会发展中的地位与作用,指出实现四化的关键是科学技术的现代化,强调要大力发展科学研究事业和教育事业,发挥科技和教育工作者的积极性。邓小平同志在讲话中还着重阐述了发展我国科学技术事业、切实解决知识分子问题的几个重大理论问题:第一,重申了知识分子是工人阶级的一部分的正确观点,使党的知识分子理论和政策重新回到马克思主义的正确轨道上来。第二,重申了科学技术是生产力这一马克思主义的基本观点。第三,正确解决了红与专的关系问题,提出了建设一支宏大的又红又专的科学技术队伍的任务。第四,提出了改善党对科技工作领导的要求。邓小平同志的讲话,澄清了科技事业中的一些重大原则问题,是党对科技教育工作和知识分子问题上又一次重要的拨乱反正,受到广大知识分子和社会各界的热烈欢迎。

1978年4月22日至5月16日,中共中央和国务院在北京召开了全国教育工作会议。邓小平同志在讲话中,针对林彪、江青两个反革命集团严重破坏教育事业的实际情况,提出要提高教育质量,提高科学文化的水平,更好地为社会主义建设服务,学校要大力加强纪律教育,培养和造就有社会主义觉悟的一代新人。他还强调,教育事业必须和国民经济发展的要求相适应,教育事业应当成为国民经济计划的一个重要组成部分,要提倡全社会尊重教师,采取适当措施鼓励人们终身从事教育事业,各级党委和学校的党组织,应当热情地关心和帮助教师思想政治上的进步,积极做好发展优秀教师加入中国共产党的工作。

全国科学大会和全国教育工作会议对我国知识分子的估计,完全符合我国知识分子的现实情况,它从根本上纠正了中国共产党较长时期以来对待知识分子的"左"的错误观点,大大改变和提高了知识分子的社会地位,是中国共产党和人民政府在知识分子问题上全面拨乱反正、正确制定知识分子政策的重要依据,对于促进科学和教育事业的发展,造就宏大的德才兼备的知识分子队伍,具有重大的意义。

"文化大革命"结束后的两年里,由于当时主持党中央工作的华国锋推行和迟迟不改正"两个凡是"的错误方针,阻挠了党的知识分子政策的迅速落实。对于"两个凡是"的错误方针,邓小平同志最早予以旗帜鲜明地反对,倡导解放思想、实事求是的思想路线。在他的倡导和支持下,从1978年5月开始,全国进行了一场关于真理标准问题的大讨论。

在开展真理标准问题大讨论的同时,党中央对知识分子中的冤假错案平反昭雪,为知识分子恢复名誉。特别是在党的十一届三中全会正确的路线、方针指引下,复查和平反冤假错案的工作大大加快,党的知识分子政策全面落实,知识分子问题上的拨乱反正取得重大成就。

1981年6月,党的十一届六中全会通过了《关于建国以来党的若干历史问题的决议》(以下简称《决议》)。《决议》指出,要坚决扫除长时期存在而在"文化大革命"期间登峰造极的那种轻视教育科学文化和歧视知识分子的完全错误的观念,努力提高教育科学文化在现代化建设中的地位和作用。《决议》明确肯定知识分子同工人、农民一样,是社会主义事业的依靠力量,并强调没有文化和知识分子,是不能建设社会主义的。党的十一届六中全会的召开及其《决议》的通过,表明党在指导思想上已完成了拨乱反正的历史任务,粉碎"四人帮"后党在各方面的拨乱反正工作已基本结束。

党在知识分子问题上的拨乱反正和全国知识分子政策的认真落实,极大地激发了广大知识分子献身社会主义建设事业的积极性和创造性,因而,从"文化大革命"结束到党的十二大召开之前的 6 年间,我国的文教、科技事业得到了很大的发展。

8. 党的知识分子政策的创新发展(1982.9—至今)

党的十二大的召开,是全面开创建设中国特色社会主义新局面的开始。虽然有极少数知识分子鼓吹资产阶级自由化,引起数次学潮的发生,直至 1989 年春夏之交政治风波的爆发,但党对知识分子的正确政策没有改变。在坚持四项基本原则的前提下,党对知识分子仍然是政治上一视同仁、工作上放手使用、生活上关心照顾。党更加重视知识分子在社会主义现代化建设中所具有的重要地位和作用,明确提出"科学技术是第一生产力","人才资源是第一资源",知识分子是先进思想的传播者、科学技术的开拓者、"四有"公民的培育者、优秀精神产品的生产者,先后实施"科教兴国"战略和"人才强国"战略,极大地激发了广大知识分子投身改革、振兴中华的积极性和创造性。

1982 年 9 月党的十二大召开。胡耀邦同志在《全面开创社会主义现代化建设的新局面》的报告中指出,我们的教育文化科学工作正在走上正规并取得一定的发展,呈现出初步繁荣的景象,我们要全面开创社会主义现代化建设的新局面,必须特别重视发挥知识分子的作用,并针对他们的特点,改善对他们的思想教育。

1983 年 3 月 13 日,在党中央举行的纪念马克思逝世 100 周年大会上,胡耀邦同志作了《马克思主义伟大真理光芒照耀我们前进》的重要讲话。重申知识分子已经成为工人阶级的一部分,是我国社会主义现代化建设所绝对必需的智力因素,是我们国家的宝贵财富,必须营造尊重知识和知识分子的社会风气,并且采取切实措施,改善他们的工作条件和生活条件。

党在全面肯定和重视知识分子问题极端重要性的同时,在科技、教育、文化艺术等方面作出了一系列与知识分子紧密相关的具体的重要决策。

1990 年 5 月 3 日,江泽民同志在首都青年纪念五四运动的报告会上,发表了《爱国主义和我国知识分子的使命》的重要讲话,充分肯定了知识分子的重要地位和作用,强调要继续坚定不移地贯彻执行在政治上、业务上信任和依靠知识分子,从优秀知识分子中发展党员、选拔干部,坚持"为人民服务,为社会主义服务"和"百花齐放、百家争鸣"的方针,积极发展科学文化的国际交流和合作,努力为他们创造必要的工作和生活条件等关于知识分子的正确方针政策。

1990 年 9 月,中共中央发出《关于进一步加强和改进知识分子工作的通知》,重申了党对知识分子队伍的正确估价和基本政策,充分肯定知识分子在现代化建设和改革开放中不可代替的作用,进一步明确了知识分子工作为党的基本路线服务的指导思想。其中,要求党委组织部门牵头,党政各部门互相配合,共同开创知识分子工作的新局面。

"尊重知识,尊重人才"是党的知识分子政策的核心。1991 年1 月 25 日,全国有突出贡献的博士硕士学位获得者、回国留学人员和优秀大学毕业生表彰大会在北京举行。中共中央总书记江泽民、国务院总理李鹏等向 1220 名优秀知识分子颁奖。这次表彰大会在社会上激起了巨大反响，广大知识分子纷纷表示要为建设祖国贡献自己的聪明才智。1999 年，党中央、国务院、中央军委隆重表彰 23 名为我国"两弹一星"事业作出突出贡献的科技专家，并授予"两弹一星功勋奖章"。袁隆平、吴文俊、黄昆、王选四位著名科学家先后被授予"国家最高科学技术奖"。2001 年，党中央、国务院决定对作出突出贡献的专家、学者、技术人员继续实行政府特殊津贴制度，全国目前共有 14 多万人享受了政府特殊津贴。2002年，李桓英等 50 名同志被授予全国"杰出专业技术人才"荣誉称号。中央组织部和各级党委组织部门在党中央和各级党委的统一领导下，会同有关部门，在制定知识分子政策，直接联系专家，解决专家工作条件、生活待遇等方面发挥积极作用，增强了党组织在知识分子中的凝聚力和号召力。

十五大以来，党的第三代领导集体高瞻远瞩，在知识分子和人才工作上，提出了重大战略构想，作出了一系列战略决策和部署，把知识分子和人才工作纳入了经济建设和社会发展的战略规划和总体布局，人才工作摆上了经济和社会发展的基础性、战略性、决定性的地位。党中央提出，实施西部大开发战略，人才是关键。2001 年，九届人大第四次会议通过的国民经济和社会发展第十个五年计划，提出实施"人才战略"，把培养、吸引和用好人才作为一项重大的战略任务切实抓好。同年，党中央印发《关于加强专业技术人才队伍建设的若干意见》，之后全国知识分子工作联席会议制度建立。

2000 年 12 月 4 日，江泽民同志在第十九次全国统战工作会议上指出，全面做好知识分子工作，充分发挥广大知识分子的作用，是全党同志和党的所有工作部门的一项重要任务。要适应新情况新变化,进一步落实和完善党的知识分子政策,着重做好培养人才、用好人才、吸引人才的工作。"培养人才、用好人才、吸引人才",实际上已经成为新时期党的知识分子新政策。这是党在新形势、新任务面前,为推动知识分子工作的进一步发展,不断创新的结果。

党的十六大报告指出:"必须尊重劳动、尊重知识、尊重人才、尊重创造,这要作为党和国家的一项重大方针在全社会认真贯彻。"①这是我们党对劳动和劳动价值理论认识的深化,也是党的知识分子政策在新的历史条件下的发展。我国加入世界贸易组织后,中央提出,做好加入世界贸易组织后的各项应对工作,关键在人才。2002 年,党中央印发《2002—2005 年全国人才队伍建设规划纲要》、《西部地区人才开发十年规划》,提出实施人才强国战略,进一步明确了当前和今后一个时期人才队伍建设的指导方针、目标任务和一系列重大措施,规划了今后一个时期知识分子和人才工作的宏伟蓝图。

2003 年 5 月 23 日,中共中央政治局召开会议,研究和部署进一步加强人才工作等问题。会议认为,人才问题是关系党和国家事业发展的关键问题。党在新世纪新阶段人才工作的紧迫任务是:适应全面建设小康社会的需要,抓住培养、吸引、使用人才三个环节,着力建设党政人才、企业经营管理人才和专业技术人才三支队伍,重点培养一批适应社会主义现代化建设和改革开放要求的高层次人才,创新人才工作机制,努力创造人才辈出、人尽其才的良好局面,把各类优秀人才聚集到党和国家的各项事业中来。会议提出,新时期我国人才工作发展和人才队伍建设要坚持以邓小平理论和"三个代表"重要思想为指导,认真贯彻十六大精神,坚

---

① 《江泽民文选》第三卷,人民出版社 2006 年版,第 540 页。

持党管人才原则,大力实施人才强国战略,全面推进人才工作发展和人才队伍建设,为全面建设小康社会提供坚强的人才保证。

2003 年年底,新中国历史上第一次全国人才工作会议讨论通过了《中共中央、国务院关于进一步加强人才工作的决定》(以下简称《决定》),明确提出"新世纪新阶段人才工作的根本任务是实施人才强国战略",首次把人才强国战略上升到国家战略层面。《决定》阐述了实施人才强国战略的指导思想、基本要求和重点任务;提出了实施人才强国战略的主要任务,就解决人才培养、吸引、使用、激励、安全和高层次人才、非公有制经济组织人才、西部地区人才、高技能人才队伍建设等方面存在的突出问题提出了指导性意见;提出了实施人才强国战略的组织领导保证。大力实施人才强国战略,是党中央在新世纪新形势下,高举邓小平理论伟大旗帜,认真贯彻"三个代表"重要思想,审时度势,高瞻远瞩,为全面建设小康社会所作出的重大战略决策,也是顺应世界多极化、经济全球化的趋势和科技进步日新月异、综合国力竞争日趋激烈的新形势,为提高我国的综合国力和国际竞争力所采取的重大战略举措。这一战略的提出,对于全面贯彻党的十六大精神,积极推进社会主义现代化建设,实现中华民族的伟大复兴,具有重大的现实意义和深远的历史意义。

总之,党的知识分子政策,在新的历史时期,正沿着正确的轨道,不断发展创新,党的知识分子工作更呈现出欣欣向荣的局面。

二、尊重知识,尊重人才,尊重劳动,尊重创造
——党的知识分子工作的基本经验

自中国共产党成立以来,党的知识分子工作经历了一个有起

有落、曲折发展的历史过程,其间既有成功的经验,也有挫折、失误和教训。认真总结党的知识分子工作的历史经验,深刻吸取其教训,实事求是地分析其原因,从中找出党的知识分子工作的基本规律,这对指导今后中国共产党知识分子工作的实践,使之少走弯路,避免失误,始终沿着正确的方向前进,具有重要的理论意义和实践意义。回顾历史,总结党的知识分子工作的经验,最主要的有以下几个方面:

(一) 方针上旗帜鲜明

理论就是旗帜,旗帜就是方向。有无正确的理论指导,直接关系到党的知识分子工作的成败。马克思主义是指导我们各项事业的根本方针,更是我们党做好知识分子工作的理论指南。

历史已经证明:在党的知识分子工作中,凡是坚持以马克思主义为指导,立足于当时当地的实际情况,就能正确地认识和对待知识分子,从而就能制定出正确的知识分子政策,党的知识分子工作就能顺利地进行,知识分子的作用和积极性就能很好地发挥,党的各项工作也就能很好地开展。反之,凡是背离马克思主义的理论指导,错误的思想占据统治地位,就不能正确地分析和认识知识分子,党的知识分子工作就会遭受"左"或右的干扰,知识分子工作就必然遭受挫折和失败,党的各项事业也会因此而受到损害。

坚持马克思主义理论对知识分子工作的指导,必须善于应用马克思主义研究知识分子理论。理论是行动的先导,党的知识分子理论,是党和国家制定正确的知识分子政策的重要前提。在社会主义初级阶段,党对于这一重大问题的认识应保持一定的稳定性和连续性,不能因为知识分子队伍中的个别人出了问题或一有政治气候上的变化,就人为地、轻易地改变和否定这些基本认识,以致在知识分子问题上出现大幅度的起落和曲折。这是开始全面建设社会主义的十年中,党在知识分子问题上最深刻也是最直接的经验教训。同时党的知识分子理论还应当在保证对基本问题认识具有相对稳定性的基础上,随着知识分子在社会主义经济建设中作用的不断加强而不断地发展和完善,不能忽视已经变化了的事实,不能在理论上一劳永逸,更不能在政策上搞几十年一贯制,这样不利于充分发挥知识分子的积极性。

坚持马克思主义理论对知识分子工作的指导,必须用马克思主义改造我们的学习,武装我们的思想。中国封建社会历史悠久,经济、文化落后,封建专制主义、个人崇拜、宗法思想、等级思想、封建伦理道德、迷信愚昧观念年深日久,根深蒂固。1956年9月,中共八大会议通过的政治报告决议中,虽明确规定了必须继续进行对封建主义和资本主义的思想批判,可是不到一年的时间毛泽东同志又改变了原来的看法,认为在共产党内,"有一部分人有修正主义或右倾机会主义错误思想。这些人比较危险,因为他们的思想是资产阶级思想在党内的反映,他们向往资产阶级自由主义,否定一切,他们与社会上资产阶级知识分子有千丝万缕的联系","现在应当开始注意批判修正主义"①。1957年以后,全党整个思想战线的矛头所向是修正主义。在批判修正主义的过程中,对现代修正主义又缺乏科学的分析和批判;对反封建只字不提,进而在夸大意识形态领域里的阶级斗争的同时,造成了党在知识分子政策上的"左"倾错误。对此,邓小平同志总结道:"我们进行了二十八年的新民主主义革命,推翻了封建主义的反动统治和封建土地所有制,是成功的,彻底的。但是,肃清思想政治方面的封建主义

---

① 朱永红主编:《五十年国事纪要》(政治卷),湖南人民出版社1999年版,第216—217页。

残余影响这个任务,因为我们对它的重要性估计不足,以后很快转入社会主义革命,所以没有能够完成。现在应当明确提出继续肃清思想政治方面的封建主义残余影响的任务,并在制度上做一系列切实的改革,否则,国家和民族还要遭受损失"①因此,我们必须深入系统地学习马克思主义理论,改造我们的学习,改造我们的思想,彻底肃清封建思想残余的影响。

　　坚持马克思主义理论对知识分子工作的指导,必须善于学习和灵活应用马克思主义。知识分子问题不是一个孤立的问题,它同党对社会主义社会的主要矛盾、阶级关系及社会主义建设道路等问题的认识紧密地联系在一起。党的知识分子政策的制定同党的其他政策一样,都是以党对社会主义建设规律的认识为重要理论依据,并受其制约的。党对社会主义建设规律的认识正确与否,必将对党的知识分子政策产生正反两个方面的影响。党要实现对社会主义建设规律的正确认识,就必须善于学习和灵活应用马克思主义,对马克思主义的教条理解和僵化应用,必然影响对社会主义建设规律和知识分子问题的正确认识。如 1957 年后,党逐渐否定了"八大"对我国社会一系列基本问题的正确分析,"左"的思想不断发展,政治上阶级斗争扩大化现象日益严重,直接导致了党在知识分子问题上的"左"的倾向。

　　坚持马克思主义理论对知识分子工作的指导,必须善于把马克思主义理论同我国实际相结合,独立自主地开展知识分子工作,避免外界不正确的干扰和影响。1927 年大革命失败后,共产国际将失败的责任片面归咎于党内知识分子的"动摇性"。在中共的组织建设上搞"领导干部工人化",强调必须由工人成分的人物担当中共领袖,结果选中了一位理论水平低、工作能力极差的武汉码

---

① 《邓小平文选》第二卷,人民出版社 1994 年版,第 335 页。

头工人向忠发。1927年11月,临时中央扩大会议《关于最近组织问题的重要任务决议案》指出:"本党领导干部并非工人,甚至并非农民,而是小资产阶级的知识分子的代表",决定"将工农分子的新干部替换非无产阶级的知识分子之干部"①。由于片面强调党的领导干部"工人化",六大选出的36名中央委员中就有21名是工人,而当时党内真正有威信的同志仅仅因是知识分子就都未被选入。片面推行所谓"领导干部工人化",造成了知识分子干部和工农干部的对立情绪,同时也造成了干部恐慌,严重影响了正常工作,导致中国革命一直在"左"右倾错误中摇摆,党和红军处于极度的危急之中,直到遵义会议才有了重大转机。

坚持马克思主义理论对知识分子工作的指导,必须时刻站在马克思主义思考问题的立场去看待知识与对待知识分子,既不能偏"左",亦不可偏右。党要以过去在知识分子问题上的经验与教训为借鉴,在进行有关党内外知识分子工作时,要时刻警惕对知识分子指导思想上的不合实际的主观偏差。具体来说,在态度上,党要努力清除轻视知识、轻视科学的偏见;在行动上,党应该不断地为知识分子才能的发挥创造良好的环境和必要的机制,使他们的潜力能够充分地施展出来,为社会主义现代化建设作出更大的贡献。

总结历史经验,坚持马克思主义理论对知识分子工作的指导,就是要坚持用马克思、恩格斯、列宁以及毛泽东、邓小平关于知识分子的理论指导党的知识分子工作的实践。马克思、恩格斯、列宁在长期革命实践中对知识分子问题提出了大量真知灼见的理论,他们的思想已经成为各国无产阶级政党制定知识分子政策、做好知识分子工作的理论依据。在中国,马克思列宁主义同中国实际

---

① 《中共中央文件选集》第5册,中共中央党校出版社1991年版,第34—37页。

相结合产生了三次理论飞跃。第一次飞跃,是马列主义同中国革命和建设的实际相结合,产生了毛泽东思想,这也是中国共产党人集体智慧的结晶,它指导中国人民取得了新民主主义革命、社会主义革命和社会主义建设的伟大胜利。第二次飞跃,是马克思列宁主义同处于社会主义初级阶段的中国实际相结合,产生了建设中国特色社会主义的理论,即邓小平理论。十三届四中全会以后,以江泽民同志为核心的党中央,站在时代发展的潮头,立足中国实际,放眼世界未来,提出了"三个代表"重要思想,实现了第三次飞跃,进一步丰富和发展了马克思主义理论。毛泽东思想、邓小平理论和"三个代表"重要思想,正确地反映了时代的主题,体现了时代发展的要求,总结了实践的新鲜经验,是指导党的知识分子工作的理论武器。

在新的时期,要推进党的知识分子工作,就必须坚定不移、毫不动摇地把马克思主义理论作为我们党的知识分子工作的指导思想和灵魂。我们要特别高举邓小平理论的伟大旗帜,努力践行"三个代表"重要思想。只有坚持邓小平理论和"三个代表"重要思想对知识分子工作的指导,才能正确认识现阶段我国知识分子的阶级属性,正确认识知识分子在改革开放和现代化建设中的重要地位和作用,才能制定和执行正确的知识分子工作的方针、政策,并不断总结知识分子工作的实践经验,不断加强和改进知识分子工作,才能最大限度地调动我国广大知识分子的积极性与创造性,充分发挥他们的聪明才智,为我国现代化建设作出更大贡献,保证我国现代化建设宏伟目标的实现。

(二)政治上充分信任

在政治上充分信任知识分子,这是做好知识分子工作,充分发挥他们聪明才智的前提和基础。纵观党的事业和党的知识分子工作，什么时候我们充分信任知识分子，就能制定和实施正确的知识分子政策，放手使用他们，充分发挥他们的聪明才干，从而保证党的事业和知识分子工作的顺利进行。而一旦我们对知识分子缺乏足够的信任，就必然采取和实施不正确的知识分子政策，限制、妨碍知识分子作用的发挥，有时甚至把知识分子当做革命的敌人，进行残酷的斗争和无情的打击，不仅使知识分子的聪明才智得不到发挥，同时也必然使党的事业遭受损害。

在民主革命时期，党主要从政治斗争的角度探索我国知识分子问题，提出知识分子是我们最亲近的朋友，是革命的重要力量，是团结和依靠的对象，"没有知识分子的参加，革命的胜利是不可能的"。正是基于这种对知识分子的信任，党颁布实施了"大量吸收知识分子"的政策，要求各根据地大量吸收知识分子加入到学校、军队、政府工作，并吸收一部分知识分子加入党组织。还要求各大学一律收录，不得拒收知识分子。党中央制定实施了对知识分子"政治上信任、思想上帮助、工作上重用、生活上关心、物质上优待"等一系列具体政策，并培训知识分子担任新区干部，在工作中放手使用他们，极大地调动了知识分子的革命热情，全国各地的知识分子纷纷奔赴延安和各革命根据地，投身于民族革命解放运动之中，极大地促进和保障了新民主主义革命的胜利。

新中国建立后，面对百废待兴、百业待举的局面，党中央和毛泽东同志认为，我国艰巨的社会主义建设事业，需要尽可能多的知识分子为它服务，凡是真正愿意为社会主义事业服务的知识分子，我们都应当给予信任，从根本上改善同他们的关系，帮助他们解决各种必须解决的问题，使他们得以积极地发挥才能。毛泽东同志还一再告诫全党，革命需要吸收知识分子，建设尤其需要吸收知识分子，我们要继续重视知识分子，在我们这样一个原有经济文化落后的国家,知识分子的作用更有特别的重要性。正是出于对知识分子的信任,党继续坚持在民主革命时期制定的对知识分子"政治上信任、思想上帮助、工作上重用、生活上关心、物质上优待"等政策。许多知识分子被安排到重要的岗位并给予丰厚的工资待遇,一些旅居海外的知识分子也纷纷冲破各种阻挠,回国参加社会主义建设,有力地促进和保证了我国国民经济恢复和建设的全面开展,迎来了我党历史上知识分子工作的第一个春天。

但历史也从另一个侧面向我们昭示,如果对知识分子丧失了必要的信任,就必然会采取一些不正确的方法和措施,不仅使党的知识分子工作遭受损失,还会使一些知识分子惨遭迫害。由于受"左"倾思想的影响,自民主革命时期党内就始终存在着一股对知识分子不信任的情绪,其间虽经遵义会议和延安整风的纠正,但"左"倾思想并未从根本上彻底肃清。新中国建立后,随着党内对知识分子不信任情绪和倾向的逐步增大,尤其是在 1957 年反右派斗争开始后,毛泽东对知识分子的不信任感进一步增强,直至否定了 1956 年党关于知识分子阶级属性的正确判定,把知识分子当做是革命胜利后可以同无产阶级较量的主要力量。1962 年 2 月,在广州召开的全国科学工作会议上,周恩来、陈毅等党和国家领导人虽然努力进行纠正,但未能从根本上改变党对知识分子的不信任情绪,最终导致史无前例的"文化大革命"爆发。广大知识分子被蔑称为"臭老九",在暴风骤雨式的群众运动中被打成"反动学术权威"、"牛鬼蛇神",变成了革命和专政的对象,知识分子的身心受到极大戕害,也使我国社会主义建设事业遭受了"建国以来最严重的挫折和损失"。

十一届三中全会以后,以邓小平同志为核心的党中央拨乱反正,重新确立了知识分子是工人阶级的一部分、是社会主义建设的基本力量的正确观点,明确肯定知识分子同工人、农民一样是社会主义事业的依靠力量,没有文化和知识分子就不可能建设社会主义,社会主义的建设事业必须依靠工人、农民和知识分子。党中央明确提出,科学技术是第一生产力,知识分子是先进生产力的开拓者,在现代化建设中具有特殊重要作用,是担负着重大历史责任,值得信赖和依靠的重要力量,从而使知识分子又重新获得了应有的信任和尊重。在此基础上,党中央制定了以"尊重知识,尊重人才"为核心的"政治上充分信任,工作上放手使用,生活上关心照顾"等一整套有利于知识分子健康成长和施展才华的政策措施,努力在全社会营造一种尊重知识、尊重人才的良好氛围,重新贯彻执行"百花齐放、百家争鸣"的双百方针,提出并坚持培养和选拔干部的"四化"标准,使大批德才兼备的知识分子走上了领导岗位,极大地激发了广大知识分子投身社会主义现代化建设事业的热情,迎来了我国知识分子工作的第二个春天,我国的现代化建设也从此进入了盛世时期。

以江泽民同志为核心的第三代党中央继承了邓小平同志的知识分子理论,在充分肯定知识分子的工人阶级属性的基础上,进一步提出"知识分子是工人阶级中掌握科学文化知识较多的一部分,是先进生产力的开拓者,在改革开放和现代化建设中有着特殊重要的作用","包括知识分子在内的我国工人阶级,是推动我国先进生产力发展的基本力量。"[1]在党的十六大报告中,又进一步指出"包括知识分子在内的工人阶级,广大农民,始终是推动我国先进生产力发展和社会全面进步的根本力量。"[2]没有知识分子的参加,建设和改革的胜利更是不可能的。"在现代化建设和改革

---

[1]　中共中央文献研究室编:《江泽民论有中国特色社会主义》,中央文献出版社2002年版,第253—254页。

[2]　《江泽民文选》第三卷,人民出版社2006年版,第539页。

开放的实践中,我们更加深刻地认识到,同历史上任何时期相比较,中国人民从来没有像今天这样,对自己的知识分子提出如此广泛、如此迫切的要求",①这充分表明我们党对知识分子的厚望和信任。即使在"八九"政治风波之后,以江泽民为核心的第三代党中央坚决排除"左"倾思想的干扰,明确指出我国的知识分子是一支拥护四项基本原则、拥护改革开放的优秀队伍,是一支能够创造丰功伟绩的队伍,我国广大知识分子在党的领导下,忠于祖国、忠于人民,具有为民族振兴和人民幸福而艰苦奋斗的献身精神,求实创新的科学态度和勇攀高峰的可贵品质,是一支经得起考验、大有作为、完全可以信赖的队伍。正是出于对知识分子的这种高度信任,党中央继续坚持从各方面积极创造条件,放手使用知识分子,使得广大知识分子深受鼓舞,备感兴奋,极大地密切了党与知识分子的关系,增强了党对知识分子的感召力,保证了我们党的知识分子工作的顺利进行和社会主义现代化事业的顺利进展。

在新的历史时期,我国的知识分子已经是工人阶级的一部分,而且是掌握科学文化知识较多的一部分,是先进生产力的开拓者,必将在社会主义现代化建设中发挥越来越大的作用。因此,我们必须尊重、信任和依靠知识分子,只有充分信任,才可能在工作中放手使用,充分发挥他们的聪明才智,保障社会主义现代化事业的顺利进行。

(三)工作上创造条件

"科学技术是第一生产力",知识分子是科学文化技术的最重要载体,在改革开放和现代化建设中起着越来越重要的作用。他

---

① 《江泽民文选》第一卷,人民出版社2006年版,第126页。

们的作用能否发挥,在多大程度上发挥,直接关系到我国社会主义现代化事业的兴衰成败。而要想充分发挥知识分子的作用,就必须为知识分子创造一个良好的工作条件,使他们找到事业的立足点和着眼点。

事实证明,良好的工作条件对于充分发挥知识分子的作用是至关重要的。

在中国漫长的封建社会里,虽然有过一些开明王朝求贤若渴、唯才是举、励精图治所带来的太平盛世,但更多的是昏君当道、任人唯亲、吏治腐败所带来的内忧外患的困苦,对知识和人才的损益成为王朝兴衰的晴雨表。但遗憾的是,长期以来,知识分子一直未能摆脱阶级依附性和阶级从属性的社会地位,成为封建统治阶级政治祭坛的牺牲品,被统治阶级愚弄于股掌之间,个性遭扼杀,创造性被泯灭,从秦朝的"焚书坑儒",到清朝的"文字狱",再到国统区的文化专制,统治阶级的文化专制主义及其愚民政策由来已久。知识分子应有的社会作用远远没有发挥出来,极大地阻碍了中华民族创新发展的历史进程。

新中国建立后,面对百废待兴的局面,党中央继续坚持在民主革命时期制定的对知识分子"政治上信任、思想上帮助、工作上重用、生活上关心、物质上优待"等政策,许多知识分子被安排到重要的岗位并给予丰厚的工资待遇,各种必须解决的问题得到了圆满解决;提出了"百花齐放,百家争鸣"的方针,并着手制定实施我国十二年科学发展规划,发出了"向科学进军"的号召,为知识分子提供了充分施展自己才华的历史舞台,使我国科技文化事业和社会主义现代化建设呈现出一派欣欣向荣的繁荣景象。即使是在国家极其艰难的时期,科技工作者仍然成功研制出了"两弹一星",摘掉了贫油国的帽子。

但是好景不长,我国社会的发展驶入了歧途,进入了"文化大革命"时期,知识分子被打成了"臭老九"。无视知识分子劳动的特点,片面地强调与生产劳动相结合,而实际上是对知识分子的"流放",更有甚者把知识分子扫地出门,剥夺了他们工作的权利,这不仅浪费了广大知识分子的青春和才华,更使党的事业遭受重大损失。20世纪50年代,我国的科技水平和日本基本上处于同一起跑线上。日本在第二次世界大战失败以后,也面临着一个满目疮痍的局面,但日本用了短短20年的时间迅速崛起,其原因是多方面的,但重视科技与教育的发展,尊重知识分子,积极为知识分子创造工作条件是重要的原因之一。而与此同时,我国大肆批判"白专路线",知识分子被流放到田间街头,站在会场上接受批判。

改革开放以后,当中国现代化建设的历史车轮再次启动的时候,面对世界科学技术日新月异及其在经济社会发展中起着越来越重要作用这一时代趋势的挑战,我们却面临着知识荒疏和人才匮乏的困惑。对此,邓小平同志强烈感受到现代化建设的关键是知识问题,"关键是科学技术要能上去","科学技术是生产力"。所以,"要从科学和教育着手","靠空讲不能实现现代化,必须有知识,有人才"①。必须把教育摆在优先发展的战略地位,重视发挥知识分子在社会主义现代化建设中的作用,要尊重知识、尊重人才。

时代发展和现代化建设的迫切需要,已使中国知识分子的社会作用和历史地位凸显出来。针对现代化建设对知识和人才的渴求,邓小平同志以一个革命家的胆识与魄力冲破阻力,于1977年5月专门作了《尊重知识,尊重人才》的讲话。他大声疾呼:"一定要在党内造成一种空气:尊重知识、尊重人才。要反对不尊重知识

---

① 《邓小平文选》第二卷,人民出版社1994年版,第40页。

分子的错误思想。"①他不仅为知识分子的政治地位平了反,而且还提倡大大地提高知识分子的政治地位,要把"文化大革命"的"老九"提到第一,提出了"科学技术是第一生产力"的著名论断,在许多场合中一再强调要尊重知识,尊重人才。不仅如此,他还身体力行,亲自抓教育,为知识分子排忧解难办实事,甘愿当大家的后勤部长。这对全国知识分子是极大的鼓舞,以实际行为表明党对知识分子的真诚厚爱。

十三届四中全会以后,江泽民同志则进一步提出了人力资源是第一资源、知识分子是先进生产力的开拓者的重要观点,努力营造一种"尊重知识、尊重人才"的良好社会氛围,使知识分子获得了历史上从未有过的地位和尊重。针对社会上存在的轻视哲学社会科学、轻视哲学社会科学知识分子作用的偏见,江泽民同志又高屋建瓴地指出:"哲学社会科学与自然科学同样重要,培养高水平的哲学社会科学家与培养高水平的自然科学家同样重要,提高全民族的哲学社会科学素质与提高全民族的自然科学素质同样重要,任用好哲学社会科学人才并充分发挥他们的作用与任用好自然科学人才并充分发挥他们的作用同样重要。""哲学社会科学的研究能力和成果也是综合国力的重要组成部分。"②哲学社会科学在社会主义现代化建设中发挥着不可替代的重要作用,使哲学社会科学知识分子获得了应有的地位和尊重。积极通过各种渠道,听取知识分子的意见和呼声,正确对待他们的批评,努力提高他们的物质待遇,提高知识分子的社会形象,使知识分子所从事的职业成为受人尊敬、令人羡慕的职业。特别是江泽民同志在党的十六

---

① 《邓小平文选》第二卷,人民出版社1994年版,第41页。

② 中共中央文献研究室编:《江泽民论有中国特色社会主义》,中央文献出版社2002年版,第275页。

大报告中提出要尊重劳动,尊重知识,尊重人才,尊重创造,这无疑将对知识分子产生深远的影响。

总之,改革开放使社会主义现代化建设呈现出新的局面,也迎来了知识分子的春天。从中央到地方都成立了各级知识分子工作的专门机构,配备了专门的工作人员,系统地领导和研究知识分子工作,不断地改善知识分子的工作、学习和生活条件,对有突出贡献的知识分子给予重奖,并形成规范化的奖励制度。在学术上坚定不移地贯彻"双百"方针,积极营造一种生动、活泼、民主、团结的学术氛围。积极完善法律制度,保护知识产权,鼓励、支持知识分子创新、创业。改革束缚知识分子积极性发挥的科技体制和管理体制,逐步建立和完善与市场经济相适应的人才管理体制和激励机制。改变分配中存在的平均主义等弊端,实行技术、管理等生产要素参与分配,使广大科技人员的收入符合其劳动创造的价值和贡献。努力形成一种尊重特点、鼓励创新、信任理解的良好工作环境。通过"211工程"、"长江学者奖励计划"、863计划、星火计划、科教兴国战略、人才强国战略、"百千万人才工程"等项目的建设实施,使大批知识分子脱颖而出,更使党的知识分子工作呈现出前所未有的勃勃生机。

同时也应看到,由于主客观条件的制约,在为知识分子创造良好的工作环境与条件方面,我们还存在很大差距。在许多国家从事教育工作是一个令人羡慕的职业,而在我国,"太阳底下最神圣的职业"这句话在很长时间不是出于对教师职业的由衷赞美,而更多地带有一种嘲讽的味道,没能在全社会真正形成一种"尊重知识、尊重人才"的良好氛围。此外,在计划经济体制下所建立的科技管理体制还未从根本上得到改善。我们还未能充分满足知识分子从事科研工作的需要,有的科学家没有自己的实验室,缺乏必要的科研经费和仪器,有的科学家虽然建立了实验室,但科研经费少得可怜,设备仪器陈旧简陋,很难利用它们从事尖端复杂的科技研究,这必然造成我国大量的人才流失,严重影响着我国现代化建设进程。因此,要充分发挥知识分子的聪明才智,就必须为知识分子创造一个良好的工作机制和环境。

1. 要在全社会形成一种尊重劳动、尊重知识、尊重人才、尊重创造的良好氛围

知识分子是改革开放和社会主义现代化建设中最重要的生力军。21世纪是知识经济时代,知识与科技成为促进社会发展的第一资源,而作为知识科技的创造者、传播者、应用者的知识分子,无疑是推动经济社会发展的第一生力军。未来社会之命运系于知识分子,因此很有必要提高人们对知识分子重要性的认识,在全社会营造起尊重知识、尊重人才的良好氛围。

(1)真正树立"尊重知识、尊重人才"的理念。当代知识分子肩负着时代的重托,历史的厚望。要从民族盛衰、国力强弱的高度充分认识知识分子的地位和作用,真正重视知识分子。"尊重知识、尊重人才"不能仅停留在浅层次上,应该成为一种理念,从内心深处和思想感情上把知识分子当做可亲、可信、可靠的人。要维护他们的人格尊严,尊重他们的原创精神和批判精神,与知识分子坦诚相见,做知识分子的知心朋友,倾听知识分子的意见、建议和呼声,诚恳接受他们的批评和监督,真正理解、关心、爱护知识分子。

(2)把尊重知识、尊重人才落到实处。尊重知识、尊重人才不是一句空话,它不仅需要舆论界对知识和知识分子作用的宣传,更需要扎实有效地为知识分子办实事,在切实提高知识分子地位上下功夫。根据实际情况,制定政策,鼓励冒尖,不拘一格选拔人才;优先解决知识分子住房和夫妻两地分居问题等等。各级领导还应进一步提高认识,克服工作中的短期行为,调整有关政策法规,充

分体现对知识分子的重视和使用。要尊重知识分子在专业上的个人选择,尊重知识分子的劳动成果,尊重知识分子在长期创造性脑力劳动中形成的个性、性格(这种个性是学术上取得成就的一个因素),尊重知识分子的个人爱好,在知识分子碰到各种困难挫折时仍一如既往地尊重、信任、理解、支持(这种信任理解比平常显得更重要、更宝贵)。鼓励、引导也要以尊重和信任为前提,切忌空洞说教,更不要挖苦讽刺,伤害自尊心,而要平等相待,谈心交心,做知心朋友。

2. 创造更加有利于知识分子施展聪明才智的良好工作环境

(1)努力改善知识分子的工作条件

当前我国知识分子有着追赶世界先进水平的雄心壮志,有着世界一流的聪明才智,有着无私奉献的工作热情,他们最缺的就是做好工作的物质条件,如科研仪器、图书资料、实验设备等,这是知识分子的劳动工具,必须加大投入,切实改善。从 R&D 经费投入看,我国无论在投资总额还是在投入额度占 GDP 比重上,不仅落后于发达国家,而且也落后于一些发展中国家。因此,随着我国经济的发展,国家必须进一步加大对科教的投入力度,多渠道加大对教育与科学的投资,及时更新科研设备、图书资料,增加科研经费和对外交流支出,并按照谁投资谁受益的原则,激励企业的投资积极性。

(2)创新知识分子使用机制

创造一个合理使用知识分子的用人机制,为知识分子提供施展才干的条件和建功立业的机会,做到人尽其才,才尽其用,最大限度地发挥个人所长,帮助知识分子实现人生追求和价值实现。知识分子最伤心之处是无用武之地,个人价值得不到承认。要创造条件,让他们施展才华,使他们学以致用,用其所长。要打破升职晋级中的论资排辈现象,大胆提拔使用优秀知识分子,使优秀知识分子脱颖而出。同时要解放思想,克服障碍,打破老框框,大力培养、发现、使用优秀知识分子,坚决同一切压制和摧残人才的现象作斗争。要调整优化科技系统结构,解决科研机构重复设置、力量分散、科技与经济脱节的现象,分流和优化科技知识分子队伍,注意调整学非所用、用非所学现象,使各类科技力量合理配置,科学分工,优势互补,有机结合。尽量避免人才浪费,做到人尽其才,才尽其用。

按照知识分子自身规律管理好知识分子,重视知识分子的合理流动。江泽民同志指出,要探索更加灵活的工作思路,适应当今人才竞争国际化的趋势和特点,借鉴国外人才资源开发的有益经验,拓宽工作渠道和手段,扩大工作覆盖面,形成更为灵活的人才管理体制。要落实用人单位的自主权,增强企业科技创新和吸纳人才的主体地位。要完善开放、灵活的人才市场配置机制,打破人才的部门、单位壁垒,鼓励人才合理流动,培育形成与其他要素相贯通的人才市场,建立人才结构调整与经济结构调整相协调的动态机制。只有实现人才合理流动,才能改变人才分布不合理的状况,优化人才群体结构,充分发挥人才的优势和特点,提高经济效益和社会效益,发展社会生产力。

建立并积极贯彻执行奖惩分明的鞭策、激励机制。必须十分重视利益驱动的作用,改变分配中存在的平均主义等弊端,建立一个体现知识价值的分配体系。切实把各类专业人才的福利待遇同其学术水平和贡献大小挂钩,激发各类人才的积极性和创造性。同时,要深化对劳动和劳动价值的认识,鼓励资本、技术等生产要素参与收益分配,研究制定一套合理的分配政策,并通过改革奖励、津贴等办法,敢于重奖有突出贡献的专业技术人才,逐步形成规范化的奖励制度。要较大幅度地提高有突出贡献的高层次人才的待遇,并以此为突破口,适当拉开不同层次人才的收入差距,促进人才价格机制的形成,适应人才竞争国际化的要求。要理顺社会各阶层的利益关系,逐步消除分配领域的不公平现象。同时,要严格职称、职务考核制度,采取职称评聘分离等手段,对人才实行鞭策和激励,建立收入分配的激励和约束机制。

对一些专业上有较深造诣的老知识分子,要继承他们的知识财富;对离退休知识分子,要支持他们采取合适的方式发挥余热。对有突出贡献的知识分子要给予重奖,热情欢迎出国学习人员通过多种方式关心、支持和参加祖国的现代化建设,不论他们过去的政治态度如何,都欢迎他们回来参加社会主义现代化建设,给予妥善安排,并实行"出入自由、来去方便"的政策。

3. 倡导生动、活泼、民主、团结的氛围,营造一个宽松和谐的环境

必须在科学文化工作中切实贯彻"百花齐放、百家争鸣"的方针,而不能以思想批判和政治斗争的手段解决知识分子的思想和学术问题。知识分子是脑力劳动者,他们所从事的劳动是复杂劳动,这是不同于体力劳动者的;科学文化事业有自己独特的发展规律,这是不同于物质生产的。同知识分子的基本特点和科学文化事业的发展规律相适应,毛泽东同志提出了"百花齐放、百家争鸣"的方针。1957 年,毛泽东同志指出:"百花齐放、百家争鸣的方针,是促进艺术发展和科学进步的方针,是促进我国的社会主义文化繁荣的方针。艺术上不同的形式和风格可以自由发展,科学上不同的学派可以自由争论。利用行政力量,强制推行一种风格,一种学派,禁止另一种风格,另一种学派,我们认为会有害于艺术和科学的发展。艺术和科学中的是非问题,应当通过艺术界、科学界的自由讨论去解决,通过艺术和科学的实践去解决,而不应当采取简单的方法去解决。"①在社会主义改造基本完成以后 20 年的绝

---

① 《毛泽东文集》第七卷,人民出版社 1999 年版,第 229 页。

大部分时间里,我们在政策上把知识分子中的许多思想认识问题和学术问题无限上纲,当做政治问题来处理,科学界、学术界的批判运动不断,严重干扰了"百花齐放、百家争鸣"方针的贯彻和落实,给我们的科学文化事业乃至整个社会主义事业造成了巨大的损失。尤其是在"文化大革命"中,林彪、"四人帮"利用毛泽东同志在知识分子问题上的错误,大搞文化上的法西斯专政,使我国的文化事业遭到了建国以来最严重的挫折。当然,强调在科学文化领域贯彻"百花齐放、百家争鸣"的方针,并不是说不需要一定的政治前提,不是说可以背离社会主义道路和党的领导。这样,就有一个正确处理政治标准和"百花齐放、百家争鸣"方针的关系问题。毫无疑问,我国的科学文化事业必须坚持党的领导和社会主义道路,只有这样才能保障科学文化事业的健康发展,使我国知识分子能够警惕和抵御国内外敌对势力的种种政治图谋。同时,科学文化事业又有自己的发展规律,绝不能用马克思列宁主义的理论代替各种自然科学和社会科学专业的研究,绝不能用行政手段干涉科学文化的自由讨论,绝不能将学术问题当做政治问题来处理。社会主义改造基本完成以后的 20 年时间里,尤其是在"文化大革命"中,我们在这方面的教训太深刻、太惨痛了,很值得我们认真反思和汲取。

(四)生活上关心照顾

物质决定意识,是马克思主义的基本原理。知识分子的劳动是复杂的脑力劳动。按照马克思主义的观点,复杂劳动所创造的价值等于倍加的简单劳动所创造的价值。这就是说,复杂劳动应该得到高出简单劳动数倍甚至数十倍的报酬,这是劳动力再生产规律的要求,违背了这条规律,必然束缚生产力的发展。不仅如此,生活资料的合理获得,对脑力劳动者来说,不仅是生存得以维持的基本需要,也是提高精神产品质量和数量不可缺少的物质条件。恩格斯指出:"正像达尔文发现有机界的发展规律一样,马克思发现了人类历史的发展规律,即历来为繁茂芜杂的意识形态所掩盖着的一个简单事实:人们首先必须吃、喝、穿、住,然后才能从事政治、科学、艺术、宗教等等"。① 生产力作为人类按实践方式同自然界进行物质交换的一种能力,首先是现实的个人的劳动力。在商品生产条件下,"劳动力的价值可以归结为一定数量生活资料的价值。"②如果劳动力只能在萎缩的状态下维持和发挥,那么,物质生产以及精神生产的内涵和外延都不能实现。因此,我们必须在生活上关心和照顾知识分子,要为他们工作和生活提供必要的物质保障,解除其后顾之忧。对他们在工作和生活方面存在的困难,要给予足够的重视,尽可能帮助解决;在工资、住房、子女就业、医疗保健等方面予以适当照顾,使他们更加精力充沛、心情舒畅的发挥业务专长,为社会主义物质文明和精神文明建设作出贡献,这是符合党和人民根本利益的。

老一辈无产阶级革命家在这方面为我们作出了表率。陈云同志在 1982 年 7 月 1 日写给中央政治局常委关于提高中年知识分子待遇的信中指出,我们的基本建设每年要用 500 多亿元,为什么不可以用十几亿元来解决他们(知识分子)的问题? 他们是今天以及今后一个时期各条战线的中坚力量,工作主要靠他们做,改善他们的工作条件,应当看成是基本建设的一个项目,而且是最基本的基本建设。改善中年知识分子的生活待遇,把钱花在这上面,是划得来的,是好钢用在刀刃上。应当向人民讲清楚,受教育程度高

---

① 《马克思恩格斯选集》第 3 卷,人民出版社 1995 年版,第 574 页。
② 《资本论》第 1 卷,人民出版社 2004 年版,第 195 页。

比受教育程度低、脑力劳动比体力劳动在工资收入上高一些,这是符合社会主义经济规律的,也是符合人民长远利益的。不这样做,我们的科学技术不可能上去,生产力也不可能上去。

党的十一届三中全会以来,党中央制定和落实党的知识分子政策,非常重要的一条就是要把对知识分子生活上的关心落到实处。邓小平同志强调指出:"对知识分子除了精神上的鼓励,还要采取其他一些鼓励措施,包括改善他们的物质待遇。"①邓小平把这称为"基本建设",而且是"最基本的建设",认为"这个问题从理论到具体实践,有许多具体问题要研究解决。这不仅是科学界、教育界的问题,而且是整个国家的重大政策问题。"②他要求每年给知识分子解决一点问题,要切切实实解决,要真见效。他自封为知识分子的"后勤部长",亲自为知识分子办实事,要求为知识分子解决工资待遇、房子、生活困难、职称、学位、奖励、稿费、学术刊物等方面的一系列问题。

在邓小平同志的积极倡导下,作为最基本的建设,国家恢复了各科研机构的技术职称评定,职称与工资挂钩,恢复了稿酬制度,给各中、小学教师补发、增发了工资等。国务院相继颁发了《中华人民共和国发明奖励条例》、《自然科学奖励条例》、《科学进步奖励条例》、《优先提高有突出贡献的中青年科学技术、管理专家的生活待遇》等数百个文件,并对有突出贡献的知识分子实行国家津贴制度,为各类专业知识分子晋升了工资,为知识分子解决夫妻两地分居问题,妥善安置知识分子的家属,为知识分子提供医疗保健照顾。广大知识分子的收入得到了明显提高,生活待遇也得到了切实改善。而且在组织上,党中央和国务院有关部门建立了知

---

① 《邓小平文选》第二卷,人民出版社1994年版,第51页。
② 同上。

识分子联席会议制度,积极推进知识分子生活条件的改善。

十四届三中全会以后,以江泽民同志为核心的党中央更是把知识分子生活上的冷暖记在心上,积极通过各种渠道,听取知识分子的意见和呼声,正确对待他们的批评,努力提高他们的物质待遇,对他们在工作和生活方面存在的困难给予足够的重视,尽可能帮助解决,在工资、住房、子女就业、医疗保健等方面给以适当照顾,使党的知识分子工作呈现出前所未有的良好局面。在党的十五大报告中,进一步提出要允许和鼓励技术等作为生产要素参与收益分配,为知识分子生活条件的不断改善开辟了广阔的前景。

在相当长的一段时间内,由于党内对知识分子和知识分子劳动存在着不正确的认识,知识分子无论是工作条件还是生活条件,都没有得到妥善的解决,一部分知识分子受家庭和生计所困,不能把全部精力投入到工作中;一部分知识分子由于家庭、生活问题不能妥善解决,愤然出国,也有一些无奈放弃自己心爱的科研事业;更有一部分知识分子在各种抗争中,心力交瘁,英年早逝。这不仅给个人、家庭造成巨大的损失,也极大地影响了社会主义建设事业的发展。

在新的历史时期,要切实推进党的知识分子工作,继续为知识分子排忧解难办实事,尽量帮助他们解决一些实际困难,积极改善他们的工作、学习和生活条件,消除后顾之忧。首先,要满腔热情地关心知识分子的家庭、婚姻、疾病等日常生活方面,创造条件为他们解决一些急需解决的具体问题,使他们心情舒畅,安心本职工作。其次,要改革分配制度,实行"按知分配",使之逐步成为按劳分配的重要内容,从而充分体现知识的价值,增加知识分子应得的劳动收入。再次,在政策允许的范围内和条件可能的情况下,对知识分子的利益和待遇实行倾斜。在同等条件下,对他们的职称评聘、工资晋升、业务进修、出国深造、学术著作出版、住房分配等给以适当的照顾,对其医疗保健、子女就业、后勤服务等方面给以关心。最后,尽量满足他们的精神需求,充分利用业余时间开展健康有益、生动活泼、丰富多彩的娱乐活动,提高他们的精神境界和身体素质,以更良好的状态从事工作。

(五)思想上积极引导

人类通过实践活动不断改造着客观世界,同时又在实践活动中获得新的知识、技能、经验,使主观世界得到改造,进而按照主观世界新的认识水平和标准来塑造新的客观世界,实现客观世界和主观世界的良性互动。这是马克思主义认识论的重要原理,也是知识分子认识世界、改造世界的客观规律。

首先,当代中国知识分子虽然从整体上说已是工人阶级的一部分,但这并不意味着每一个知识分子都自然而然地成为了工人阶级的一员,具备了工人阶级的立场、情感和品质。因此,必须在思想上对知识分子加以积极引导,帮助他们树立正确的世界观和人生观,这是能否充分发挥知识分子积极作用的关键。

其次,在于"中国的知识分子是一个特殊的问题"。其特殊性有两点:第一在于中国知识分子形成的历史特殊性。古代中国知识分子称为"士",列"士、农、工、商"四民之首。学而优则仕,"士"又是官员的主要来源和补充,其介于官员和工农群众之间,这既造成了工农群众对"士"的尊重和追求,又造成了两者之间与生俱来的隔阂和对立。中国的知识分子是在上千年小农经济这一特殊国情上产生的特殊问题。第二在于中国知识分子政策发展的曲折性,中国共产党对知识分子的政策经历了一个曲折反复的历史演变过程,主要是"左"倾思想干扰,严重的有四次,第一次是国内革命战争时期,王明等人推行排斥知识分子的宗派政策;第二次是延安整风时期,康生把打击矛头主要指向参加革命的知识分子;第三次是 1957 年,开展了以知识分子为主要对象的反右派斗争,搞了扩大化;第四次是"文化大革命"期间,把广大知识分子再次定性为资产阶级、臭老九,作为革命的对象。中国的知识分子问题是在政策曲折发展中产生的特殊问题。

再次,从总体上来说,今天我国的知识分子已经是工人阶级的一部分,他们已经具有工人阶级的共同品格和共同立场,然而他们又是工人阶级中的一个特殊群体,虽然大多数知识分子和产业工人在获取报酬的方式上没有多大差异,但在工作方式上却有很大不同。一般地说,知识分子掌握较多的科学文化知识,主要从事精神产品的生产,这是一种复杂的劳动,更富有创造性、探索性,更侧重于理论思维。他们在生产精神产品的过程中,常常是个体劳动,希望有单独的生活方式和工作环境,在工作方式上具有较多的个体性和相对自由的特点。这些劳动特点构成了知识分子身上一些明显的优点和长处,也会产生某些缺点和不足,具体表现为两重性:既有思想和理论的创新勇气,执著于某一理论体系的建立,又往往不宜跳出思维定势,容易走向绝对;既注重继承德才、修养的传统美德,又容易把重德行等蜕化为虚荣,并化为所谓面子;既在某个领域有所建树和成就,又常常在其他领域显得幼稚,缺乏应有的辨别力和判断力;既有对社会转型、变革过程深入的思想探索,又往往对某些问题表现出困惑和迷惘;既有强烈的责任意识,又往往为挫折所左右,表现出情绪化。在当前利益主体多元化和经济行为自由、开放等市场经济因素的作用下,集体主义价值观受到了冲击,在部分知识分子的思想观念中,集体主义价值观已被抛弃,他们转而信奉起拜金主义、享乐主义、功利主义和个人主义,在价值取向上走向多元,陷入混乱。个别知识分子出现了价值主体自我化,价值趋向功利化,价值目标短期化的倾向,不能正确处理理想和现实,政治和业务,个人和集体,本职和兼职,创业和创收等关系,利己主义观念较重,功利主义意识较浓。

因此,知识分子的思想政治工作是特殊领域的特殊工作,具有特别的重要性,必须引起高度重视。

从历史上来看,我党历来重视知识分子的思想政治工作,除"左"倾思想影响的时期外,一部党的知识分子工作史,就是一部党对知识分子在思想上进行教育引导的历史。早在民主革命时期,党中央就从当时中国社会的实际出发,对中国知识分子的经济政治状况做了大量分析研究,在充分肯定知识分子对革命和建设重要性的同时,也论述了知识分子改造的必要性。在抗战时期,毛泽东同志就提出了知识分子工农化的问题,指出党在长期斗争中应教育、带领知识分子逐步克服他们的弱点,使他们革命化和群众化,真正站到无产阶级的立场上来,我党及时纠正了对知识分子残酷斗争、无情打击的"左"倾政策,作出了大量吸收知识分子的决定。解放后,毛泽东同志在充分肯定知识分子对国家建设的贡献的同时,进一步指出,广大知识分子虽然已经有了很大进步,但是不应该因此而自满,为了充分适应新社会的需要,为了同工人农民团结一致,知识分子必须继续改造自己,逐步抛弃资产阶级的世界观而树立无产阶级的、共产主义的世界观。毛泽东同志还指出,由于我国社会制度已发生变化,知识分子的世界观不但有了改变的必要,而且有了改变的可能。他还从另外一个角度阐述了这个问题,即知识分子"是教育者,是当先生的,他们就有一个先受教育的任务,在这个社会制度大变动的时期,尤其要先受教育"。① 我党坚持对知识分子采取"团结、教育、改造"的政策,希望知识分子通过社会生活的观察和实践,经过自己的业务实践和一般的理论

---

① 《毛泽东文集》第七卷,人民出版社1999年版,第271页。

学习,实现自我教育、自我改造。通过实行这一政策,使从旧社会过来的知识分子,在接受党和工人阶级的教育中,逐步改造旧的世界观,克服民主主义和个人主义思想,逐步转变为工人阶级的一部分,成为社会主义国家的劳动者。

十一届三中全会以后,中国共产党实现了对知识分子问题的拨乱反正,恢复了党重视知识分子的优良传统,以邓小平同志为核心的党的第二代领导集体,创造性地发展了马列主义、毛泽东思想关于知识分子的理论,在强调我国的知识分子从整体上说已经是工人阶级一部分的同时,进一步指出,历史不断前进,人们的思想也要不断改造,不仅从旧社会过来的知识分子要改造,就是新中国建立以后培养出来的知识分子也要继续学习改造。1989 年以后,邓小平同志在总结同资产阶级自由化思潮作斗争的经验时多次谈到,我们最大的失误是在教育方面,对青年的政治思想教育抓得不够,我们要用正确的思想教育我们的青年,教育我们的人民。这从一个侧面也反映了邓小平同志对于在社会主义时期,全体社会成员(包括知识分子阶层)思想改造和教育问题的深刻认识。我党对知识分子实行了政治上充分信任,工作上放手使用,生活上关心照顾,思想上积极引导的政策,在全党形成尊重知识、尊重人才的良好氛围,充分调动了广大知识分子的积极性和创造性,为社会主义建设事业,为改革开放和现代化建设作出了重大贡献。十三届四中全会以来,通过系统的"三讲"教育和"三个代表"重要思想的教育学习,广大知识分子进一步意识到自己的历史使命和责任,自觉地把自我价值与社会需要结合起来,自觉地与工农相结合,与实践相结合,在改造客观世界的同时,积极改造自己的主观世界,自觉地把自己的利益与国家的利益和人民群众的利益结合起来,在实现国家民族利益的同时,也实现着自己的最大价值,涌现出了一大批以秦文贵、王启民等为代表的新一代知识分子的楷模。

今天,我国知识分子积极参加改革开放和社会主义现代化建设,处在对外开放的前沿和复杂的国际国内环境之中,其思想必然要受到一些消极东西的影响。从国际来看,我国实行对外开放的政策,一方面有利于我国在独立自主的基础上,壮大社会主义经济,有利于吸收和借鉴世界各国先进的科学技术、经营管理方法以及其他一切有益的知识和文化。但另一方面,也必然会带来一些资本主义腐朽的东西,尤其在思想文化多元化的全球化背景下,西方资本主义国家在全世界推销其物质产品的同时,也四处推销它的价值观念和文化,使知识分子的思想受到侵蚀,特别是在国际交往中,西方敌对势力亡我之心不死,总是企图"分化"、"西化"我们,利用科技、经济、军事优势对中国施压,通过各种途径加紧思想文化渗透,这些都给我国知识分子的思想政治工作提出了严峻的挑战。

从国内来看,中国特色社会主义市场经济体制的建立,有利于解放和发展生产力,增强综合国力,提高人民的生活水平。但随着经济体制的大跨度转型,社会的方方面面发生了深刻的变化,市场自身的弱点和消极方面也反映到知识分子的思想和生活中来,特别是经济成分和经济利益多样化,社会生活方式多样化,社会组织形式多样化,就业岗位和就业方式多样化。在这种情况下,知识分子的思想状况也发生了许多新变化,总的来说,积极向上仍是主流,但也出现一些消极的因素,如:对社会主义的前途和命运认识不一,对公有制为主体的社会主义性质有所疑虑,追求物质利益的意识增强、追求政治荣誉的意识淡化,个体意识增强、集体主义观念淡化,等等。产生这些思想问题固然和市场经济的某些负面影响有关,但也和这些年来党对知识分子的思想政治工作比较薄弱有关。

此外,我国封建主义、资本主义腐朽思想和小生产习惯势力在社会中根深蒂固,对知识分子的思想也有不同程度的影响。因此,我们必须继续加强对知识分子的思想引导,提倡和鼓励知识分子学习马列主义、毛泽东思想、邓小平理论,努力实践"三个代表"重要思想。要积极引导知识分子走深入实践、深入群众的正确道路,同社会实践相结合,同工人农民相结合,在改造客观世界的同时,改造自己的主观世界。要使他们在实践中了解国情,坚定爱国家、爱社会主义的信念,努力做到热爱祖国,忠于人民,深入实践,深入工农,追求真理,锐意进取,艰苦奋斗,乐于奉献。只有这样,知识分子才能担负起历史的使命,为中华民族的振兴作出更大的贡献。

　　做好对知识分子的思想教育工作,一是要对他们进行邓小平理论和"三个代表"重要思想的社会主义教育,帮助他们提高思想觉悟,坚定社会主义信念,保持高尚的思想道德、健康的生活方式和饱满的社会主义建设热情,树立正确的世界观、人生观和以国家、人民利益为基础的义利统一的价值观,抵御国际敌对势力"分化"、"西化"的图谋。二是要对他们进行社会主义市场经济理论的教育,帮助他们增强市场意识、自主意识、竞争意识、效率意识和开拓进取精神。同时,教育他们正确处理竞争与协作、效率与公平、先富与共富、经济效益与社会效益的关系。三是要加强对知识分子进行国际国内形势、政策、民主法制和维护社会稳定的教育,引导他们了解前进中的有利条件和不利因素,在形势好的时候,看到问题,不盲目乐观;在遇到困难和挫折的时候,看到光明,不悲观失望。四是要对他们进行以为人民服务为核心,以集体主义为原则的社会公德、职业道德、家庭美德的教育,引导他们遵守道德规范,提高道德素质,树立以国家利益为重,以人民利益为重的思想,发扬为人民、为社会多做贡献的精神,坚决抵制拜金主义、享乐主义、个人主义等资本主义腐朽文化、生活方式的影响,摒弃见利忘义、见利弃义、唯利是图,甚至损人利己的资产阶级价值观。

（六）政策上平稳有序

1. 坚持解放思想、实事求是的思想路线,保证党的知识分子政策平稳有序、与时俱进

政策和策略是党的生命。正确的知识分子政策是知识分子发挥作用的前提和基础,是做好知识分子工作的关键。好的政策可以激励知识分子为了事业而奋发图强;政策不对头,也可使知识分子精神颓废,报国无门。因此,知识分子政策是我们党的一项极其重要的政策,它关系我国改革开放和现代化建设事业的成败。能否充分调动知识分子的积极性和创造性,充分发挥他们的作用,关键在于党能否坚持解放思想、实事求是的思想路线,制定和实施正确的知识分子政策,并且确保这种政策随时代的发展变化而不断完善。历史已经证明,什么时候党坚持解放思想、实事求是的思想路线,制定并执行正确的知识分子政策,什么时候知识分子就能充分发挥他们的聪明才智,党的事业就兴旺发达、蒸蒸日上。相反,什么时候党违背解放思想、实事求是的思想路线,制定并执行了错误的知识分子政策,或过时滞后的政策不能及时改进,知识分子聪明才智的发挥就必然大打折扣,甚至遭到损害,党的事业必然受到损失。

土地革命时期,由于党内出现了严重的"左"倾错误,正确的知识分子工作指导思想在实际中并没得到贯彻实施,"左"倾机会主义者把大革命失败的责任推到知识分子身上,片面强调"领导机关工人化",排斥和打击知识分子,甚至把知识分子当做最危险的敌人,给党和革命事业造成极大损失。遵义会议后,党开始纠正知识分子问题上的"左"倾错误,1939 年,党中央重新明确了大量吸收知识分子的政策,要求各根据地大量吸收知识分子加入到学

校、军队、政府中工作,并吸收一部分知识分子加入党组织。党中央制定了对知识分子政治上信任、思想上帮助、工作上重用、生活上关心、物质上优待等一系列具体政策,极大地调动了知识分子为中国革命献身的积极性和创造性,大批知识分子和青年学生奔赴延安和各抗日根据地,参加抗战工作,为中华民族的解放事业作出了重大贡献。

新中国继承和发扬了我党在革命战争时期形成的一切从中国的实际出发,解放思想、实事求是的思想路线,提出了对知识分子实行团结、教育、改造的方针政策。这些方针政策,是根据我国的国情、当时的革命任务和对知识分子的科学分析制定出来的,是正确的。新中国建立之初,各行各业的恢复和重建急需大量知识分子人才,党中央果断决定,不要排斥、抛弃知识分子,而应该采取团结、教育、改造的方针,使他们为新中国服务。党的这一决定,充分体现了马克思主义的辩证唯物主义的思想路线,一方面,新中国建设急需的大量各种各类的知识分子,不可能在短期内一下子培养出来,必须首先争取、团结和使用已有的知识分子。况且,即使是新知识分子的培养,也必须依靠现有知识分子作用的发挥。再说,这些从旧社会过来的知识分子,绝大多数经受过帝国主义、封建主义、官僚资本主义的压迫,有程度不同的革命性和爱国热情。因此,团结他们不仅是必要的,也是可能的。如果抛弃或排斥他们,不仅是错误的,而且是有害的,必将给新中国的建设事业造成很大的损失。另一方面,知识分子的整体状况与新中国建设需要还存在一定距离。由于受家庭出身、所受教育等方面因素的影响,这些从旧社会过来的知识分子的世界观基本上还是资产阶级的,他们对共产党的事业和政策主张还很不了解,要使他们适应新中国的需要,全心全意为人民服务,就必须对他们进行教育,帮助他们重新学习,逐步改造旧的世界观,转变为工人阶级的知识分子。由于党制定和执行了正确的知识分子政策,极大地调动了广大知识分子的积极性,提高了党对知识分子的感召力,一些旅居海外的知识分子,纷纷回国投身祖国的社会主义建设。

随着社会主义改造的基本完成,到 20 世纪 50 年代中期,我国的阶级关系、人们的思想意识和生活方式都发生了重大的变化。在知识分子中,不少人从政治立场到世界观都发生了重大的变化,加之新中国建立后培养的大量新的知识分子,我国知识界的面貌已经发生了根本变化。显然,团结、教育、改造的政策,已经不适应知识分子队伍发生了根本变化这一新的情况。情况变了,政策就应该进行相应的调整,这是实事求是思想原则的内在要求。根据这一思想原则,1956 年 1 月,党中央适时作出了"知识分子的绝大部分已经是工人阶级的一部分"的正确论断,标志着党的团结、教育、改造知识分子的政策已经完成了它的历史使命,党的知识分子政策将发生重大调整。

遗憾的是,在团结、教育、改造的知识分子政策还未来得及进行根本调整之际,党的正确的思想路线在 1957 年反右派运动扩大化之后很快发生了"左"倾的逆转,逐渐偏离了实事求是的正确轨道。受阶级斗争扩大化和党的指导思想"左"倾的影响,知识分子又被重新定性为资产阶级知识分子,党对知识分子的政策也很快发生了"左"倾的逆转,强调继续对知识分子实施教育和改造的政策。在社会主义制度已经建立和剥削阶级从实体上已被消灭的情况下,将知识分子笼统划归剥削阶级范畴,显然是不切实际的。而在知识分子的绝大多数已经成为工人阶级的一部分的情况下,仍然对他们实行教育和改造的政策,更是违背了实事求是的思想原则。到"文化大革命"时期,党的思想路线遭到了更加严重的破坏,对知识分子的估计和政策更加不符合实际。这就使本已过时的"团结、教育、改造"的知识分子政策又延续了 22 年,造成了历史性的错误。十年"文化大革命",知识分子遭到史无前例的劫难,大批专家、学者、教授被戴上"右派"、"反动学术权威"的帽子,被赶出教学、科研第一线,关进"牛棚"或下放农村接受改造,他们的政治、人身安全皆无保障,发挥作用更是无从谈起,我国科技水平和文化教育停滞落后了整整 20 年,整个国民经济处于崩溃的边缘。直到十一届三中全会前后,邓小平同志拨乱反正,彻底解决了知识分子的工人阶级属性问题,党对知识分子的政策才有了根本性转变。

十一届三中全会后,以邓小平同志为核心的党中央,重新恢复和确立了党的实事求是的思想路线,重新确认知识分子是工人阶级的一部分,恢复了科学技术是第一生产力这一正确主张,推动了党的知识分子政策的拨乱反正,制定了"尊重知识、尊重人才"的知识分子政策,逐步形成了一整套有利于知识分子健康成长和施展才华的政策:政治上充分信任,工作上放手使用,生活上关心照顾。我党确立了干部的"四化"标准,把大批知识分子选拔到适宜充分发挥他们才能的重要领导岗位。至此,党的知识分子政策又完全回归了解放思想、实事求是的马克思主义路线的正确轨道,广大知识分子迎来了事业的春天。知识分子从被打击和迫害的处境中解放出来,挺直了腰杆,以主人翁姿态参加社会主义建设,知识分子的聪明才智得以施展。政策带来的这些根本性变化,极大地激发了广大知识分子投身社会主义现代化建设事业的热情,调动了全国人民学习科学文化知识的积极性,推动了我国各项事业的蓬勃发展。

十三届四中全会以后,世界范围内的知识经济初见端倪,人才竞争日趋激烈,知识的价值和作用越来越突出,谁在人才竞争中占据优势,谁就控制了新世纪发展的制高点,谁就能在激烈的综合国力竞争中处于有利的地位。我国发展的关键是人才问题,知识分子工作的核心也是人才问题。以江泽民同志为核心的第三代党中央坚持解放思想、实事求是的思想路线,与时俱进,审时度势,进一步发展和完善了党的知识分子政策,提出"人才资源是第一资源"的重要思想,制定了"培养人才、用好人才、吸引人才"这一适应时代发展变化的新时期的知识分子政策,明确指出,"进一步落实和完善党的知识分子政策,着重做好培养人才、用好人才、吸引人才的工作"。① 其中用好人才是关键,只有用好人才,才能吸引住人才;只有用好人才,才能为培养人才确定方向。"培养人才、用好人才、吸引人才"的知识分子政策,更加适应社会主义市场经济发展的需要,更加适合经济全球化和我国参与国际人才竞争的要求,保证了党的知识分子政策的与时俱进,是对党的知识分子政策的重大丰富和发展。

总之,党的知识分子政策正确与否,直接关系到社会主义事业的兴衰成败。回顾党的知识分子政策的演变就会发现,党的思想路线的曲折发展是党的知识分子政策曲折发展的重要原因之一。解放思想、实事求是的思想路线,是党的全部行为的哲学基础和一切工作的出发点,当然也是制定知识分子政策的出发点。只有坚持解放思想、实事求是的态度,从不断变化着的客观实际出发,才能制定实施正确的知识分了政策。反之,离开了这一思想路线制定知识分子政策,就容易脱离实际,就容易发生失误。

世界在不断发展变化,知识分子作为一个特殊的阶层,其发展并不是按单一固定的模式进行的,而是与当时的社会背景紧密联系的。各阶段知识分子的状况都因与当时的背景发生联系而带有各自的特殊性。因而,党在知识分子政策上要以各时期知识分子的任务、状况等因素为参考系数,适时地进行调整。同时我们也应

---

① 《江泽民文选》第三卷,人民出版社 2006 年版,第 148 页。

当看到,调动知识分子的积极性和创造性,也是一个不间断的、层次日渐提升的过程,要适应新的形势,坚持解放思想、实事求是的思想路线,适时调整党的知识分子政策,充分反映时代的要求,保证党的知识分子政策与时俱进,实现理想的效果。从而保证在新世纪里,社会主义事业日益兴旺发达。

2. 坚持理论与实践的统一,把党的知识分子政策真正落到实处

要重视知识分子政策的提出与执行,实现理论与实践的最佳结合。从党的知识分子工作的曲折历程来看,党在有关知识分子政策的理论提出与实践执行的关系上出现过严重的失误。在党的知识分子政策史上,曾出现过这样的情况,有时虽然对知识分子问题有一定的正确认识,并在政策上有所体现,但由于各方面的阻力,使得这种认识最终没有真正落实到行动上,从而导致理论和实践上的多次摇摆和失误。如新中国建立初期提出的"双百"方针,从反右派扩大化到"文化大革命"结束这20年当中,基本上没有被正确地贯彻执行,未能发挥其应有的功能,直到"文化大革命"结束后才再次步入正轨。这种失误不可避免地使广大知识分子受到负面影响,同时给社会主义事业带来巨大损失。党的十一届三中全会以后,随着党的知识分子政策的逐步落实,知识分子的各种实际问题逐步得到解决,知识分子的工作条件和生活条件也逐步改善。可以说,这个时期是我党历史上知识分子政策落实得最好的时期之一,也是我党知识分子工作顺利发展的时期。因而,在新时期,党在关于知识分子政策的理论提出与贯彻执行上,要注重对二者的统一把握。不仅要强调各时期对知识分子的政策在宏观上要符合实际地提出,更要强调其在微观上的具体落实,并在不断摸索中找到二者的最佳结合点。只有这样,新时期的知识分子政策才能真正地发挥作用。

　　历史已无可辩驳地表明,中国特色社会主义事业离不开广大知识分子的拥护和参加,离不开知识分子作用的充分发挥。为此,必须坚持和贯彻理论与实践相统一的马克思主义基本原则,花大力气将党的知识分子政策真正落到实处,充分信任知识分子,关心爱护知识分子,依靠知识分子,为知识分子解决各种实际问题。否则,再好的政策也是一纸空文,这样就会完全失信于知识分子,知识分子的作用也就难以真正发挥。

第九章　任重而道远的历史新使命

——党在新世纪的知识分子工作

　　知识分子工作是党的工作的重要组成部分。我们党历来高度重视发挥知识分子在革命、建设和改革中的重要作用。在新世纪新阶段,进一步改进和加强知识分子工作,需要在深刻总结新中国建立以来知识分子政策的演变规律和知识分子工作正反两方面经验的基础上,以服务社会主义现代化建设和民族复兴为宗旨,根据当代中国知识分子新的心理特征、精神需要及其所从事的社会劳动的具体特点与规律,研究知识分子工作存在的问题、面对的挑战以及应采取的工作对策,从而使知识分子政策和知识分子工作适应新的发展要求,保持党的知识分子工作的与时俱进。

一、在理性的审视中改进与加强

——现阶段知识分子工作中存在的主要问题

　　在新世纪,面对经济全球化和知识经济的浪潮,面对中国社会发展进入新的"战略机遇期",特别是面对经济社会发展对知识、人才的新要求,理性地审视知识分子工作,依然可以发现许多方面有待进一步改进和加强。

（一）知识分子性质、地位与作用等
问题的认识有待深化

对知识分子的概念、阶级属性、社会地位与作用的正确认识，是合理制定知识分子政策、做好知识分子工作的理论前提。党的十一届三中全会以来，我们党通过反思和纠正以往在知识分子问题上的错误路线和政策，明确提出了"知识分子是工人阶级一部分"和"尊重知识、尊重人才"的科学论断，实施了一系列行之有效的知识分子政策，极大地调动了知识分子的积极性和创造性。但是，由于知识分子问题本身的复杂性，再加上知识分子在中国社会的特殊性，即使在全社会对知识、知识分子已经有充分认识的今天，对有关知识分子的概念、对象范围、阶级属性、社会作用等基本问题的认识上依然存在许多模糊不清、似是而非的观点，这种认识上的差异直接影响着实践中的知识分子政策和知识分子工作。

首先，知识分子概念的内涵已经发生变化。在政治学意义上通常是从专业知识和技能或者职业视角，将知识分子理解为掌握专门知识、具有较高文化素质的脑力劳动者，是一个不同于工人、农民的社会阶层。对知识分子阶级属性、社会地位及其有关政策的认识，都是基于这一阶层的特点而作出的。实践中、政策上则通常是以所受教育年限、学历等具体指标作为界定知识分子的标准，以此来开展知识分子工作，落实知识分子政策。然而，随着社会的发展和教育的普及，社会成员所受教育的年限在不断增长，拥有各个层次学历、具有专业知识和技能的人越来越多，西方发达国家中从事脑力劳动的"白领工人"早已远远超过了从事体力劳动的"蓝领工人"，这种脑力劳动者不断增加的趋势在我国也呈加速度发展的特点。在新中国建立初期一个受过初等教育的人,20 世纪 80 年代初一个受过中等教育的人,都称得上是知识分子,而在 21 世纪的知识经济时代里,如果仍然把上述社会成员作为知识分子来对待的话,那不仅不符合实际,而且必然使知识分子工作失去针对性。所以,即使在专业知识、职业的角度上,知识分子概念也有一个与时俱进的问题。更重要的是,随着知识分子标准和知识分子社会角色的变化,随着越来越多的劳动者成为拥有专业知识、学历或从事脑力劳动职业意义上的"知识分子",原来的知识分子工作、政策所指称的知识分子的对象、范围也在发生着变化,变得日益模糊和难以确定,作为一个特殊社会问题、政治问题的中国知识分子问题日益普遍化,知识分子正在回归其作为社会学、文化学意义上的功能性概念,即突出知识分子的社会责任感和人文关怀,知识分子在"专业知识"、"专业技能"之外的精神气质和社会责任感,日益成为一个全社会关注的重要的知识分子问题。而作为党和政府政治政策、社会政策对象的知识分子概念,正在被更具体的人才、人才资源概念所取代,知识分子工作正在被人才管理与开发工作所取代。根据知识分子概念的内涵、外延的变化,及时调整和完善知识分子的政策和工作理念,就成为一个紧迫而重要的问题。

其次,对知识分子阶级属性的认识仍是一个有待澄清的问题。对知识分子阶级属性的判定一直是中国知识分子问题特殊性的重要表现,也是制定知识分子政策的前提。今天,尽管党和国家对知识分子是工人阶级一部分已经在政治上作出明确的结论,知识分子同工人、农民一样,成为社会主义现代化建设事业的建设者,成为党的阶级基础之一,但是,在现实生活中,无论是社会公众,还是知识分子本人,由于受传统的阶级理论和思想观念的束缚,总是有意无意地对知识分子的阶级属性产生怀疑,至少是模糊不清的认识,这种不同的认识状况,对知识分子政策的制定和执行、对知识分子自身的思想都产生了不同的影响。特别需要指出的是,在社会结构和知识分子自身结构发生重大变化的新世纪里,继续固守原来那种对知识分子的阶级认知模式,依靠对知识分子阶级属性的判定和政治态度的认同来制定知识分子政策,激发知识分子的积极性,已经无法满足经济社会发展对知识、对人才的迫切要求了,也不符合当代知识分子自身的特点和要求。这里,对知识分子阶级属性的认识同样也有一个与时俱进的问题。

第一,从理论上看,与工人阶级、农民阶级相比,知识分子作为一个独特的社会阶层,本身就是一个"弱阶级"的概念,即使从马克思主义经典的阶级理论来看,不论是根据对生产资料的占有关系还是根据其服务对象,对知识分子阶级属性的认定,在不同时代和社会条件下也会有所不同,对此需要进行具体的分析,不能一概而论。

第二,从现实来看,阶级矛盾尽管在一定范围内依然存在甚至可能激化,但它已经不是我国社会的主要矛盾,阶级属性分析、阶级矛盾分析理论已经不再是认识和处理社会矛盾、社会阶层、社会问题的主要分析模式和解释框架,微观层面的经济学、政治学、法学等分析模式更具有现实的可操作性。那种根据阶级属性来对知识分子简单地进行政治定性的贴标签方式,肯定是需要认真反思并加以改进的。

第三,从发展趋势看,改革开放以来党的知识分子政策的落实、科教兴国战略和人才强国战略的实施,知识分子的政治地位、社会作用得到普遍承认,在社会转型过程中知识分子的组成结构、生存方式、价值观念、自我身份认同也在发生着深刻的变化,而且随着知识、人才的决定性作用日益凸显,随着工人、农民的日益知识化,知识分子在社会发展中的主体地位和作用也将愈益显现。如何从经济、政治、文化等多方面视角来认识知识社会中的知识分子问题,如何评价知识社会中知识分子的阶级属性、利益诉求、思想观念,都是一个关系到知识分子政策、关系到知识分子作用的发挥,乃至关系到未来社会发展的重大理论和实践问题。比如,知识分子是否会像美国学者艾尔文·古德纳所说的,成为一个拥有文化资本的"新阶级"?知识分子的阶级属性是否依然具有解释力,与工人阶级、农民阶级的关系到底是怎样的?知识分子对自身阶级属性的自我认同又是怎样的?知识分子自身结构、利益、观念等的多元化对他们的阶级属性会产生怎样的影响?对知识分子阶级属性的认识是否存在弱化的趋势?等等。目前,这些问题不论在理论上还是在政策上,都是一个尚待深入研究和探索的课题。

(二)知识分子政策相对滞后,工作模式缺乏创新

总结新中国建立以来党的知识分子政策的演变过程,可以发现,知识分子政策往往相对滞后于社会现实和发展要求,不能有效地发挥对知识分子的引导和激励作用。党的十一届三中全会以前的知识分子政策,除了1956年之前一段时间对知识分子阶级属性的判断和"团结、教育、改造"政策方针发挥了积极的正确作用以外,知识分子政策和知识分子工作长期处于偏离和波动之中。1957年以后,由于复杂的形势和"左"倾错误路线,更是把知识分子划归资产阶级阵营而给予批判和打击,直至"文化大革命"期间将知识分子作为"牛鬼蛇神"而给予政治上的批判、思想上的改造乃至经济上的惩罚,严重摧残了知识分子的心灵和肉体。十一届三中全会以后,无论是对知识分子作为工人阶级一部分的重新确认,还是"尊重知识、尊重人才"、"政治上充分信任、工作上放手使用、生活上关心照顾"等政策的确立,都带有明显的拨乱反正、回归正轨的色彩,在特定的历史阶段发挥了关键作用,增进了全社会

对知识、对知识分子社会地位和历史作用的认识。改革开放以来，党的知识分子政策也处在不断的调整和完善之中，如进一步提出"尊重知识、尊重劳动、尊重人才、尊重创造"的新观点，提出要"培养人才、吸引人才、用好人才"的政策，提出党管人才的工作方针等等。但在整体上，知识分子政策仍然相对滞后于社会发展和实践要求，特别是从当今知识经济的兴起和人才地位和作用的日益突出看，从现代化建设对人才的要求看，目前依然主导着知识分子工作的一些政策，如"政治上一视同仁、工作上放手使用、生活上关心照顾"等，显然已经不能有效地支持和推动知识分子工作和人才强国战略，需要进一步加以完善和创新。具体地说，"政治上充分信任、工作上放手使用、生活上关心照顾"的政策，对于那些刚刚从"文化大革命"噩梦般的政治待遇和工作生活环境中走出来的知识分子来说，无疑具有极强的针对性和合理性。但是，这一政策明显带有自上而下的"施舍"味道，"政治上充分信任"本身就包含着对知识分子的不信任，知识分子似乎仍处于"客体"、"客人"的地位，没有真正把知识分子作为与工人、农民一样的国家的主人、作为社会发展的主体来看待；"工作上放手使用"，已经显得有些过时，知识、人才的重要作用已成社会共识，现在的问题不是停留在放手使用层次上，而是如何创造竞争性的机制和环境，留住人才、用好人才；至于"生活上关心照顾"，更是一个已经在市场化改革和社会发展中基本得到解决的问题，现阶段我国社会中，知识水平、受教育程度、学历等因素，则已成为影响居民收入和生活水平的关键因素。可见，目前相对滞后的知识分子政策已经成为制约当前知识分子工作的主要问题，也使得知识分子政策的创新成为一个迫切的问题。

　　知识分子工作模式是在落实和实施知识分子政策过程中形成的相对稳定的方式方法。改革开放以来，随着知识分子政策的落实,党和政府在开展知识分子工作方面逐渐形成了一些相对固定的模式和运行机制,如组织部门的领导和政策的制定、政府各部门的具体落实、党内和党外知识分子的区别对待、统战部门的积极参与;党的组织部门、统战部门设有专门的知识分子工作办公室和专职管理人员,2001 年 7 月,经中央批准还专门成立了全国知识分子工作联席会议。这些都从组织上、机制上保障了知识分子工作的有效开展。但是,目前知的识分子工作模式依然存在许多问题:理念层面上对知识分子阶级属性的判断、政治上的信任、思想上的理解还需要进一步深化;依靠自上而下的组织推动和政策驱动,未能形成以市场竞争、制度创新为主的长效机制;以统战部门为主的党外知识分子工作,面临知识分子职业分化和观念多元化的挑战;人才强国战略与知识分子工作的协调机制、党管人才的具体模式仍需探索和完善,等等。这些问题的存在,使得现阶段的知识分子工作基本上按照传统的模式,从政治待遇、思想引导、工作安排、生活条件等方面来开展,而没有把工作重心转到适应人才强国战略的人才开发和激发创新能力上来,没有从知识分子群体转向知识分子中具有创新意识和能力的人才上来,使得知识分子工作停留在表面化、形式化的运作之中,影响了其功能和作用的充分发挥。

　　值得一提的是,党和政府实际上已经意识到知识分子政策和工作模式的与时俱进问题,在 2003 年党中央和国务院召开的新中国成立以来的首次全国人才工作会议上,明确提出的党管人才的知识分子工作方针,开始更多地从人才资源管理和开发的角度、从人才强国的角度来对待和处理原来的知识分子问题,更多地通过市场机制和人才竞争机制、通过制度创新来激发知识分子的主动性和创造性,让市场机制在人才的配置、流动和开发中发挥基础性作用。可以说,党的知识分子工作的理念、政策和运行模式正处在转型过程之中,需要全社会继续关注和积极探索。

（三）知识分子工作对象比较模糊，
　工作方法有待完善

　　开展知识分子工作、制定知识分子政策，首先必须明确知识分子工作的目标对象和具体范围。否则，就是无的放矢。应该说，从新中国建立一直到改革开放初期，知识分子工作的对象相对是明确的，主要是在国有企事业单位从事科研、教育、文化等工作的专业技术人员，在党政管理部门工作的有较高文化的工作人员基本上不属于知识分子工作的范围，这一时期知识分子的人数相对较少（据1949年统计，在5.4亿国民中，具有大学文化程度的仅有18万人），文化程度相对较低，工作单位性质单一，而且党外知识分子往往是工作的重点对象，帮助解决他们工作、生活上的问题或困难和从思想观念方面加强引导、教育，是知识分子工作的主要内容。但是，进入20世纪90年代以来，一方面，社会成员中接受教育特别是高等教育的人越来越多，知识分子在数量上迅速增长，对知识分子所接受的教育程度要求即知识分子的标准不断提高；另一方面，伴随市场经济改革而来的是社会管理体制、企业经营体制和人才流动体制的重大变革，越来越多的知识分子走出传统的职业领域而走向市场、走出传统体制，成为市场大潮中的弄潮儿。市场选择开始成为知识分子获得职业和实现生存的基本方式。在这种情况下，原来相对清晰的知识分子工作的目标对象开始变得模糊起来，这表现在：知识分子的划分标准难以确定、工作重点难以把握，如有知识的行政官员是否属于知识分子，有知识的企业领导者、管理者是否属于知识分子等；传统体制外的知识分子日益增多，知识分子的职业身份日益多元化；知识分子的政治信仰、利益诉求、价值观念日益复杂化；知识分子的流动加剧，等等。知识分子目标对象的这种变化，无疑对传统知识分子工作模式和政策体系提出了挑战，知识分子工作要想有效凝聚广大知识分子的思想和意志，继续在社会发展进程中扮演重要角色，就必须树立创新思维，探寻适合新时期知识分子思想、心理特点和职业、生活方式的工作模式。

随着知识分子工作对象的变化，知识分子工作的方法也需要进行调整。与党和政府在各个时期的知识分子政策相一致的，是在不同时期分别形成的开展知识分子工作的基本方法。与20世纪50年代对知识分子"团结、教育、改造"方针相适应，形成了诸如集中学习、自我反思、思想汇报、劳动锻炼、与工农群众相结合等工作方法；与十一届三中全会以来的"尊重知识、尊重人才"的方针相适应，形成了平反冤假错案、恢复政治待遇、合理安排工作、解决生活难题等行之有效的工作方法，还重点从统战工作角度探索出了情况通报、征求意见、民主恳谈、领导联系专家等对党外知识分子的工作方法。这些不同的方法都各自发挥了重要作用，成为党和政府联系知识分子、调动知识分子积极性的有效途径，并且在今后的工作中还将继续发挥其应有的作用。但是，针对新时期知识分子和人才管理体制的变革，特别是针对知识分子新的职业特点、思想状态和精神需求，知识分子工作方法如何创新，使之更好地发挥作用，就成为一个现实而迫切的问题。比如说，在职业日益多元化的条件下，怎样把广大知识分子凝聚到党和国家的事业上来；对那些自由创业或在非国有企业工作的知识分子，应该通过什么样的方法来引导他们的思想观念、关心他们的工作和生活；在市场化和专业化加剧的环境下，如何引导知识分子增强社会责任感、关心和关注社会公共事务；怎样发挥学术民主，为知识分子创造宽松自由的文化空间；领导者和管理者的角色与工作方法怎样适应知识分子自身在精神上、政治上和生活方式上的独特性；等等。这些方法层面的问题,尤其需要基层从事知识分子工作的部门和人员认真思考。

(四)知识分子工作存在忽视能力建设的倾向

　　知识分子工作的主要内容涉及知识分子的思想教育、工作安排、积极性的调动、能力开发等方面。长期以来,我国知识分子工作的重心一直在于解除由于理论和政策的失误而强加在知识分子身上的"不实之词"和不公正待遇,并通过对知识分子的思想教育来引导知识分子走与工农群众相结合的成长道路上来。实践也表明,一旦从阶级属性的认定、政治信任的确立、工作条件的改进、生活待遇的落实等方面恢复到知识分子本来应有的状态,把知识分子从错误的思想、政策"枷锁"中解放出来,知识分子就会焕发出极大的热情和积极性。久而久之,就形成了知识分子工作中重视政策落实、依靠政策自动发挥作用的倾向,而缺乏主动地创造性地开展工作,特别是忽视有意识地来提升知识分子的素质和能力,更积极地开发知识分子的潜能和价值。应该看到,经过改革开放以来的实践,一方面,原有的知识分子政策的能量已经得到充分释放,那些影响和阻碍知识分子作用发挥的物质待遇、工作环境等问题也已不复存在;另一方面,更主要的是,经历"文化大革命"悲惨境遇的知识分子渐渐退出工作岗位,改革开放中成长起来的新一代知识分子开始成为知识分子的主体部分,他们无论从学历、知识水平、价值观念,还是历史经验、生活感受来看,都与此前的一代知识分子相距甚远,必须借助于新的政策体系或工作机制才能满足新一代知识分子的需要。

　　对新一代知识分子而言,社会层面上对知识的歧视、对知识分子的认识偏见和政策打压等问题解决以后,自身素质和能力的提高、自我价值的实现就成为知识分子更为关注的问题,它理所当然地应该成为知识分子工作创新的重要内容。这是因为,第一,面对社会价值观念的转变和市场竞争、知识创新的挑战,知识分子更关注自身素质、能力的提高和自我价值的实现;第二,经过持续多年的改革和发展,我国社会的人才需求结构正在发生着重要变化,不再是一般地需要那些具备基本文化素质和知识水平的人,而是更需要那些素质高、创新能力强的高层次人才或创新性人才。在这种情况下,知识分子工作的重点应该转移到知识分子中具有创新能力或有创造性贡献的人才上来,转移到如何提升知识分子的创新能力上来。从这个角度看,新时期知识分子工作必须改变重管理轻开发、重思想教育轻能力建设的倾向,把加强知识分子的能力建设作为知识分子政策的核心,通过构建与市场经济和依法治国相适应的政策和机制加强高素质人才的培养。显然,由原来主要依靠政策释放知识分子的能量转移到主动地通过制度创新来增强对知识分子的能力开发上来,是一个全社会和知识分子个人都满意的双赢举措。

二、抓住难得的战略机遇期

——加强和改进党的知识分子工作的紧迫性

20 世纪头 20 年是中国社会发展的"重要战略机遇期",要抓住难得的发展机遇,成功应对发展过程中的各种挑战,其中至关重要的一条,就是要培养和使用好各级各类人才,充分发挥知识分子和各类人才资源在经济社会发展、科技文化进步和企业管理创新等各个方面的关键作用。这就迫切需要党和政府在知识分子工作的理论和政策方面积极创新。

（一）知识分子问题在我国政治生活中的 地位和影响方式的变化

党和政府一贯重视并加强知识分子工作。新中国建立以来，党的历届领导集体不断创造性地提出与变化着的形势相适应的知识分子工作的理论和政策，从 20 世纪五六十年代提出的"团结、教育、改造"的方针，到改革开放以来邓小平同志提出"尊重知识、尊重人才"和"政治上充分信任、工作上放手使用、生活上关心照顾"的知识分子政策，再到江泽民同志提出"培养人才、用好人才、吸引人才"，党的知识分子政策在不断丰富和发展的同时，极大地推动着我国人才队伍建设，激发和调动了知识分子的积极性和创造性，使广大知识分子在改革开放和现代化建设中发挥着越来越显著的作用。

在我国，知识分子问题一直是一个非常重要而敏感的"特殊问题"。历史地看，知识分子作为拥有较高知识和文化素养的群体，与农民、工人、商人相比，在任何社会中都是一个相对特殊的社会阶层。传统中国社会因为封建科举制度下"学而优则仕"的人才选拔机制而使知识分子位列"四民之首"（士、农、工、商），而知识分子脱离具体生产过程、不直接创造物质财富的生存方式，又往往被作为"百无一用"的书生甚至"书呆子"而成为人们轻蔑、排斥的对象。在党领导中国社会主义革命和建设的过程中，一方面，由于知识分子一直在数量上非常少但地位、作用十分突出，"没有知识分子的参加，革命的胜利是不可能的"①，因而成为一个引起普遍关注的特殊问题。事实上，中国共产党的创始人和领导者绝大

① 毛泽东:《毛泽东选集》第二卷，人民出版社 1991 年版，第 620 页。

多数都是知识分子,后来各个时期党的主要领导人也大多是知识分子。从党的特殊要求看,即使是对党内的知识分子也有一个培养和教育,使之转变自己原有的世界观、成为马克思主义者、社会主义者的问题;另一方面,党如何争取社会阶层中知识分子的理解、支持和实际参与,并使之成为革命的同盟军或者至少使其不站在革命的对立面,始终是党的工作的重要任务。因而,"对于知识分子的正确的政策,是革命胜利的重要条件之一"①。党曾经因为在这一问题上的失误而付出过沉重的代价,留下了惨痛的教训。同样地,新中国建立初期,面对大量刚刚从旧社会过来的知识分子,党采取了"团结、教育、改造"的政策,通过理论学习、批评教育、实践锻炼等方式逐步改造知识分子的世界观,到1956年作出了"知识分子是工人阶级一部分"的正确论断。然而,后来由于反右扩大化,尤其是"文化大革命"中对知识分子阶级属性认识的错误,导致党的知识分子政策发生重大失误,偏离了正确的轨道,给广大知识分子带来巨大的工作、生活上的困难和心灵上的创伤,也严重制约了整个经济社会的发展。因此,十一届三中全会以来,党的实事求是思想路线的重新确立和全社会思想解放的开启,也必然伴随着党在知识分子理论和政策上的拨乱反正,邓小平同志在重新肯定"知识分子是工人阶级一部分"的同时,进一步提出了"尊重知识、尊重人才"的著名论断,全面落实党的知识分子政策,极大地调动和激发了广大知识分子投身改革开放和社会主义现代化建设的积极性。可见,知识分子问题始终是一个复杂敏感的政治问题、社会问题。

沿着邓小平同志开辟的知识分子工作的正确方向,依靠党的知识分子政策的不断完善,也依靠改革开放释放出来的巨大活力,

---

① 《毛泽东选集》第二卷,人民出版社1991年版,第620页。

知识分子在政治上的地位已经得到充分肯定,在生活待遇方面的问题正在得到解决,工作中的价值开始得到全面体现。同时,伴随经济社会的发展和全民族科学文化水平的提高,知识分子队伍的数量迅速扩大、质量不断提高,全社会对知识的价值、对知识分子作用的认识日益明确,科技强国、人才强国也已得到高度认同。这可以从近年高等教育的迅速扩张和全社会对教育的普遍重视中得到生动的证明。尽管现实的知识分子工作中还存在一些不尽如人意、需要加以完善的地方,但可以肯定地说,像过去那种在知识分子问题上因为理论的偏差、政策的失误而带来的弊端已不可能再度出现,全社会范围内对知识分子的歪曲、排斥甚至打击的情况也一去不复返了,一个高度重视知识、人才和创造性劳动的时代已经到来,而知识分子作为宝贵的人才资源已经融入到社会的各行各业。也正因如此,党和政府在提出和实施人才强国战略的同时,明确地提出了党管人才的重要原则。适应当代中国知识分子问题的这一重要转变,知识分子工作理应创新工作思路和方法,以使其不断得到改进和加强。

(二)知识、人才在社会发展中的地位与作用日益突出

20世纪90年代以来,以电脑、数字网络、软件和多媒体为核心的信息技术革命,使人类社会经历了自工业革命以来最为剧烈的变革。伴随着科学技术的发展及其广泛应用,全球范围内的技术创新体系、生产要素配置方式、产业区位布局和组织管理模式等都发生了重大变化,人类社会正在进入了一个全新的知识经济时代或知识社会,用未来学家托夫勒的话说,人类社会正在发生重大的"权力转移",即由以往财富主导的社会转变为知识、智力主导的社会,知识是一切高质权力之源。这是一个以知识、信息和创新

为主导的时代,知识的生产、传播、应用和创新成为现代社会的核心,经济社会的发展从主要依托自然物质资源逐渐转向主要依托智力资源和人才资源,知识优势、人才优势正在成为最重要的发展优势,越来越多的社会成员成为美国著名管理学家德鲁克所说的"知识工人"或"知识工作者"。知识分子作为知识的承载者和创新的主体,日益成为当代先进生产力的开拓者和科技进步最主要的推动者,成为先进思想和先进文化的创造者和传播者,人才资源作为最为宝贵的"第一资源",在经济社会发展中日益发挥着基础性、战略性、决定性作用。人才是发展之本,对于一个国家是如此,对于一个地区、一个组织也是如此,谁拥有了人才谁就能赢得竞争优势。所以,在知识经济时代里,必须重新认识知识和知识分子问题,对知识的价值及其社会效应,对知识分子的阶级属性、价值观念、社会地位、作用方式等进行重新界定,进一步完善和创新知识分子政策和工作机制,使之符合知识创新、社会发展的新要求,真正确立尊重知识、尊重人才、尊重劳动、尊重创造的制度体系和社会环境,更好地发挥知识分子的社会作用。

知识经济时代的到来和经济增长方式的转变,对于正处在"重要的战略机遇期"的我国来说,既是一个难得的机遇,又是一个严峻的挑战。我国可以发挥"后发优势",充分利用全球化带来的国际分工和新的科技成就,依靠科技创新克服或缓解资源短缺的发展瓶颈,实现跨越式发展。同时,我国是一个人口众多、资源相对紧缺的后发展中国家。我国的人均耕地拥有量不足世界平均水平的40%,石油、天然气、铜和铝等重要矿产资源的人均储量仅分别相当于世界人均水平的8.3%、4.1%、25.5%和9.7%,况且我国又处在资源消耗强度较高的发展阶段,就业压力加大,土地供应紧张,环境污染加剧,资源约束增强。但是,我国又是世界上人力资源最丰富的国家,人口占世界的21%,劳动力占世界的26%。

要实现经济的持续发展,加快全面建设小康社会的步伐,就必须加快经济增长方式的转变,走出一条依靠低消耗、高产出的集约式发展道路,发展科学技术无疑是关键。这就要求充分利用和开发各类人才资源,把人口资源大国转变成人才资源强国,从而缓解自然资源对经济发展带来的严重制约。所以,无论是从抓住机遇、加快发展,还是从应对挑战、实现跨越的角度看,人才资源的开发和利用都是一个根本性的发展战略。正因如此,党中央把人才问题提到了关系党和国家的兴旺发达和长治久安的"第一资源"的高度,明确提出并积极实施人才强国战略。新时期的知识分子工作必须适应这一新时代的要求,为抓住知识经济的机遇、应对知识经济的挑战服务。

但是,与经济社会发展的要求相比,目前我国人才资源的状况却亟待改进:一是人才总量相对不足。我国人才总量 2000 年年底为 6360 万人,专业技术人员 4100 万人,从业人员的人才密度全国平均只有 482 人(人才密度是指每万名从业人员中拥有的人才数量),专业人才仅占从业人员比例的 5.5%,不及发达国家的 1/4。尽管近年高校扩招,人才培养的步伐加快,但是,与 13 亿人口相比,与社会发展的要求相比,人才缺乏始终是一个基本的国情。二是人才结构不尽合理。人才专业结构方面,与发展市场经济和知识经济密切相关的信息、软件、金融、法律和高新技术等方面的人才缺乏;人才行业分布方面,现有 6360 万人才中有 4100 万人是专业技术人才,且 74% 集中在国有单位,教育、卫生行业居多,在企业工作的人才占人才总量不到 40%。据瑞士洛桑国际管理学院《2003 年国际竞争力年报》,2001 年我国每千人中企业 R&D 人员比例只有 0.379 人,而日本为 4.773 人,德国为 3.803 人,法国为 3.017 人,英国为 2.426 人,韩国为 1.842 人;人才层次结构方面,高层次专业技术人才严重短缺,仅占人才总量的 5.7%,远远低于发达国家的水平;人才地区分布方面,高层次人才的85%集中在东中部地区,大城市人才积压、浪费与中小城市、农村乡镇人才缺乏的矛盾较突出,西部地区人才密度总体上低于全国平均水平,人才流失严重等。三是人口素质和能力亟待提高。我国国民平均受教育年限仅为8年左右,25岁以上受过高等教育的人口比例仅占1/50,远远低于发达国家的平均水平。2000年我国从业人口中具有高中及以上学历的比例为18%,具有大专及以上学历的比例仅为5%,其中大学本科的比例仅为2%。四是用人机制需要进一步完善。市场配置人才资源的基础性作用发挥不够,人才流动的体制性障碍尚未消除,人尽其才的用人机制有待完善。上述问题的存在表明,我国人口资源的潜在优势还没有充分转化为现实的人才优势,也突出了人才资源开发和利用的重要性和紧迫性。根据新时期党管人才的原则,党的知识分子工作、知识分子政策就成为一个关系到人才开发和利用、关系到人才强国战略实施的重大问题。知识分子工作要满足这一新的要求,就必须进一步转变观念、完善政策、创新制度,从人才资源开发的角度,建立起与市场经济相适应的充满生机和活力的政策体系和工作机制,实现由落实知识分子政策、提高生活待遇向加强人才培养、注重能力开发的转变。

(三)知识分子自身生存方式、价值观念的深刻变化

改革开放特别是建立社会主义市场经济体制以来,我国社会处在一个剧烈的社会转型过程之中,整个社会的经济结构、组织形式、就业方式、利益关系和分配方式日益多样化,产生出许多新的社会阶层,如民营科技企业的创业人员和技术人员、受聘于外资企业的管理技术人员、私营企业主、社会中介组织的从业人员、自由

职业者等,他们大多属于知识分子。与经济社会的发展相适应,我国高等教育在改革开放特别是20世纪90年代以来获得了快速发展,全社会的教育水平和劳动者的文化素质得到迅速提高。在此情况下,我国的知识分子队伍自身的职业结构、经济地位也发生着深刻的变化,出现了许多新的特点。比如,知识分子队伍数量不断扩大,整体素质不断提高,人员流动越来越频繁,管理模式越来越开放,人才资源配置日益市场化、国际化,收入差距不断加大等等。而随着全社会对知识和人才重视程度的日益提高,作为知识拥有者的知识分子,其社会地位显著改善,社会功能日益增强。这些新情况、新问题的出现,给党的知识分子工作提出了许多新的课题和新的要求。

与社会转型中知识分子社会地位、利益格局的变化相比,更深层次的变化体现在知识分子的精神层面,如价值观念、政治信仰、社会心理、生活目标等。首先,社会转型必然引发人们思想观念的多样化,经济结构、经济成分和利益诉求的多样化又在加剧着人们价值观念、政治理想的多元化。伴随全球化而来的世界范围内思想文化的相互激荡,也在强化着社会观念的多元化,增加了知识分子自我认同的困难。这一切,都使得对社会变迁最为敏感的知识分子在思想意识、价值观念方面也呈现出鲜明的多元化特征。在价值观念上,有些知识分子追求对社会的无私奉献,更多的知识分子把自我价值与社会价值统一起来,也有个别知识分子或者为权力、金钱所异化,或者被某些歪理邪说所迷惑,丧失了知识分子的社会责任感和精神品质。如何把这些利益诉求不同和价值观念各异的知识分子统一到构建和谐社会、实现民族复兴这一根本目标上来,对知识分子工作的理念、体制和方式方法都是一个严峻的挑战。其次,由于对推进市场化改革和参与全球化进程的认识和评价不同,引发知识界在对中国社会发展道路和模式认识上产生分歧甚至对立,而越来越多的知识分子受到西方文化的影响或者直接在西方接受教育,也影响着他们对社会发展道路及其前景的不同评判,从而使得知识分子的政治信仰、政治理想呈现多样化。近年来发生在知识界内部的学术论争,无论是保守主义与激进主义之争,抑或是新左派与自由主义之争,既体现着知识界的观念分化,也显示着知识分子政治信仰的差异。这就使得在社会转型和参与全球化进程中凝聚知识分子的文化共识和意识形态共识,成为知识分子工作中一个具有挑战性的课题。最后,也要看到,由于历史的、传统的原因,当代中国知识分子身上依然背负着沉重的观念包袱,如农民意识、等级观念、"文人相轻"、封闭保守、机会主义等陈规陋习,还缺乏那种勇于开拓、敢于担当的高度责任感和无所畏惧的独立意志,个人在知识、道德、能力等方面的修养尚需进一步提高。这些都影响着当代中国知识分子作用的充分发挥。从这个意义上讲,知识分子自身也有一个转变观念、主动适应和提高自身整体素质,以便更好地担负起历史重任的问题。

(四)世界范围内的人才竞争和国家人才安全需要

随着知识、人才成为最重要、最宝贵的发展资源和竞争优势,人才竞争、人才流动的全球化趋势正伴随经济全球化而不断增强,世界范围内国与国之间的竞争日益演变为人才尤其是高素质、高科技人才的竞争,人才问题成为事关一个国家综合竞争力和国家安全的核心问题,一场世界范围内被称为"没有硝烟的战争"的人才争夺战已经展开。一方面,发展中国家面临着发达国家强势人才吸收政策的严峻挑战,本国优秀人才大量流向发达国家,而人才的流失就意味着财富的流失,意味着竞争力的流失。自20世纪90年代以来,美国高技术产业的迅猛发展与群体突破,在很大程度上得益于对全球人才的引进和利用。我国优秀人才基数大、素质高，自然也成为发达国家争夺的重点。仅在 2001 年，美国移民局就发放了 20 万个用于招聘科技人员的签证，中国人就占 10%。从 1980 年年初至 2002 年年底，我国出国留学人员共有近 60 万人，学成回国的只有 15 万人。现在每年仍有大批优秀人才特别是青年学生到美国留学，相当一部分学成后滞留海外。另一方面，从国内人才竞争看，在华外资企业凭借高薪待遇和良好的发展空间，直接吸引大量国内企事业单位的高科技人才和管理人才为其服务。许多外国公司在中国设立的研发机构实际上成了外资企业争夺我国高层次人才的桥头堡，也是发达国家直接争夺国内人才的重要形式。这场世界范围内的人才竞争，实际上也是人才管理机制和模式的竞争，是人才政策的竞争。因此，面对人才竞争和流失的严峻形势，必须从战略角度来认识和对待知识分子问题，全心全意依靠知识分子，加强知识分子政策和工作机制的创新，充分发挥知识分子政策在吸引人才、留住人才、用好人才方面的重要作用，努力为各类人才营造良好的创业和发展环境，有效保护我国人才资源，确保我国人才安全。

三、新理念、新思路、新途径
——加强和改进新世纪党的知识分子工作

（一）加强和改进新世纪知识分子工作的指导思想

在党的知识分子工作历史上，凡是指导思想正确，知识分子工作就卓有成效；凡是指导思想存在偏差甚至失误，知识分子工作乃至整个革命和建设事业就会遭到挫折。经过对新中国建立以来党的知识分子工作正反两个方面的经验,尤其是改革开放以来党的知识分子政策的不断完善,党的知识分子工作在新世纪已经形成了明确的指导思想和清晰的工作理念,为现阶段知识分子工作指明了方向。

1. 牢固树立"人才资源是第一资源"的工作理念

当今时代是知识经济、信息经济、网络经济的时代,这是一个以知识为基础、以智力为主导资源、以创新为显著特征和发展动力的新时代。经济社会的发展,乃至一个国家和民族的命运,从根本上取决于其科技水平和知识创新能力,取决于人才的数量和质量。知识经济时代同时是一个全球化的时代,不同国家、民族之间的竞争具体表现为经济的竞争、科技的竞争,而实质上是人才的竞争。对于正在走向现代化、实现跨越式发展的中国来说,人才问题就成为一个能否抓住知识经济和经济全球化带来的历史机遇,充分利用改革创造的历史机会,实现民族复兴的关键性因素。正是基于对当代社会发展规律的深刻认识,党的第三代领导集体在深刻总结世界现代化成功经验和中外科技与人才发展经验的基础上,创造性地提出了"人才资源是第一资源"的科学论断,作出了实施人才强国战略的重要部署。这是党在知识分子工作观念和人才观念方面的重大创新和与时俱进。这就意味着:第一,知识分子工作的对象不再是一般的拥有一定文化知识、从事脑力劳动的人,而是知识分子中那些具有较高文化、较强创新意识和创新能力的人,是知识分子中那些有真才实学、为社会作出较大贡献的各类人才,或者说,知识分子工作要以培养和造就高素质、高层次的人才队伍来带动整个人才队伍建设;第二,划分人才的标准不再单纯是学历、职称或资历,而是知识、能力和绩效,即评价知识分子应该坚持以能力和绩效为本的原则。第三,知识分子工作主要应该从人才开发即知识分子能力建设的角度来开展工作,主要着眼于为人才开发创造条件、提供服务。这些都标志着知识分子工作模式正在发生重要的转变。因为立足于"人才资源是第一资源"的新理念，党的知识分子工作就不能仅仅满足于为知识分子解决政治、生活上的待遇问题，也不能仅仅满足于为知识分子创造良好的工作、生活环境，而是要从人才强国的战略高度，创造有利于知识分子和各类人才发挥聪明才智、激发创新能力的制度和机制，努力培养和造就具有创新能力的高素质、高层次人才，真正使各类人才创业有机会、干事有舞台、发展有空间。

2. 坚持党管人才的根本原则

人才问题是关系党和国家事业成功与否的关键问题之一。知识分子工作是党的整个工作的重要组成部分，无论是革命、建设，还是改革开放，都离不开知识、离不开人才。党和政府历来高度重视并不断加强和改进党的知识分子工作，坚持团结和依靠广大知识分子的指导思想。同样，党的正确的思想路线和领导，也是贯彻和执行知识分子政策、开展知识分子工作的根本保证。党在各个历史时期所确定的基本方针和指导思想，为各个时期的知识分子工作指明了正确的方向，依靠这些根本方针，党始终牢牢地把知识分子团结在自己周围。要实现党在新世纪的历史任务，同样需要培养和造就一大批忠诚实践"三个代表"重要思想和科学发展观，具有较强科学决策能力、驾驭全局能力、开拓创新能力，善于治党治国治军的优秀党政领导人才，需要一大批精通经营管理，具有强烈创新精神和创业能力的优秀企业经营管理人才，需要一大批站在国际科技前沿，具有科技创新能力，能够推动科技进步的优秀专业技术人才。因此，要倍加重视人才问题和人才工作，把各级各类人才团结在党的事业的旗帜下。历史经验已经表明，只有在党的高度重视和直接领导下，才能动员和整合政府与社会的全部力量，真正把知识分子问题解决好，把人才队伍建设工作提高到一个新水平,加快经济社会发展的步伐。

由于特殊的历史原因,我党一直坚持以党管干部的方式管理各类人才。在革命战争时期和党执政初期,党的人才政策实际上包含在干部政策之中,党坚持党管干部的原则,培养、吸引了各个领域的大批优秀知识分子,把他们作为党领导革命和执政的骨干力量纳入党的干部系列加以管理,这对于保证革命和建设事业的顺利进行起到了重要作用。十一届三中全会后,随着党的工作重心转移到改革开放和经济建设上来,邓小平同志恢复并重申了正确的知识分子政策,大力提高各类人才的社会地位,在全社会形成了崇尚知识、重视教育、尊重人才的良好氛围,有力地推动了社会主义现代化建设。但是,由于这一时期主要着眼于恢复知识分子的政治地位,解决工作、生活中的困难,更由于知识分子的人数相对较少,标准较低(1982 年以来,一直把"具有中专及以上学历或初级以上专业技术职称"作为统计标准),基本上仍然沿用以往的党管干部的模式来对待和处理知识分子问题,如把知识分子作为干部来对待、参照干部的相应级别来解决知识分子的工资待遇、住房标准、医疗保健等。应该看到,随着经济社会发展对人才的要求越来越高(仅有中等学历教育的标准是远远不够的),随着知识分子数量的迅速扩张和职业结构的多元化,单纯以党管干部的方式来管理人才已经日益显示其局限性,"尊重劳动、尊重知识、尊重人才、尊重创造"这一新的政策方针的确立,既赋予人才概念以新的时代内涵,也要求改变原来的管理模式。而在政府机构改革和转变职能的背景下,党已经开始对原来的干部队伍实施分级分类管理,党政干部实行公务员管理,专业技术人才和企业经营管理人才的干部身份在逐渐淡化,党实际上不再以管理党政干部的方式对他们进行直接管理。更主要的是,在今天乃至以后的人才队伍中,除党政领导人才以外,社会上还有越来越多的各方面人才需要党和政府给以关心、培养和管理。因此,从党管干部到党管人才,意味着党的知识分子工作的与时俱进。

正是适应新时期知识分子工作对象和工作方式的变化,2003年年底召开了新中国建立以来第一次全国人才工作会议,新一届党中央领导集体确立了党管人才的根本原则,为现阶段及今后相当长时间内的知识分子工作和人才工作提供了明确的指导思想。也就是说,党的知识分子工作就是要在党的统一领导下,围绕人才强国战略这一中心,把工作重点转移到各级各类人才的培养、吸引、使用和发展上来,确保人才工作和知识分子工作服从和服务于党的根本任务。历史和现实告诉我们,党领导全国人民全面建设小康社会、复兴中华民族的宏伟蓝图的实现,关键在于人才的培养和使用,关键在于广大知识分子的参与和支持。党适应时代发展新的要求,提出党管人才这一新的原则来指导、统领党的知识分子工作和人才工作。坚持党管人才,对于加强和改进知识分子工作和人才队伍建设,巩固和扩大党的执政基础,对于推动人才强国战略的顺利实施,实现构建社会主义和谐社会的目标,都具有重大的现实意义和深远的历史意义。

3. 树立科学的人才观

知识分子工作的实质是,如何凝聚各级各类人才的意志、调动各级各类人才的积极性和发挥各级各类人才的创造性。21世纪是由创新主导的时代,党的知识分子工作必须真正把那些有真才实学、有创新能力、对社会有贡献的各级各类人才选拔出来,并加以培养和使用,充分发挥他们在各个领域的关键作用,推动经济社会的持续发展。这就要求树立科学的人才观。

树立科学的人才观,首先要确立合理的人才标准和评价尺度。要破除以往存在的唯学历、唯职称、唯资历、唯身份等弊端,把品德、知识、能力和业绩作为衡量人才的根本标准,树立人人都可以成才的思想观念,只要具有一定的知识、技能,能够进行创造性的劳动,为社会作出积极的贡献,都是党和国家需要的人才,都是党的知识分子工作应该关注的对象。同时,要针对不同类型的人才确立有效的人才评价尺度,如对党政人才的评价重在群众认可,对企业经营管理人才的评价重在市场认可,对专业技术人才的评价重在社会和业内认可,当然最终的评价尺度依然是业绩,是对社会的实际贡献。其次要树立以人为本的观念。以人为本是科学发展观的核心,也是人才工作的根本出发点和落脚点。知识分子工作要以人性需求为出发点,以人的全面发展为目的,真正把理解人才、尊重人才、关心人才放在首要位置,努力营造鼓励知识分子干事业、干成事业、干好事业的社会环境。再次要引导正确的成才道路。要继续发扬党的知识分子工作的优良传统,引导广大知识分子走与实践相结合、与人民群众相结合的道路,积极探索适合各类人才特点的成才途径,把人才的自主性开发、培养性开发、使用性开发、政策性开发结合起来,探索形成科学的人才管理和开发原则。

4. 坚持系统性开发原则

知识分子工作是一项复杂的系统工程,其工作的对象分布广,工作内容涉及的方面多,工作机构覆盖的部门多(涉及组织、宣传、统战、人事、教育、科技等部门),工作效果的社会影响也是复杂多样。这就需要树立系统观念,加强资源整合,形成工作合力,探索党、政府和全社会齐抓共管的工作格局,形成人才辈出的良好局面。

现代系统论要求人们在认识和解决问题时,要树立整体的、联系的观点,同时充分考虑系统的结构性、层次性,把握系统演化中的关键点或关键环节。现阶段,党的知识分子工作也要按照系统性原则不断加以完善和创新。在工作内容上,党的知识分子工作要坚持整体性人才资源开发的原则,把知识分子的思想政治教育与能力开发统一起来,坚持以思想政治教育为灵魂,以能力开发为核心,全面提高知识分子的思想道德素质和创新能力。因此,党管人才,不仅要"管"思想、"管"政治,还要"管"业务、"管"能力、"管"发展;在工作对象上,要把党内和党外的知识分子,把体制内(党政机关、国有企事业单位)和体制外(非国有企事业单位,如民营企业、外资企业、非政府组织等)的知识分子等全部纳入到党的知识分子工作对象的范围之中,并且重点做好非国有企事业单位和党外知识分子的工作。在工作方式和机制上,要把政策、制度、法律等统一起来,把物质激励与精神激励结合起来,构建以物质激励为主、辅之以精神激励的公平公正、有竞争性的运行机制,把行政、经济、法律、精神等手段结合起来,实现知识分子工作的规范化、制度化;在工作方法上,无论是思想教育、生活照顾,还是工作安排、能力开发,都要针对不同领域、类别、层次的知识分子开展工作,实施分类管理,避免形式主义,保证工作效果。

(二)加强和改进新世纪知识分子工作的主要措施

为了解决新世纪知识分子工作面临的新问题,应对知识经济和国际人才市场竞争的挑战,必须以"三个代表"重要思想和科学发展观为指导,从实施人才强国战略和落实党管人才原则的高度,积极探索加强和改进党的知识分子工作的新思路和新机制,为构建社会主义和谐社会和实现民族复兴提供坚实的人才保证和智力支持。

1. 切实加强知识分子的思想政治工作

思想政治工作是党的一切工作的生命线,对知识分子的思想政治教育一直是党的知识分子工作的重点之一。十一届三中全会以来,广大知识分子的积极性和创造性火山般地迸发出来,他们以满腔的热忱关注改革开放和社会主义现代化建设事业,以高度负责的精神关注国家利益,在各自的岗位上刻苦钻研、默默奉献,自觉投身于社会主义建设事业,充分体现了中国知识分子爱国敬业、积极创新、无私奉献的崇高品质。然而,我们也要清醒地看到,伴随社会转型过程中价值观念的多元化和人们精神追求的世俗化,在知识分子中间也产生着社会责任感淡化、片面追求物质享受、极端个人主义、精神萎靡不振等消极倾向,在少数知识分子身上滋生着种种脱离实践、脱离社会、脱离群众的不良习惯。还有的知识分子在政治理想、政治信仰上走向极端,散布与党的领导、社会主义道路不相符合的理论观点。这些出现在知识分子中间的种种不良甚至是错误的思想倾向,尽管产生在少数人中间,但其社会影响不可忽视,它严重损害了知识分子的公众形象和知识分子同党的密切联系。这表明,即使是在全社会对知识分子的阶级属性、社会地位已经充分肯定的条件下,知识分子自身依然有一个世界观改造、道德品质完善的根本性问题。而且由于现代社会思想观念的多元化和知识分子思想意识的复杂化,这一问题显得尤其重要。因此,新时期加强和改进知识分子工作,必须始终把知识分子的思想政治建设放在首位,使广大知识分子牢固树立正确的世界观、价值观和人生观,为自己的成才和发展提供正确方向和精神动力。

加强知识分子的思想政治工作,根据党管人才的根本原则,首先要加强党对知识分子工作和人才工作的领导,坚持把培养知识分子的马克思主义世界观、人生观和价值观放在重要位置,引导知识分子走与工农群众相结合、与社会实践相结合的道路,努力做实践“三个代表”重要思想和科学发展观的模范,牢牢把握正确的思想导向;其次要针对西方敌对势力着重“西化”、“分化”的政治企图,注意做好青年知识分子的思想政治工作,帮助他们树立正确的政治信仰和理想信念,坚持以中国特色社会主义理论武装自己的头脑;再次要加强知识分子的职业道德建设,弘扬实事求是、拼搏创新的科学精神和诚信、团结、协作、奉献的职业道德,倡导平等、民主、自由、诚信的学术风气,反对弄虚作假、剽窃他人成果;最后要强化对知识分子自身阶级属性的认同教育,使党内党外的知识分子明确自身作为工人阶级的一部分、作为党执政的阶级基础的自觉意识,认同并接受党的领导,始终与人民群众站在一起,承担起作为工人阶级中具有较高科学文化知识群体的历史责任。

2. 不断创新党管人才的具体方式和方法

党管人才是党在新世纪新阶段提出的人才工作和知识分子工作的根本方针。应该说,党管人才这一新原则在宏观要求充分发挥党的领导核心作用和党的思想政治优势、组织优势和密切联系群众的优势,更好地统筹人才工作。党管人才,主要是管宏观、管政策、管协调、管服务,重点做好制定政策、整合力量、运用机制、改善服务、营造环境的工作,努力做到用事业造就人才、用环境凝聚人才、用机制激励人才、用法制保障人才。但是,在实践中、在各级党组织的具体执行中,党管人才的具体方式和方法是怎样的,如何适应新阶段知识分子的特点探索有针对性的管理方式和方法,如何协调组织部门的知识分子工作与人事部门的人才工作,等等,却依然是一个有待认真探索的新问题。

坚持党管人才,必须继续完善党委统一领导,组织部门牵头,有关职能部门各司其职、密切配合的工作格局,努力健全和完善人才工作咨询决策机制、协调落实机制和监督约束机制。2001年7月,经中央批准成立了全国知识分子工作联席会议,由中共中央组织部牵头,协调国务院相关部委和北京市,对带有宏观性、全局性的知识分子问题,加强调查研究,为中央决策提出意见和建议,以便更有效地开展知识分子工作。各级党委政府同样应该发挥好领导、协调作用,积极寻求适合本地特点和人才状况的党管人才的具体方式,确保中央的政策和要求落到实处。各级党政领导干部要以老一辈无产阶级革命家为榜样,善于同知识分子广交朋友,特别是要多交几位挚友、诤友,经常听取他们对党和政府工作的意见和建议,真正做到尊重人、关心人、爱护人、理解人,最大限度地把他们的积极性和创造性引导好、保护好、发挥好。

坚持党管人才,必须进一步完善党的知识分子政策。改革开放以来形成的、已被实践证明行之有效的各项知识分子政策,如"四个尊重"(尊重劳动、尊重知识、尊重人才、尊重创造)、"培养人才、吸引人才、使用人才"等,都应该得到坚持和发扬,并结合现实情况的变化不断予以调整和完善,努力实现有关政策的配套化、规范化,使之更具有现实针对性和可持续性。

坚持党管人才,必须努力为知识分子做好各种服务工作。党管人才,不是简单地去管住人才,更重要的是为人才提供及时周到的服务,充分发挥各类人才的积极作用。党的各级组织可以通过发挥自己的政治优势、组织优势,动员行政的、社会的资源主动参与到为知识分子工作、学习、生活的服务中去。比如为知识分子的学术创新、教学改革提供信息,为知识分子的权益提供法律保护,为自主创业者提供信息、资金等方面的咨询和服务,为知识分子的合法流动提供便利条件,为知识分子的能力开发提供资金支持,等等。

坚持党管人才,必须注意发挥党员知识分子的模范带头作用和引导作用。一名党员就是一面旗帜,党员知识分子一方面是党的知识分子工作的对象,在得到知识分子政策关怀和支持的同时,应该更好地利用其专业知识和技能,在认识世界、传承文明、创新理论、咨政育人、服务社会等方面发挥模范带头作用;另一方面也承担着宣传党的知识分子政策、联络并积极引导党外知识分子认同、接受党的领导和自觉服务党的事业的重要责任。党员知识分子在自己的工作、生活中,特别是在自己专业、职业范围内,借助于工作经验、学术观点、人际交往等方面的沟通和交流,可以与各行各业的知识分子结交朋友,有意识地引导党外知识分子走与人民群众相结合、与实践相结合的道路,甚至对那些在思想认识上有困惑的党外知识分子做好教育说服工作。这样,可以通过调动党员知识分子的自觉性,依靠党员知识分子团结、引导和帮助党外知识分子,共同在党的旗帜下为实现国家富强和民族复兴而不断创新奉献。

坚持党管人才,必须正确处理好党管人才与市场配置人才资源和依法管理人才的关系。党管人才不是包办代替,党要"管"的人才问题是国家整个人才发展战略、人才基本规则和重大人事制度的建立,也就是要切实发挥好对人才的统筹规划、整合力量、提供服务等方面的作用,努力为人才管理、人才开发创造公正的市场环境和法律环境。因此,党管人才是建立在遵循市场经济规律、人才发展规律和尊重法律制度的基础上,对人才工作的宏观指导和综合协调。

总之,党管人才不是要管死人才而是要用活人才,不是去限制人才而是要去解放人才,不是为排斥人才而是为凝聚人才。简言之,党管人才就是党爱人才,党兴人才,党聚人才。而这只有通过各级党组织不断探索党管人才的具体方式和方法才能实现。

3. 充分发挥市场机制在人才资源配置中的基础性作用

传统的知识分子工作主要是通过自上而下的组织动员、政策制定、行政推动来实现的,这种机制固然有它的历史合理性,即使在今天依然发挥着不可替代的作用,但也应该看到它的局限性和有限性。就以解决知识分子的工资待遇问题来说,长期以来,党和政府为此制定了大量的政策,也三令五申地予以强调和督促,但其结果并不能令人满意,以致产生过为全社会关注的所谓"脑体倒挂"现象,形成新的"知识无用论",使知识分子的社会地位受到很大影响。然而,这类依靠行政力量难以解决的问题却在社会的市场化进程中迅速得到缓解。进入新世纪后,市场竞争对知识、人才的渴求使得知识价值初显,许多单位都以优厚的待遇聘请高素质、高层次的人才。今天,所有的调查都表明,一个人的收入状况与其文化程度、学历层次和专业技能成正比,往往越是学历层次高的人,收入水平也越高。这充分证明了市场机制才是解决知识分子物质待遇和实现知识价值的最有效方式。这是因为,现代社会是知识和科技主导的社会,知识分子所拥有的知识和能力就是现代社会的财富之源,他们具有很强的适应市场竞争的能力,只要提供宽松自由的制度环境,知识分子就可以充分地实现知识的价值,并主宰自己的命运。因此,在新的世纪里,党的知识分子工作模式和工作机制必须加快向市场经济转变的步伐,充分发挥市场机制在人才资源配置中的基础性作用,实现知识分子培养、使用、配置、流动的市场化和社会化,从而使广大知识分子摆脱长期以来的被动依附局面而走向自我决定、自我发展的新天地,使知识分子成为社会和市场的独立主体的角色。同样,市场机制也提供了实现知识价值、实现知识分子自我价值的最公正、最有效率的方式。因此,在市场经济条件下,党和政府必须借助于市场的力量来落实知识分子政策,激发知识分子的创造性。知识分子工作的活力取决于人才工作体制和机制与市场经济相适应的的程度。国内外人才市场的竞争,实质上是人才制度和机制的竞争。实施人才强国战略,这是更具根本性、全局性和长期性的问题。

第一,建立健全人才资源的市场配置机制。要加快建设全国性的人才市场,打破人才的身份、地域、部门、户籍等限制,促进人才的合理有序流动,充分发挥市场机制在人才资源配置和人才开发中的基础性作用,真正做到人尽其才、才尽其用。当前,人才的市场流动依然存在许多来自身份、部门、户籍等方面的限制,有关人才市场配置方面的法律法规尚不规范。必须深化改革,完善法律,为人才的市场化配置创造公正有序的制度环境。可以说,经过近几年的改革和建设,"面向市场、自主选择"已经开始成为大多数知识分子的生存方式,一个全国性的人才流动市场和相应的配套服务体系已经基本建立起来,人才资源市场化配置的社会效果已经初步显现。

第二,建立以能力和业绩为导向的社会化的人才评价机制。人才的价值最终要通过在市场中显现的能力和创造的绩效来评价,市场是最公正最有效率的人才评价尺度,以能力和业绩为导向的人才评价机制是科学人才观的核心。通过这种机制真正把那些有真才实学的党政人才、企业经营管理人才、专业技术人才选拔到合适的岗位上来。同时,要改革职称评审制度,建立健全科学的社会化的人才评价机制,一视同仁地对所有专业技术人员进行职称评审,破除原来那种对"体制外"人才职称评审的歧视,从而为人才提供客观公正的评价标准和评价方式,推动人才的市场竞争与合理流动。

第三,加快为人才市场服务的配套体系建设。人才的市场化配置和流动需要完善的社会服务体系。要改革政府管理体制,增强政府服务职能,继续深化户籍、档案、医疗、住房、福利保障等方面的改革,尽快破除跨区域人才流动的各种体制障碍,完善人才中介服务机构,加快人才信息网络化建设,公正平等地为各类人才提供社会服务和社会保障,放手让一切劳动、知识、技术、管理和资本的活力竞相迸发,让一切创造社会财富的源泉充分涌流,以造福于人民。

第四,积极鼓励和支持知识分子在市场中创业。这里所说的知识分子的创业,是指知识分子要走出传统的工作领域或体制而主动地走向社会,通过在市场环境中创建新的企业或服务机构实现知识的价值。它既包括自主创办各类企业特别是高科技企业或各种服务组织,包括参与到企业中进行技术、管理等方面的创新工作,也包括根据市场需求来进行文化生产、知识生产等。在知识经济时代,知识、创新正在转化为经济财富,成为先进生产力的根本标志。知识分子要成为先进生产力的开拓者,就必须主动地走向市场,将自己所拥有的知识、智力资源借助于市场机制转化为发展的资本,通过知识创新、科技创新、文化创新、管理创新来开辟自己的事业。这既是新时期知识分子的社会责任,也是知识分子实现自身价值的重要方式。实际上,一大批已经勇敢从传统体制走向市场的知识分子正在以自己的成功实践证明着我国知识分子的创新和创业精神,如人们所熟知的柳传志、杨元庆、张朝阳、丁磊、李彦宏……还有更多的知识分子以自己的技术、管理等方面的知识和能力参与到民营企业、中外合资企业、社会服务机构等各类组织中去。当前,党的知识分子工作的一个重要任务,就是要积极倡导和大力支持知识分子主动参与市场竞争的主战场,着力培育知识分子的创业意识、创新精神和能力,并推动全社会建立法治、公平、自由、诚信的创业机制和保障机制,从而使越来越多的企业家型的新型知识分子成为市场经济大潮中的领跑者。

4. 继续加强知识分子工作的法制化、规范化

现代社会是法制社会,我国正在加快推进依法治国、依法行政的进程,一个与市场经济相适应的法律框架已经基本上建立起来。知识分子问题作为现代社会与经济发展、科技创新、文化繁荣等密切相关的问题,自然也是现代法治社会建设的重要内容。所以,党的知识分子工作必须实现从政策引导、行政推动为主转向以法律规范、制度创新为主,将知识分子工作纳入制度化、法律化的轨道,

用法制保障人才、依法管理人才。这也是党管人才的重要措施。

用法制保障人才,就要加快与知识分子有关问题的立法工作,及时地把党的最新知识分子政策上升为国家意志,使有关知识分子阶级属性、社会地位、职业流动、职务职称聘任、收入分配、权益保护等方面的问题有法可依,尤其是健全有关学术争鸣、科技创新、自主创业、知识产权等方面的法律法规,加大执法力度,完善司法监督,严格规范党和政府对待和处理知识分子问题、人才资源问题的行为,从而避免因政策的左右摇摆和执行不力或某些个人的态度变化而给知识分子工作带来的不确定性,为知识分子更好地发挥自身的作用创造制度化、规范化的稳定环境。应该说,随着近年来我国立法进程的加快,与知识分子有关的人才管理和人才开发基本上形成了相对完善的法律框架,人才培养、评价、使用、引进、激励、保障等方面初步做到了有法可依,依法管理,知识分子工作的法制化有了一个良好的开端。如党内以《中国共产党党章》为核心的一系列干部管理的规章制度和《中华人民共和国国家公务员法》的颁布实施,实现了党政机关人才管理的法制化;《中华人民共和国教育法》、《中华人民共和国科技进步法》、《中华人民共和国知识产权法》等为科技、教育领域的知识分子工作提供了法律依据;《中华人民共和国公司法》、《中华人民共和国合伙企业法》、《中华人民共和国企业破产法》、《中华人民共和国物权法》等已经颁布实施或正在制定的法律为知识分子创业提供了在企业注册、风险投资、融资、知识产权保护、税收优惠、股份期权、人才招聘等方面的法律规范。当然,一方面现有的法律体系尚不完善,而且已经颁布的法律法规在执行的过程中还存在许多问题,如在创办企业方面还存在繁杂的审批手续、政府服务也不到位;知识产权保护不完善,许多领域侵权现象严重;另一方面这些法律分散在各个领域中,对解决现实的人才问题特别是法律执行方面带来了许多不便,实际上制约了知识分子工作的法制化进程。基于知识分子问题在中国社会的特殊性和人才问题对于国家发展战略的极端重要性,有必要在现有法律体系的基础上,制定一部专门的《知识分子法》或《人才法》,形成完整集中而又相对独立的人才资源及其管理、开发的法律体系,依法尊重、保护和开发人才,依法规范人才市场体系建设,依法健全科学的人才管理体制和人才绩效考核评价体系,规范人才资源开发的国际交流与合作,从根本上保障人才强国战略的顺利实施,并使知识分子工作走上法制化的轨道。

5. 构建完善以物质利益为主的收入分配和人才激励机制

收入分配和物质待遇是体现知识分子社会地位、改善生活条件的基础。"人才是第一资源"就意味着,拥有知识、能力、创新等智力要素的知识分子应该得到相匹配的收入水平,获得较为体面的生活条件。近年来,党和政府通过不断完善党政机关公务员工资制度、通过增强事业单位内部分配自主权、通过建立与现代企业制度相适应的企业经营管理人员薪酬制度等,已经初步构建起体现能力和绩效的多元化的收入分配体系,市场化的人才激励机制开始发挥作用。

要建立完善体现按劳分配和按生产要素分配相结合的收入分配机制。市场机制是一种利益机制。随着知识分子工作的重点转移到能力开发和绩效贡献上来,必然要求建立起与市场经济相适应的以物质利益为主的有差别的激励机制。具体地说,就是要把按劳分配和按生产要素分配有机结合起来,加快建立有利于培养人才、吸引人才、用好人才的收入分配机制和公平、竞争、择优的用人机制,探索知识、技术、管理等生产要素参与收益分配的实现形式(如企业对作出突出贡献的经营管理人才、专业技术人才实行期权、股权激励等),逐步建立以物质利益为主导、兼顾精神因素的收入分配和人才激励机制,从制度上保证各类人才得到与他们的劳动和贡献相适应的报酬,充分体现人才的社会价值,形成激励知识分子工作积极性的长效机制。

要建立完善以政府奖励为导向的社会化的人才奖励机制。政府对在科技创新、成果转化、技术推广、文化产业开发、企业管理等方面业绩显著、贡献突出的优秀人才给予奖励,也可以对在培养优秀中青年专业技术人员和管理专家等方面有突出贡献的企业给予奖励或税收方面的优惠,并从政策上、制度上鼓励和支持各级政府、各用人单位、社会力量对有突出贡献的知识分子给予相应的物质奖励,从而在全社会形成一个尊重知识、尊重人才的良好氛围。近年来,党中央和国务院对有突出贡献的科技人员进行重奖和公开表彰,已经在全社会产生了显著的示范效应和激励作用。

6. 有效推进对知识分子的分类管理

当代中国处于剧烈的社会转型过程中,经济结构、经济成分日益多元化,知识分子的职业结构也日益呈现出多样化、动态化的趋势。传统体制内的党政机关、国有企业和事业领域聚集着大量知识分子,而越来越多的知识分子在传统体制外的民营企业、合资企业、社会中介组织、非政府组织(非营利组织)等领域找到了安身立命之处;随着知识分子规模的扩大,党员知识分子在增加,而非党员的知识分子也呈现加速扩大的趋势;处在行政管理、教育、科技、经济、文化、新闻出版等这些不同领域、行业的知识分子也各有其特点。因此,有必要根据现阶段知识分子队伍结构的新特点采取分类管理的原则,针对不同领域、不同职业、不同利益诉求的知识分子群体采取不同的工作模式和工作方法,保证党的知识分子政策的有效落实,从而调动各个层次、各个领域知识分子的积极性,共同投身于现代化建设事业之中。

2003年年底的全国人才工作会议后,党中央、国务院已经明确提出对人才分类管理的原则,重点建设好党政人才、企业经营管理人才、专业技术人才三支队伍，并根据各自的特点和工作性质实施不同的选拔、任用、激励、开发等政策。党中央关于三支人才队伍建设的原则和方针，为现阶段对知识分子的分类管理指明了方向。

加强对党政机关、国有企事业单位知识分子工作的领导。党政机关、国有企业事业单位历来是知识分子汇集的所谓"体制内"领域，无论是党内还是党外知识分子，由于都处于这里较为严密的各种组织系统中，党对知识分子工作的领导、党的知识分子政策，可以通过党、政府、国有企业、国家事业等体制内的组织机构和运行机制顺利流畅地体现出来。根据现阶段党的任务和要求，党必须进一步加强对这些传统"体制内"领域知识分子工作的领导，努力把广大知识分子紧密团结在党的周围，共同致力于推动现代化建设事业的发展，并通过在体制内开展知识分子工作、通过体制内的广大知识分子，来影响和引导日益多样化社会结构中各个领域的知识分子的思想意识和价值观念，使之成为党的政策的辐射源、传播者。

积极探索对"体制外"知识分子工作的途径和方法。科学的人才观要求破除党政机关、事业单位和国有企业的人才是人才，而非公有制经济组织和农村的人才不是人才的观念，确立有所创造、有所贡献的都是社会发展所需要的人才的观念。当前，伴随市场化改革的深化和经济结构的多元化、分配方式和就业方式的多样化，知识分子正在由原来的"单位人"变为"社会人"，原来主要集中在国有企事业单位或政府部门、属于所谓"体制内"的知识分子开始分流，越来越多的知识分子开始在非国有企事业单位或自己创办的企业里找到了安身立命之处，成为"体制外"的知识分子。实际上，近年毕业进入社会的高校毕业生也越来越多地在"传统体制"外的非公有制领域就业，他们是知识分子阶层中的新成员。

这标志着知识分子开始摆脱对传统体制的经济依附和身份依附，有了更多的选择、更多的自由，日益成为独立的社会主体。但这同时意味着这一部分知识分子的思想状况、政治态度、利益诉求乃至个人工作、生活中的问题也更加多样化、复杂化，意味着传统的知识分子工作模式已难以有效覆盖体制内外的所有知识分子，诸如知识分子权利保障、作用发挥、能力开发、思想引导等在原来的体制内和工作框架下相对容易解决的问题，在社会结构的变化中变得非常复杂和不易解决。应该说，同其他知识分子一样，这些"传统体制"之外的知识分子同样是工人阶级的一部分，他们也需要党和政府的领导和关怀。更重要的是，他们同样是发展的"第一资源"，其中汇集了大量的优秀人才。因此，党要成功地领导现代化建设，迫切需要加强对这些"体制外"知识分子的领导和团结工作，积极拓宽工作思路，把"体制内"知识分子享有的政策和权利扩展到全体知识分子，在享受政府津贴、学术休假、基金资助、选拔突出贡献人才、评选荣誉称号、进修提高、出国学习等方面一视同仁，允许和鼓励他们中的一部分人通过诚实劳动、合法经营先富起来，从政策上、法律上保护知识分子的一切合法的劳动收入和非劳动收入，保障知识分子的合法的私有财产不受侵犯，切实保护他们的合法利益，坚决杜绝侵犯他们合法权益的行为。同时，创新渠道，通过有效的形式（如工商联、中介机构、行业协会等），确保党的知识分子政策落实到每一位知识分子的身上。

高度重视做好党外知识分子工作。从政治角度看，党的知识分子工作对象包括党内的知识分子，更包括党外的知识分子，党的知识分子工作的一个重要目标就是要把大量党外的知识分子团结在党的周围，使之为党的事业服务。历史地看，十一届三中全会以后落实知识分子政策，就是首先从为"文化大革命"中受到排挤和打击的大量党外知识分子恢复名誉、安排工作、解决生活问题等开始的,而大量吸收知识分子加入党组织也是党的知识分子工作的重要内容。随着文化观念的多样化和知识分子队伍的迅速壮大,非中共党员的"党外"知识分子的人数也日益增多。这就要求在加强和创新党的统一战线工作的同时,转变知识分子工作的思路,通过党内、行政、社会的各种方式(如基层党组织、民主党派、行业协会、工会、社区等)做好党外知识分子工作特别是党外青年知识分子的思想政治工作,使党的各项知识分子政策以及党对知识分子在工作、生活方面的关怀,在每一位知识分子身上都能体现出来。

开辟灵活多样的途径引进和利用海外智力。改革开放以来越来越多的国内知识分子出国留学,并且相当多的人学有所成。中国的繁荣发展和日益强大也吸引着大批海外华人甚至是其他国家高层次人才的到来,这些也是我国发展所急需的智力资源。但是,由于种种原因,相当多留学人员滞留海外,现阶段的知识分子工作实际上也承担着引进和利用海外智力和人才资源的使命。要在努力发挥好国内知识分子积极性和创造性的同时,从政策上、制度上创造条件鼓励留学人员回国工作或以适当方式为祖国服务。近年,人事部等部委制定的《关于鼓励海外留学人员以多种形式为国服务的若干意见》、公安部等部委制定的《关于为外国籍高层次人才和投资者提供入境及居住便利的规定》,就体现出新的人才观念和服务理念。今后,知识分子工作应该进一步解放思想,转变思路,以更加灵活、方便、合理的形式,"不求所有,但求所用",积极引进海外人才和智力资源,注意做好外国在华人才的工作,特别是要从政策上鼓励企业引进海外技术、管理人才,推动我国各项事业的发展,特别是推动企业管理、技术创新水平的提高。

7. 全面探索知识分子工作的新方式和新方法

面对新世纪新阶段不断出现的新情况、新问题,即使是在政策、制度和法规都已经相对完备的情况下，依然需要各级政府在认真总结和发扬以往知识分子工作成功经验的基础上，以积极主动的姿态去探索更多行之有效的方式和方法，只有这样，知识分子工作才能始终充满生机和活力。

要继承和发扬党的知识分子工作的优良传统方法。改革开放以来，与党的知识分子政策相适应，各级政府创造性地开展了许多知识分子工作的方式和方法，如通过政府行政力量，通过工会、妇联、统战部门帮助开展工作，还有诸如情况通报、征求意见、民主恳谈、领导联系专家、组织专家休假疗养、选树典型、帮助解决生活困难等具体工作方法，取得了良好的效果，得到广大知识分子的肯定。如近年来，党中央每年邀请相当数量的各领域的著名专家到北戴河休假、座谈，中央领导还亲自到北戴河看望，并就国家大政方针向专家征求意见，同时向专家宣传党和国家经济社会发展的重要政策。2006年，中央首次邀请农业领域专家和农村基层干部到北戴河休假，正是新时代科学的人才观的一种体现。这种休假制度已经成为现阶段党开展知识分子工作的重要方式，产生了广泛的社会影响。尽管随着制度、法律的健全，知识分子工作日益规范化，但是传统的知识分子工作方法依然需要继承和发扬，并结合新的情况予以创新，以不断加强党与广大知识分子的情感联系，把党对知识分子的重视和关怀更好地落到实处。

要善于总结来自实践的知识分子工作新经验、新方法。实践出真知，群众是真正的英雄。近年来，许多地方党组织和基层工作者根据各自的实际，创造了多种联系知识分子、开展知识分子工作的有效形式和方法，如提供优惠条件帮助高校、科研机构或企业吸引优秀人才、动员本地专家学者参与社区建设、开展科学普及活动、促进科技界与产业界的合作、帮助解决子女上学就业等。许多地方政府更多地从为知识分子创业创新营造环境方面开展工作，如北京市把"政府有关部门应当支持私营企业和个体工商户引进科技和管理人才,为其提供人才服务"写入地方法规,宁波市对于创业人才给予政策上、经费上和生活上的支持与帮助,深圳特区多次以政府名义赴海外揽才,吸引了数以千计的海外留学人员"回流"创业。这些成功的经验做法都应该认真加以总结并推广。

要不断探索知识分子服务社会的新途径。知识分子所拥有的知识、智力和社会资源是社会发展的财富,在构建和谐社会、建设社会主义新农村和建设创新型国家的过程中,要积极引导并提供条件,使广大知识分子在做好自己的专业工作的同时,有机会回报社会、服务社会。如近年各地开展的"博士服务团"、"院士专家西部行"、"医疗卫生下乡"、"大学生西部支教"、"大学生农村任村官"等活动,既促进了地方经济社会的发展,又为知识分子提供了接触社会、锻炼成长的机会。

要积极探索加强知识分子思想政治工作的新方法。中国正处在当今复杂多变的国内外环境之中,要善于针对不同领域、体制内体制外、党内党外的知识分子群体,积极探索适合时代特点的思想政治工作方法,克服原来那种单向灌输、思想改造的工作模式,引导知识分子树立正确的政治理想,自觉接受党的领导。这就要求党的基层组织和知识分子工作者深入实际,了解各个领域知识分子的所思所求,采取灵活多样的形式和方法,帮助他们解决思想上的疑点和难点,牢固树立社会主义的核心价值体系。

要不断创新知识分子能力开发的新途径新方法。随着知识分子社会地位、物质待遇等问题的历史性解决,知识分子作用的充分发挥和能力的持续提高、自我价值的有效实现正在成为这一群体关注的主要问题;人才强国战略的实施,也对高层次人才培养和人才的能力建设提出了更高的要求。适应这一变化,党的知识分子工作必须从过去那种"正名"、"松绑"的被动模式转向"激励"、

"开发"的主动模式上来。这就要求各级政府积极转变工作思路，创造更多有效的形式和方法，如设立人才开发基金、科研课题招标、提供培训资金、鼓励攻读高层次学位、合理配置工作岗位等，为知识分子的能力开发提供支持。

要继续探索解决知识分子生活问题的新方法。生活上关心照顾一直是知识分子工作的重要内容，并通过各级行政组织加以落实。随着改革带来的体制变化和职业结构的多元化，随着人们生活质量的普遍提高，原有的解决生活问题的工作模式面临许多新的挑战。这些都要求政府在转变职能和对人才问题的重新认识中来探索新的解决方法。当然，不论具体的方式方法如何变化，党和政府满腔热情地搞好服务、诚心诚意地办实事、尽心竭力地解难事的知识分子工作态度是始终不变的，各种问题和困难通过工作思路和工作方法上的创新努力最终都能得到较好的解决，从而真正创造一个让广大知识分子有用武之地而无后顾之忧的良好环境。在这一方面，党的知识分子工作者应该像改革开放的总设计师邓小平同志那样，心甘情愿地当好广大知识分子的"后勤部长"。

总之，通过不断加强和改进党的知识分子工作，真正使广大知识分子和各类人才明确自己的历史责任，充分调动知识分子的积极性和创造性，使他们在市场竞争、知识创新和社会服务的舞台上干事创业，以知识、智慧和品德推动中国特色社会主义现代化建设的伟大历史进程，实现中华民族和平发展、民族复兴的辉煌愿景。

参 考 文 献

一、著作

1. 饶定轲:《当代中国知识分子研究》,华中师范大学出版社2000年版。

2. 李小宁:《知识中国——当代中国的知识分子与党的知识分子政策》,知识出版社2001年版。

3. 陶文昭:《精英化世纪——现代知识阶层与社会发展》,中国展望出版社2000年版。

4. 朱文显:《知识分子问题:从马克思到邓小平》,四川人民出版社1999年版。

5. 赵云喜:《知识资本家——中国知识分子面对知识经济的抉择》,中华工商联合出版社1998年版。

6. 许纪霖:《中国知识分子十论》,复旦大学出版社2003年版。

7. 赵宝煦主编:《知识分子与社会发展》,华夏出版社2003年版。

8. 张朋园:《知识分子与近代中国的现代化》,百花洲文艺出版社2002年版。

9. 陶东风:《知识分子与社会转型》,河南大学出版社2004

年版。

10. 许知远、方军编:《公共知识分子的声音·观念的冒险》,机械工业出版社 2003 年版。

11. 余英时:《中国知识分子论》,河南人民出版社 1997 年版。

12. 贾春增:《知识分子与中国社会变革》,华文出版社 1996 年版。

13. 张岱年等:《中国知识分子的人文精神》,河南人民出版社 1994 年版。

14. 汤学智、杨匡汉:《台港暨海外学界论中国知识分子》,河南人民出版社 1994 年版。

15. 萧功秦:《知识分子与观念人》,天津人民出版社 2002 年版。

16. 陆学艺、龚维斌、陈光金:《邓小平理论与当代中国社会阶层结构变迁》,经济管理出版社 2002 年版。

17. 雷蒙德:《人力资源管理:赢得竞争的优势》,中国人民大学出版社 2001 年版。

二、论文

1. 任平:《在新全球化语境中引领文化对话和思想撞击》,《江海学刊》2004 年第 1 期。

2. 陈筠泉:《文化的统一性与多样性》,《江苏社会科学》2004 年第 1 期。

3. 金民卿:《文化全球化与多元化的全球文化体系》,《天津社会科学》2004 年第 2 期。

4. 陈中立:《民族文化的生命力来自其特殊性》,《学术研究》2002 年第 9 期。

5. 王逢振:《文化研究与知识分子角色》,《文艺研究》2002 年第 4 期。

6. 王岳川:《全球化与新世纪中国文化身份》,《社会科学战线》2003 年第 6 期。

7. 毛传清、罗辉权:《党的知识分子政策的形成和发展》,《武汉理工大学学报》(社会科学版)2001 年第 8 期。

8. 李晓红:《周恩来关于知识分子问题的理论与实践》,《河南大学学报》(社科版)1999 年第 1 期。

9. 包心鉴:《在实践中实现知识分子的社会价值》,《人民日报》2005 年 3 月 1 日。

10. 李拓:《当代中国知识分子的历史定位》,《教学与研究》1999 年第 12 期。

11. 中共中央党校邓小平理论研究中心:《论知识分子的社会责任》,《光明日报》2004 年 12 月 15 日。

12. 郑杭生:《从社会学观点看当代中国知识分子的社会责任》,《光明日报》2005 年 2 月 21 日。

13. 上海市邓小平理论研究中心课题组:《先进文化:人类社会发展的引导力量》,《人民日报》2002 年 8 月 1 日。

14. 李庆本:《全球一体化与文化多元化》,《中国文化研究》1999 年春之卷。

15. 黄会林:《在多元共存中突出民族文化主体精神》,《光明日报》2004 年 2 月 20 日。

16. 黄力之:《多元文化主义的悖论———对亨廷顿理论的再评价》,《哲学研究》2003 年第 9 期。

17. 李德顺、高岩:《"知识分子"新概念》,《人文杂志》1997 年第 1 期。

18. 高岩:《关于"知识分子"的界定问题》,《开放时代》1996 年第 2 期。

19. 马宏:《知识分子概念与知识分子问题研究》,《石油大学学报》(社会科学版)1996 年第 1 期。

20. 何晓明:《社会良心的终极关怀——关于中西知识分子的比较研究》,《学术论坛》1997 年第 6 期。

21. 孙献忠、张脉强:《新时期知识分子问题新特点、新思路研究》,《安徽大学学报》(哲学社会科学版)1999 年第 1 期。

22. 李拓:《当代中国知识分子的历史定位》,《教学与研究》1999 年第 12 期。

23. 程新英:《当代中国知识分子使命意识的变革》,《道德与文明》2002 年第 2 期。

24. 林雪原、孟彧:《多极化趋势及其对中国崛起的影响》,《山西高等学校社会科学学报》2002 年第 12 期。

25. 叶自成:《关于多极化格局的几点思考》,《世界经济与政治》1998 年第 11 期。

26. 邱丹阳:《世界格局多极化与中国》,《暨南学报》(哲学社会科学)1997 年第 1 期。

27. 吴嘉蓉:《世界多极化是 21 世纪国际关系发展的大趋势》,《社会科学研究》2002 年第 1 期。

28. 李秀忠:《二十一世纪知识分子的历史使命》,《东岳论丛》2001 年第 2 期。

29. 章牧:《略论知识分子的独立人格》,《南通师范学院学报》(哲学社会科学版)2003 年第 1 期。

30. 段华明:《论近代中国知识分子的忧患意识》,《甘肃社会科学》1999 年第 5 期。

31. 宋海庆、蔡书贵:《论增强忧患意识》,《湘潭大学社会科学学报》2001 年第 4 期。

32. 聂火云、刘霁雯:《知识分子是民族复兴的伟大力量——

学习〈江泽民论有中国特色社会主义〉(专题摘编)》,《江西农业大学学报》(社会科学版)2003 年第 1 期。

33. 黄小荣:《知识分子与中华民族凝聚力》,《中央社会主义学院学报》2003 年第 1 期。

34. 梁波:《中国近代新型知识分子的政治参与》,《北方论丛》2000 年第 6 期。

35. 孙显元、顾顺勇:《论 21 世纪知识分子在政权建设中的作用》,《中央社会主义学院学报》1999 年第 1 期。

36. 陶文钊:《知识分子与现代西方政治》,《社会主义研究》1996 年第 6 期。

37. 李旭东:《论经济全球化的发展态势及其对我国的影响》,《辽宁大学学报》(社会科学版)2002 年第 4 期。

38. 谢文辉:《跨国公司看中了中国什么》,《人力资源》2003 年第 7 期。

39. 方立民:《WTO 与我国人才竞争战略》,《人才开发》2002 年第 6 期。

40. 苗尤风:《谈谈新时期的知识分子问题》,《高校理论战线》1994 年第 1 期。

41. 欧阳行:《社会主义市场经济与知识分子》,《湖南师范大学社会科学学报》1994 年第 4 期。

42. 曹明:《论当代中国知识分子的时代角色》,《唐山学院学报》2004 年第 4 期。

43. 苏依勒:《认识党外知识分子的重要作用,做好党外知识分子工作》,《内蒙古统战理论研究》2004 年第 4 期。

44. 原丽红等:《当代知识分子在我国科技事业发展中的使命》,《华北电力大学学报》(社会科学版)2004 年第 4 期。

责任编辑:方国根

封面设计:苏卫华

图书在版编目(CIP)数据

时代的中坚——我国现阶段的知识分子问题研究/张荣华 等著.
-北京:人民出版社,2008.10
ISBN 978-7-01-007226-5

Ⅰ.时… Ⅱ.张… Ⅲ.知识分子-研究-中国-现代
Ⅳ.D693.71

中国版本图书馆 CIP 数据核字(2008)第 121380 号

时代的中坚

SHIDAI DE ZHONGJIAN
——我国现阶段的知识分子问题研究

张荣华 等著

人民出版社 出版发行
(100706 北京朝阳门内大街 166 号)

北京瑞古冠中印刷厂印刷 新华书店经销

2008 年 10 月第 1 版 2008 年 10 月北京第 1 次印刷
开本:880 毫米×1230 毫米 1/32 印张:10.875
字数:270 千字 印数:0,001-3,000 册

ISBN 978-7-01-007226-5 定价:29.00 元

邮购地址 100706 北京朝阳门内大街 166 号
人民东方图书销售中心 电话 (010)65250042 65289539